牛散大学堂指定读物

吴国平
操盘手记
主力布局策略

第4版

吴国平◎著

浙江工商大学出版社
ZHEJIANG GONGSHANG UNIVERSITY PRESS

杭州

图书在版编目（CIP）数据

吴国平操盘手记．主力布局策略 / 吴国平著．— 4
版．— 杭州：浙江工商大学出版社，2021.5
ISBN 978-7-5178-4298-9

Ⅰ．①吴… Ⅱ．①吴… Ⅲ．①股票交易—基本知识
Ⅳ．① F830.91

中国版本图书馆 CIP 数据核字（2021）第 023419 号

吴国平操盘手记：主力布局策略（第 4 版）
WU GUOPING CAOPAN SHOUJI:ZHULI BUJU CELUE（DI-SI BAN）

吴国平 著

责任编辑　范玉芳　谭娟娟
封面设计　新艺书文化
责任印刷　包建辉
出版发行　浙江工商大学出版社
　　　　　（杭州市教工路 198 号　邮政编码 310012）
　　　　　（E-mail: zjgsupress@163.com）
　　　　　（网址 : http://www.zjgsupress.com）
　　　　　电话：0571-88904980　88831806（传真）
排　　版　程海林
印　　刷　北京晨旭印刷厂
开　　本　787mm×1092mm　1/16
印　　张　20.25
字　　数　214 千
版 印 次　2021 年 5 月第 1 版　2021 年 5 月第 1 次印刷
书　　号　ISBN 978-7-5178-4298-9
定　　价　58.00 元

一位粉丝读《吴国平操盘手记》有感

　　在中国乃至世界，尽管有关资本市场技术策略的各类专业书籍并不少见，但读罢吴国平老师的书，我感慨万千。吴老师在阐述有关股票交易投资的理论知识时，既没有过多使用生涩难懂的专业术语，更没有摆那些令人望而生畏的各种数理模型，而是结合自己操盘中的成功做法，将选股之道和专业知识生动地展现出来。在阅读的过程中，我会不时发现一些闪烁着深刻哲理的精辟论断，这些都发人深省。这是一套不可多得的好书，在这套书里，吴老师带着投资家的金融哲学思辨、深刻的金融文化、丰富的实践感悟，用生动细致的释义和鞭辟入里的分析，破译了资本市场操盘手的策略密码，掀开了股市操盘的"盖头"，让普通股民学到很多在其他书中学不到的宝贵经验。如果说别人讲的是炒股技巧，这套书讲的则是博弈资本市场的大智慧。

　　资本市场是一个需要实战经验的行业，吴老师在股市博弈了二十余年，具有大格局、前瞻性，他的经验、技术及理性思考，一定会给粉丝以启迪和帮助。

一位默默支持吴国平的粉丝

希望我们成为你在证券市场最好的引路人

这套书的价值就在于我们将操盘的流程——选股、建仓、拉升、出货拆分成不同的部分，分享给大家，同时又强调综合运用和全局运作。每个流程都采用讲重点与说案例相结合的形式，将我们操盘的经验总结展现出来。

再次修订出版，我们期待将这套书打造成经典中的经典。对于新读者而言，其价值非常突出；对于老读者而言，更多的是一种温故知新。如果你愿意静下心来细细品味，那么，有所收获是必然的。

为了让更多读者能够更好地理解书中的内容，我们结合了市场各种工具的变化，做了新的尝试和突破。读书学习不仅需要教材，更需要名师指导，才能更快更好地吸收书中的内容，完成蜕变。我也知道，读者都希望作者能够亲身授课，以便自己能好好体会。互联网新时代为我们提供了这种可能，线上视频教学就是我们未来给大家提供的增值服务。

现在自媒体令内容传播更快速、更广泛，我们也开辟了新天地。

未来，我们将把原来在线下各知名大学，比如中欧商学院、中国人民大学、浙江大学、广东金融学院等开设的高价课程内容搬到线上，价值几万元的课程内容将转变为几千几百元，甚至免费。我们将开辟网络视频教学，围绕我们的书籍和市场最新动态阐述知识点，为读者做好增值服务。

这套书本质上是教材，虽然书中不全是最新的案例，但我们在修订时已经增加了不少。以前的经典案例对于理解、吸收知识点不构成任何障碍，再结合网络视频教学上的最新案例，以及讲解和点拨，你必然会获得思想上的突破。所以，不论老读者还是新读者，在学习的过程中加入到我们的视频学习中来，你将更好地提升自己。书是静态的，我们的视频教学是结合市场动态的，其中的价值，你可以想象得到。

不论你是新读者还是老读者，只要认购了这套书，我们都将免费送你一集线上视频教学课程。如何获得免费线上视频教学课程？添加好"吴国平财经"微信公众号，按照微信公众号栏目提示即可获取。

"吴国平财经"隶属我们的牛散大学堂。牛散大学堂的目标是：打造最牛的金融文化分享平台！这套书是敲门砖，一块敲开证券市场本质的砖，希望我们成为你在证券市场上最好的引路人……

吴国平

股威宇宙创始人

牛散大学堂校长

拥有一个盈利系统，你就能撬动整个世界

很多投资者问，什么是盈利系统，怎样才能构建适合自己的盈利系统。在我看来，一个有价值的盈利系统可以指导我们研判市场、挖掘战机、控制风险和把握实战，而一个充满生命力和创造力的盈利系统可以进行有限浓缩和无限扩展。我的投资理念很朴素，也很简单，概括起来就九个字：提前、深度、坚持、大格局。我希望，融合了我的金融文化的盈利系统能像一棵永远从资本市场汲取养分的常青树，它的根可以扎得很深，它的枝叶可以长得很繁盛。从"吴国平操盘论道五部曲系列丛书"、《150万到1亿》、炒股"短线金手"丛书、"吴国平实战操盘大讲堂系列"，再到现在这套《吴国平操盘手记》，我可以骄傲地说，我的盈利系统不仅是有价值的，而且是有生生不息的活力的。

我喜欢天马行空地想象，因为敢于想象，我的思维变得更加活跃。我思考问题，往往不喜欢仅仅停留在表面，而喜欢往深层次去挖掘，让自己融入其中,进行思考。这一点如果放到资本市场上来说,那就是:很多时候,我们不能仅仅着眼于表面的波动,还要融入其本质层面去感知。对于大盘,需要用各种深入的思考来综合验证判断;对于个股,则要深入其内在去感知分析。不过相同的是,一定要清楚主力运作资金的想法。

我们有操作大资金的经验,操盘时,我们的条件反射之一就是——市场主力资金到底在想什么。我们会试着融入其中去思考,接下来最可能出现的市场走势到底是什么。

这套书就是基于主力操盘的角度写成的,从微观的选股、建仓、拉升、出货,再到宏观的全局运作,均有论及。值得注意的是,其中的内容不仅是之前系列丛书思想体系的延续和扩展,而且是不同知识体系围绕主力操盘这个核心进行全方位碰撞后的结晶。我的想法是,如果能参透主力资金运作时投资标的的选择、建仓吸筹蕴藏的战机、强力拉升的节奏和悄然出货的风险,最后还能从全局运作的角度统筹整个操盘周期,那么一切就会变得很有意思,成功的概率也必将随之大大提高。事实上,在大资金项目运作的操作中,我们就是融入了这些体系,很多东西都来源于大量的实战总结。在大规模资金作战的道路上,我们已经积攒了相当多的经验,我们需要做的就是坚定信心,不断前行,做到极致,创造奇迹。我们致力于将资产管理和金融文化完美结合,并推动其向前发展,书籍就是我们金融文化很好的表现形式之一。

路漫漫,我们将坚定地走下去。我们想将这套书献给所有对资本市场感兴趣的投资者。我们希望,在推动中国资本市场成为第二个华尔街，甚至超越华尔街的大趋势中有我们的身影；同时，更有很多深受我们启发和影响的群体的身影。这套书，就是我们思想的重要体现，愿实现有缘人心中所想。

在此，非常感谢为打造经典中的经典付出劳动的学生。我想，如果没有他们的辛勤协助，这本书的再版速度不会那么快。还有，感谢我的粉丝们，因为你们坚定的支持，我才有了更大的动力。同时也感谢为这套书的出版付出辛勤劳动的编辑。经典中的经典，离不开每一个为此付出的人！

最后，欢迎有想法的读者来信与我们交流，邮箱为：wgp168@vip.163.com；也可以直接在我们的微信公众号"吴国平财经"的后台留言，说出你的感悟。我们的不断前行需要大家的建议、鼓励和支持！世界很美好，未来很精彩，期待每个人都拥有精彩的人生。拥有一个盈利系统，你就能撬动整个世界！我坚信！

牛散大学堂全系统（股威宇宙）创始人：吴国平

核心理念 ———— · 成长为王 · 引爆为辅 · 博弈融合

九字真经 ———— · 提前 · 深度 · 坚持 · 大格局

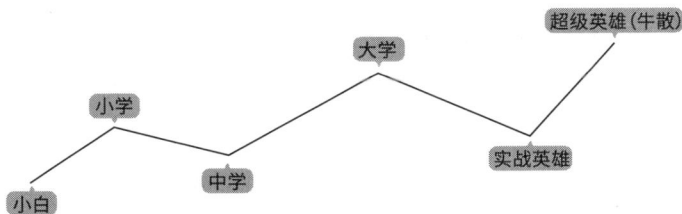

超级英雄（牛散）

大学

小学

实战英雄

中学

小白

股威宇宙小白到牛散进阶模式

内容形式 ——持续完善的书籍体系、线上训练营、线下交流会、实地调研团

终极目标 ——构建属于自己的个性化投资体系，实现财富的不断增长，完成从小白到一代牛散的终极跨越

牛散大学堂的股威宇宙

重新定义你的操盘体系

很多人一直苦于找不到合适的提升自我的系统课程。他们在付出相当多的精力后却发现，大部分提升自我的系统课程都只包含一招半

式，充其量也只算系统的一部分，没有整体性。正因为不能全面武装自己，所以，"韭菜"在股民中依旧是大多数。

不过，不要紧，我们来了，我们来帮你构建交易系统。牛散大学堂的股威宇宙系统就是为了实现这样的目标而搭建的，从小白到牛散的全套体系帮助你逐步成长。

我们的底气在于，我们自己就是从小白一路成长起来的，并且一直从业于资产管理一线，所以我们深知市场中的一线人群最需要什么样的素质和技能。鉴于未来的中国资本市场将趋于专业化和成熟化，投资者确实应该趁现在提升自我。只有提升自我，投资者才能更好地适应资本市场。我们的股威宇宙——牛散大学堂全系统，或许就是你最好的选择。

牛散大学堂全系统（股威宇宙）

创始人：吴国平

核心理念：成长为王、引爆为辅、博弈融合

九字真经：提前、深度、坚持、大格局

股威宇宙的构建

①我们的内容由强大的分析师团队打造。我们的团队成员虽风格各异，但无不经验丰富、自成一派。我们不做纯理论派，而是用实战经验主导，取经典解读辅助，以众家之长补充，力图打造理论与实践高度融合的精品教程。

②股威宇宙从小白到牛散共分为六个不同的阶段，学员或者读者可以根据自身情况选择学习阶段，以及相应的书籍和线上训练课程。

③除了书籍体系和线上课程体系，上市公司实地调研游记也是牛

散大学堂实战的衍生品，属于"实战英雄"或"超级英雄"课程，其中的世界很精彩，充满乐趣和惊喜。通过与上市公司管理高层对话，我们可以了解企业的真实情况，感受什么叫"功夫在诗外"，别有一番风味。

④我们的内容来源于实战经验，但通过后期的认真总结，它们又高于实战经验。一切内容都是为了帮助读者完善自身交易系统。

股威宇宙小白到牛散进阶模式

①"小白"，指对金融市场有兴趣，但没有实际接触过金融市场的人群。这个群体既没有实战经验，也没有理论基础，甚至对K线、盘口信息等基础知识也只是一知半解，属于资本市场的潜在参与力量。

②"小学生"，指对基本的概念有一些了解，刚入市还没经历过市场洗礼的人群。这个群体能看到盘面的基础信息，也知道基本的交易规则，但一些具体的信息，例如成长股的概念、个股涨停背后的逻辑、技术波浪理论等都还属于他们的未知领域。

③"中学生"，指对概念较为了解，开始清楚K线形态，并掌握一些技术分析方法，自我感觉还不错的人群。这个群体入市时间不长，踌躇满志、初出茅庐，开始接受市场的残酷洗礼，初步感受到了资本市场的机会和风险。

④"大学生"，指有一些自己的分析方法的人群。但总体来说，他们的分析方法零零散散，还没有形成一套完善的研判体系，并且还不太懂得如何融合运用诸多分析方法。他们需要更贴近市场以把握市场的本质，从而进入到一个新的自我提升阶段。

⑤"实战英雄"，指开始知道如何融合运用基本面和技术分析的投资方法，对交易的心理博弈也开始有所体会的人群。这个群体需要通过反复实践，感知市场的博大精深，真正理解"成长为王、引爆为辅、

博弈融合"的含义，认清市场的本质，渐渐进入赢家的行列。

⑥ "超级英雄"（牛散），几乎代表了个人投资者的最高水准。他们的投资理念、操作风格、投资偏好各有不同，但都无一例外是市场中极少数的大赢家，他们创造了一个又一个的财富增长神话。各路牛散各有千秋，但他们也有相同点：他们善于抓住市场机遇；在经历过大风大浪之后，他们的投资心态依然十分稳定；在起起落落中，他们能不断汲取养分，使得自己的交易体系不断跟随市场进化。

股威宇宙的特点

系统性教学，明确的进阶模式，适合所有人群。

学习阶段、目标和成果的量化。每一阶段，我们都会让你清楚地知道你能收获什么！

检验出真知。每一阶段的学习都搭配练习，检验是最好的标准。

一线从业人员和牛散提供技术支持，你将有机会与他们进行线上或线下的互动。

投资体系阶梯式建立，由点成面，从无招到有招再到无招。

用心学习，小白终会成为一代牛散。

最后，博弈未来新牛市，路漫漫，坚定行。当下，我们牛散大学堂将携手更多朋友，努力创造下一个奇迹和辉煌。我们的牛散大学堂，我们的股威宇宙，从 1 亿估值起步，开启未来无限可能。欢迎看好我们的朋友们加入我们！未来证券市场，因有我们而变得更精彩！

吴国平

股威宇宙创始人

牛散大学堂校长

01 主力操盘的大格局思维

02 主力操盘综合运用案例

03   吴氏盈利系统三乐章

01

主力操盘的大格局思维

【学习须知】

第一堂课讲主力操盘的大格局思维，包括大势环境、板块联动、个股价值等，它们是由大到小、层层推进的关系。为什么要形成操作体系？因为我们要在逻辑上形成一套完整的体系，去应对各种可能出现的情况。

本堂课内容在牛散大学堂股威宇宙的等级划分中为"中学"级别。

在投资的过程中，我们在看不清未来市场大方向的时候最容易迷茫和烦闷。为什么散户投资者会在短线的追涨杀跌中慢慢消磨意志，判断力和执行力会逐渐衰退，以至于最后被市场抛弃和遗忘？在我看来，其中一个重要原因就是他们看不清大格局，摸不透当前和未来处于大周期中的哪一个阶段。这些投资者输就输在"只见树木，不见森林"，只关注大盘和个股一时的波动，看不到市场总体的运行规律和格局。

试问，如果能判断出当前正处于新牛市初期，那么，眼下再多的折腾又算得了什么呢？当回头看时，这些折腾也仅仅是小浪花而已。如果嗅到了牛市最疯狂时可能隐含的风险气味，那么面对"最后的晚餐"时，你是否会多一分淡然少一分冒险呢？答案是肯定的。并不是说我们要精准地去预测底部和顶部，市场上没有神仙。但是，要想成为笑到最后的赢家，就必须要学会抓大概率事件。说白了，我们无法预测最低点和最高点，但是，我们能把握住底部区域的机会，回避顶部区域的风险，这就足矣。由于主力操作的都是巨量资金，其一进一出都能对市场造成或大或小的影响。因此，投资者要想在市场的多空博弈中赢得主动，就必须先人一步。而想要做到嗅觉灵敏，本质上来说，就要把握住市场的大趋势、大方向和大格局。

那么，未来国内资本市场发展的大趋势和大方向如何？第一，伴随着中国经济的进一步发展，巨大的融资需求将有很大一部分依靠资本市场来满足；第二，中国经济迫切需要调整产业结构，转变经济发展方式，资本市场的配置功能将在这一过程中起到重要作用；第三，长期以来，中国的金融体系高度依赖以银行为主的间接融资，迫切需要提高直接融资的比重，防范金融风险，而这种转变必须通过做大做强中国资本市场来实现；第四，在全面建设和谐社会的过程中，需要建立和完善多层次养老体系、改革医疗保险体制和建设新农村等，这也要求资本市场提供全面有效的金融支持和金融服务；第五，随着金融市场全球化、一体化趋势的不断增强，各国资本市场和金融中心的竞争日益加剧，资本市场的发展和监管模式日新月异，资本市场的竞争力和发达程度已经成为国家竞争力的重要组成部分。

总之，对于中国资本市场的未来，我抱有极大的信心和使命感。也正因如此，我把金融业作为个人奋斗终生的领域和价值体现的载体。作为炎黄子孙，我们肩负着中华民族伟大复兴的历史重任，为祖国的发展奉献自己的能量是我愿"为之生、为之死"的梦想。我希望通过个人的微薄之力，让这种金融文化传播出去，使越来越多的中国人都加入强大的中国资本市场队伍。这样，祖国的繁荣昌盛就多了一份坚实的力量。

个股与大势的关系

大盘研判的重要性

从主力资金的运作角度看，大盘研究是第一位的，其次才是个股研究。道理并不复杂，主力除了要选择质地良好的个股作为投资标的，还要考虑其本身的价格有没有被高估。一般而言，大盘整体估值较低的时候，个股的投资安全边际就较高。因此，当大势处于估值中枢之下时，要想从上千家上市公司中找到适合自己的投资标的，"物美价廉"的个股举目皆是。而这种情况无疑是最能吸引主力资金关注的。

另外，从防范系统性风险的角度来看，当大盘仍存在连续大跌的空间时，即使主力资金已经瞄准了投资标的，也不会贸然进行建仓，而是等空方能量几乎消耗殆尽之时，助推一把砸出最后的底部，接着再吸筹建仓。

最后，从主力资金建仓、洗盘、试盘、拉升和出货各个阶段的运作来看，整个周期的操盘是相当具有连续性和整体性的。如果操盘手只是盯着自己的个股，而无视大趋势、大方向和大格局，那么他不仅没有办法借用大势的力量帮助自己实现阶段性的目标，更无法准确把握场内筹码和场外资金的心理。试问，这样的资金运作能成功吗？有些投资者认为分析大盘的难度太大，干脆忽视对大盘的研判，而热衷于跟踪强势股进行操作。这不是不可以，只是从概率的角度来看，以此实现持续盈利难度很大罢了。换句话说，如果对大盘没有比较准确的研判，而去猜测个股主力的操作意图，恐怕很多时候只是投资者的一厢情愿。

【学习温馨小提示】

"天下大势，浩浩汤汤，顺之者昌，逆之者亡"，顺大势者才能生存，才能成功，主力操盘也是如此。那些逆天乱搞的主力，后面都死得很惨，如当年的"德隆系"。

股指期货时代的变化

2010 年 4 月 16 日，期望已久的股指期货终于登陆 A 股。然而，让当时不少多头崩溃、失望的是新事物的诞生并没有给 A 股市场带来一波浩浩荡荡的牛市行情，而是出现了暴跌的局面，从 3000 多点立刻跌破 2500 点。对此，市场众说纷纭，对股指期货的质疑声不绝于耳，什么元凶啊，什么罪魁祸首啊，等等一系列的贬义词落在股指期货头上。其实，股指期货只是一种制度，市场波动的根本原因还是市场本身，股指期货只不过产生了推动市场向某个方向波动的效果罢了。

但是，股指期货确实让多空双方的博弈格局发生了很大的变化。这种盈利模式的新变化，影响到人的心理及人的行为，再到市场最终的表现，一切都在发生着微妙的变化。因此，股指期货推出之后带来的做空机制，正在改变投资者的思维方式，这是不争的事实。正因为如此，市场对金融机构的投资管理、现金管理、产品设计等，提出了新的挑战。

此外，这种变化也影响到主力资金的运作。举个简单的例子，股指期货推出后，市场中的机构投资者通过参与股票现货和股指期货市场，进行高效的资产配置，比起传统单一的股票操作隐蔽性更强。比如，传统股票交易主力必须经过建仓、洗盘、拉升、出货的过程，而股指期货推出后，他们就可以在不出清筹码时，在期货市场不断开立空头头寸，进行保值或投机获利。而且，一些大额资金还会通过调节股票现货指数和期货指数，在不同市场、不同时段谋利。面对这些新的盈利模式，主力资金的操盘手如果不能很好地理解并调整投资理念，关注股指期货的变化，试问又如何能在这市场博弈中占据上风呢？

当投资者不懂得主力借助股指期货和现货市场的"两栖作战"模式时，很可能就会卷入股市旋涡，最终自乱阵脚，无法控制。当主力建仓完毕洗盘时，以前震荡幅度可能在你的承受范围之内，毕竟一般不会跌破主力建仓的成本区，然而，股指期货推出后，主力在股指期货市场建立空头仓位，在现货市场就能肆无忌惮地进行宽幅吸筹了。

看跌幅这么大，看不懂的投资者还以为是主力出货。其实，这仅仅是洗盘而已，好戏还在后头。

因此，个股行情中主力运作的真实意图，在股指期货的背景下，更具迷惑性和欺骗性。如果投资者对这种新变化有所感悟和理解的话，被市场淘汰的可能性就减小了。

【学习温馨小提示】

股指期货的推出使我们多了一个研判市场的工具。一般而言，股指期货会领先现货一点点，操作时可将其作为参考；此外，对主力而言，股指期货也是很重要的对冲工具。

结合外围市场研判大格局

如果说在过去的股票市场中我们可以做到相对独立，沉浸在自己的世界，那么，在引入股指期货后的期指时代，要想做到相对独立难度极大，甚至是不可能的。

在我的投资理念中，"大格局"是一个相当重要的概念，因为它指导着未来操盘布局的战略性方向。如果说操盘过程如下棋，"一着不慎，满盘皆输"，那么拥有"大格局"就是取胜最重要的环节。具体而言，这里的"大格局"就是指国际化的视野，对国际股市状况、外汇市场、大宗商品期货市场进行综合研判，从而挖掘出期指时代中的机会与风险。值得注意的是，这里的机会和风险并不仅仅指股指期货，更包括股票现货市场。因此,"大格局"对于主力资金在资本市场进行多空博弈来说非常重要。

为了让读者能结合主力的操盘思维进一步理解"大格局"的内涵,这里不妨说一下我是如何看待外围各个市场的。

(1)道琼斯指数。

美股位于全球资本市场之首,尤其是道琼斯指数,更是全球股市波动的风向标,投资者必须高度重视它。透过道琼斯指数过去的波动状况,尤其是在技术形态上,我们要有一个大方向的认识,从大周期上判断其最可能出现的阶段性波动方向,从而给判断国内市场阶段性波动方向带来启发。

(2)纳斯达克指数。

纳斯达克指数反映更多的是新兴经济的发展状况。新兴经济往往是整个经济发展的风向标。因此,纳斯达克指数的波动具有很大的前瞻性。当然,纳斯达克指数在波动过程中,其阶段性表现往往会把机会与风险放大不少。无论如何,这一指数的波动状况,在很大程度上可以起到验证道琼斯指数或提前反映道琼斯指数波动状况的作用。

(3)美元指数。

外汇市场是最大的资本市场,其容量最大,毕竟其交易标的是货币期货。在关注外围市场的过程中,美元指数是不可回避的货币指数,因为美元目前依然是国际最为通行的货币。它的起落能反映美元本身的强弱,更重要的是,它会让我们对美国的经济状况有更清晰的了解。

美元指数的走弱或走强给股市带来的影响是多方面的,它们的关系不是简单的正相关或负相关。但一般而言，如果美元大幅走弱，意味着美国经济被大部分人严重看空，那么对美国股市无疑是利空影响。当然，如果美元小幅走弱，一般情况下影响不大，有时候反而成为股市和经济的刺激因素。因为美元小幅走弱，往往对美国出口经济带来积极影响，这对阶段性经济是好事，股市也会因此受益。

相反，如果美元指数大幅走强，对美国股市而言，一般来说是好事，意味着美元成为强势货币，资金更愿意涌入美国资本市场，对股市的影响较为积极。当然，如果仅仅是小幅走强，就不一定是好事。小幅走强意味着可能会对美国出口带来负面影响，这对阶段性经济不见得是好事，股市也会因此受到负面的波动影响。

总之，在市场波动不大的背景下，外汇市场对股市的影响不会很大。一旦有大方向的波动转折，或者有较大的波动预期，对股市的影响将会相当明显。当你学会关注外汇市场的波动时，你就会对全球的经济运行状况，甚至国家之间的竞争格局有更清晰的认识，这对于研判股票市场未来的大方向有着不可估量的价值。

（4）大宗商品期货市场。

在大宗商品期货市场中有关键的三大品种：一是铜期货；二是石油期货；三是黄金期货。铜期货与石油期货的波动状况会告诉我们经济运行是否过热等，黄金期货的波动状况会表明投资者保值需求的强烈程度。一般情况下，只有发生比较严重的通货膨胀，避险资金无所适从时，才会考虑投资黄金，黄金期货才具备引发大行情的基础。

铜期货与石油期货的波动紧密相关，但在某些阶段又呈现出一定的差异性。石油又叫黑色黄金，所以，石油有时候也具备类似黄金的保值特性，这是差异体现出来的阶段性价值。

在这三大品种中，一般情况下，我们研究的重点是前两者，也就是铜期货与石油期货。这两者的波动与经济的波动状况紧密相连，与市场的相互影响也最为明显，我们甚至可以通过这两者预判我国政府的相关货币政策和经济政策方向。黄金期货很多时候只是一种验证信号，毕竟黄金期货的波动常常是相对独立的，对市场的直接影响不大，但能辅助我们对各个市场的相互联系进行研判。

（5）上证指数。

对外围股票市场、外汇市场和大宗商品期货市场进行一系列综合研判之后，我们再从市场之间的相互联系及多空双方利益最大化的角度去思考上证指数的运行格局，就会发现更多极具价值的线索。

此时研究上证指数，我们可以从其内在构成进行细致分析。把握上证指数或沪深 300 指数，其实就是把握好那些权重影响较大的上市公司和板块。

最后，我分享一下我运用这种"大格局"思路对 2011 年第一季度上证指数进行深度分析后得出的结论：2011 年，国内 A 股市场的开局走势先抑后扬，大有一扫 2000 年全球涨幅倒数第二阴霾的姿态。

【学习温馨小提示】

随着资本市场的国际化，外围市场跟 A 股的联动性会越来越强。

市场走势研判示例

不管是摆脱解套困境还是实现稳健盈利，都需要投资者的心态和技术完美结合。熟悉我的投资者都知道我一直以来倡导的"九字投资真经"——"提前、深度、坚持、大格局"，而我的研判技术则是以"操盘论道五部曲"为基础的"吴氏盈利系统"。下文我将结合上述投资理念和技术分析，就市场走势与读者分享短中期的策略。

外部环境的深度影响

"由外及内，从大到小，循序渐进"的分析逻辑，是研判"大格局"的思想精髓。要研判市场走势，我们不妨先从外部环境入手。以下是结合道琼斯指数、美元指数、国际铜期货和原油月线图进行的剖析。

如图1-1所示，从月线上看，道琼斯指数虽然从中期来说已经突破11000点，未来空间非常广阔，但短期还承受着前期颈线位和一路逼空行情突破11000点的双重调整压力，多方继续对空方"赶尽杀绝"的概率不大，进入区间震荡整理对于中长期走势更为有利。外围市场的调整压力必然也会影响着A股走势，这就是我在2011年2月初的文章中强调逼空反弹要警惕多翻空的原因之一。而2011年3月份以来的市场表现，正在逐步验证我的预判。

美元指数的月线图（见图1-2）告诉我们，单边下跌的大趋势仍在，但2011年3月之后的走势貌似会构筑中期下跌旗形，这是我们支持股市行情中期走好观点的原因之一。从短期来看，由于80是美元指数阶段性反复震荡的中心，因此，短期内仍有向上反弹的空间。

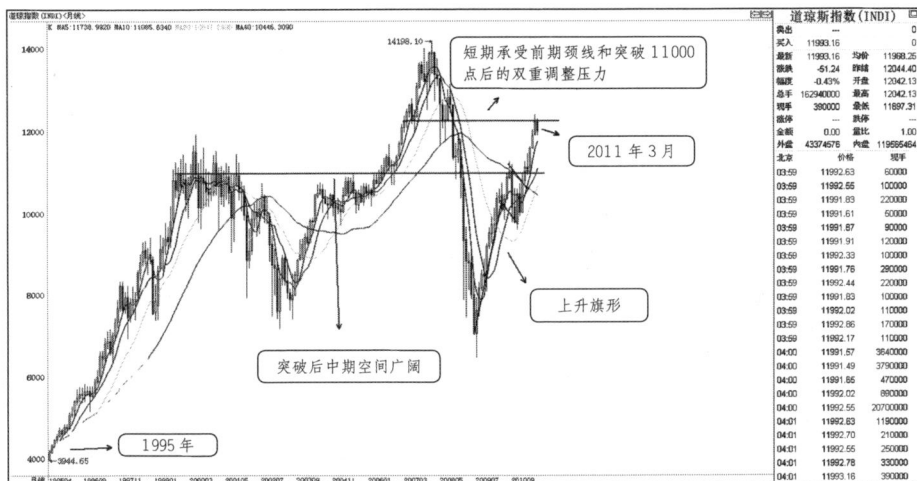

图 1-1　道琼斯指数 2011 年 3 月走势图

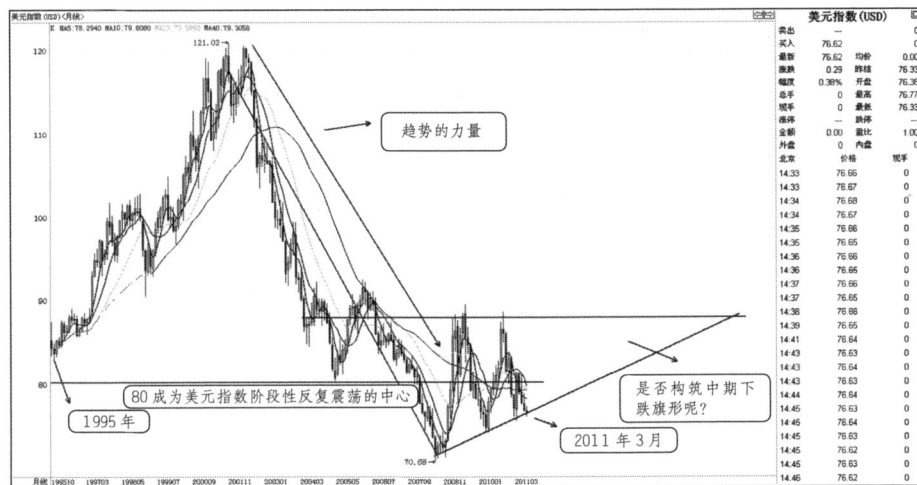

图 1-2　美元指数 2011 年 3 月走势图

　　国际铜期货的走势是我在大宗商品市场中的关注重点之一。从中长期的角度来看，V 形反转后的多方姿态预示着本轮行情应该意图高远，但在突破 8000 大关的一路逼空走势下，仍然没出现过像样的调整（见

图 1-3）。因此，我认为短期内再大幅上攻的概率不大，而屡创新高时留下的长下影线压力更是预示着国际期货铜股市走势向下的可能性。这也是我判断国内 A 股市场的有色金属板块会成为空方重点布局点的重要原因。

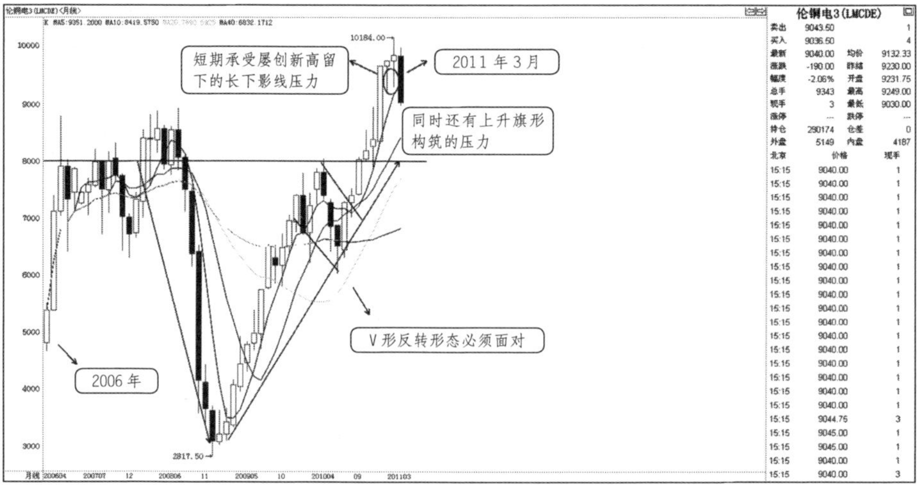

图 1-3　伦铜电 3 走势图

对于国际原油期货来说，一些突发事件，包括中东政局动荡和日本大地震等都是影响短期市场走势的重要因素（见图 1-4）。虽然从中期来说，原油价格距离历史最高点还有比较大的一段距离，但是短期内随着中东政局的逐渐稳定，继续逼空上涨的可能性不大，反而是日本经济受创导致的对原油需求减少和技术上的长下影线会使原油价格备受压力。

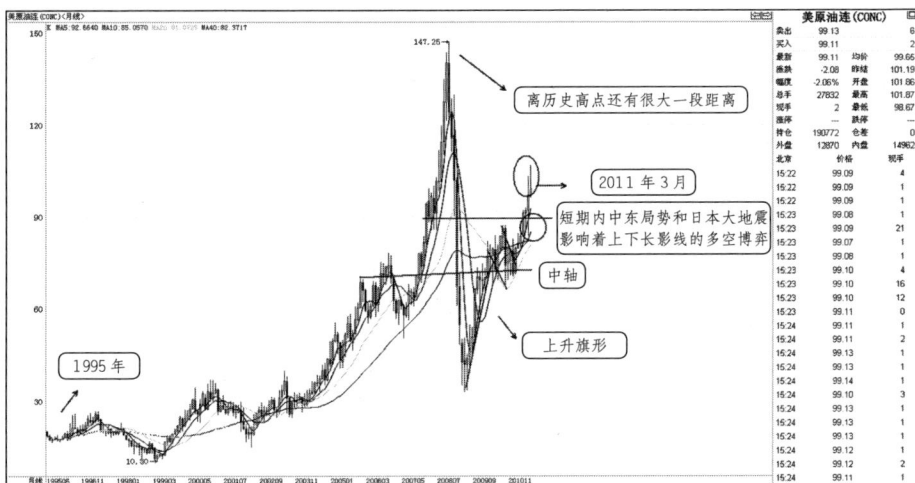

图 1-4 国际原油期货 2011 年 3 月走势图

短期多翻空概率大，复杂震荡中区别对待大象板块

接下来，我们来看看国内的上证指数。2011 年的市场正处于 2009 年报复式反弹后的上升旗形构筑中，尽管当时仍没出现系统性的做多机会，但 3000 点这一市场中枢和重要关卡位置已经在悄然消化。结合我在《兔年新牛市宣言》一文中提及的重要做多动能和 2007 年市场留下的疯狂历史因子，我认为 2011 年正处于一个 3～5 年的新牛市初期。不过短期走势将会如何演绎呢？不妨将目光聚焦到日线图上。

从技术上来看（见图 1-5），自 2010 年 7 月份在我预判中的以有色金属板块为主线的一波超预期反弹后，市场已经留下至少 3 个未回补的向上跳空缺口。就我的判断而言，2477 点和 2677 点形成阶段性的突破缺口的概率较大，但 2011 年 2 月份上攻以来留下的 2828 点缺口在进入前期反复震荡区域后回补的可能性较大，甚至可以成为空方诱多的一大利器。因此，2011 年 2 月份我在我的文章中一直强调未有效突破 3040 点之前坚定最终多翻空的观点，这是大格局视野下的判断，也是多空博弈中的逻辑，结果上证指数在 2011 年 3 月 7 日再次出现向上缺口，并在 2011 年 3 月 9 日创下反弹新高后便开始验证我的研判思路，一直下杀到 2011 年 3 月 15 日的 2850 点附近。由此，我们可以推测，在不断反复的行情中回补 2011 年 2 月 14 日的缺口，甚至进一步下杀到 2800 点左右，这是需要我们提前做好心理准备的。

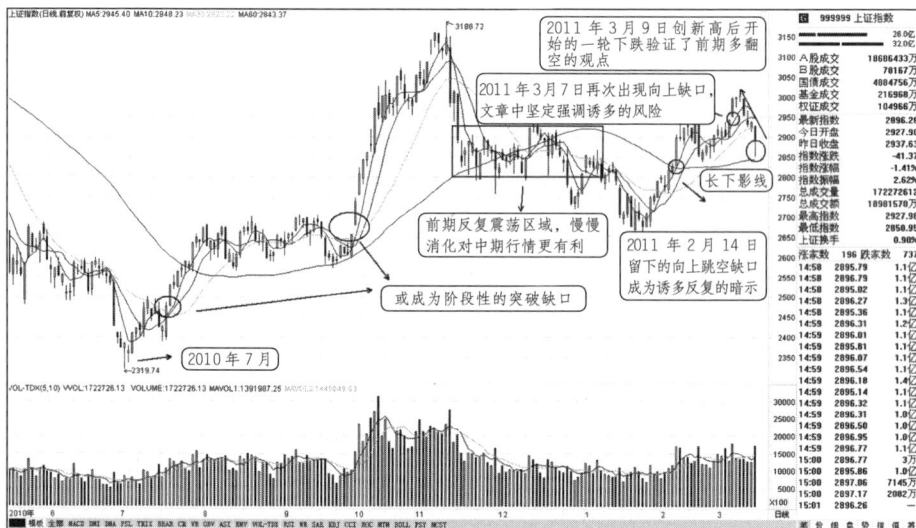

图 1-5　上证指数 2010 年 7 月至 2011 年 3 月前后走势图

就当时而言，我们对于未来市场走势的中短期判断已经比较明晰，就是中期行情坚定做多，短期走势谨慎杀跌。我们不妨先看看那些折戟的"大象股（盘子超大的权重股）"，如地产和金融的短期表现如何，这对于资深级被套者来说是值得警惕和慎重加仓的风险之一。

　　如图 1-6、图 1-7 所示，2010 年 7 月至 2011 年 3 月市场的权重板块——地产和金融的日线图走势，就会让我们感知到，尽管这两个区域是值得战略性关注的，但就短期的走势而言，最大风险莫过于在其脉冲上涨后会激起长期套牢者的加仓摊平冲动。另外，外围市场大宗商品的调整压力也会制约着有色金属板块的做多动能。因此，无论是从国内宏观经济政策阶段性紧缩的基本面，还是从未来多方资金进行筹码收集的博弈逻辑来说，此时都还不是最佳加仓摊平成本的时机。因为，在下方看似基础很牢的支撑位附近，多方为了进一步折腾投资者，很有可能在脉冲上涨后向下击破短期支撑，从而达到迫使套牢者交出廉价筹码的目的。为了未来中长期行情的发展，主力资金在此区域的反复震荡是十分必要的。

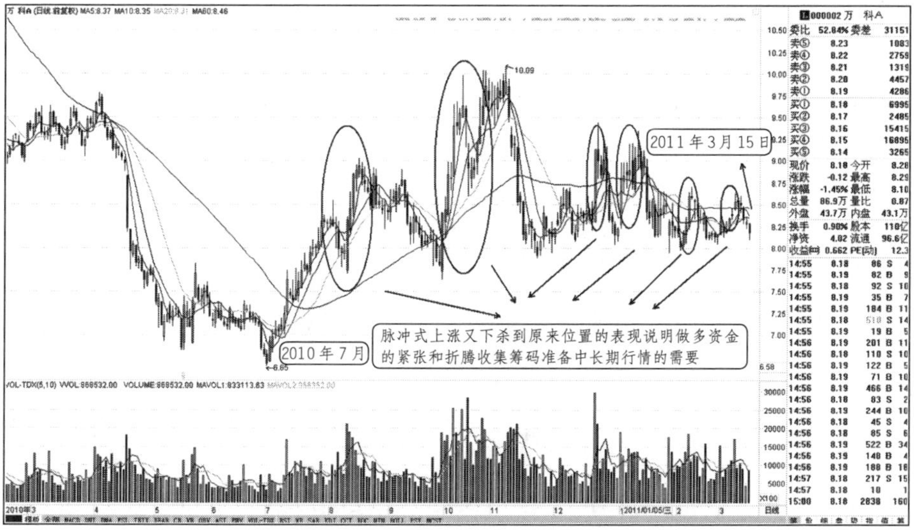

图 1-6　万科 A 2010 年 7 月至 2011 年 3 月走势图

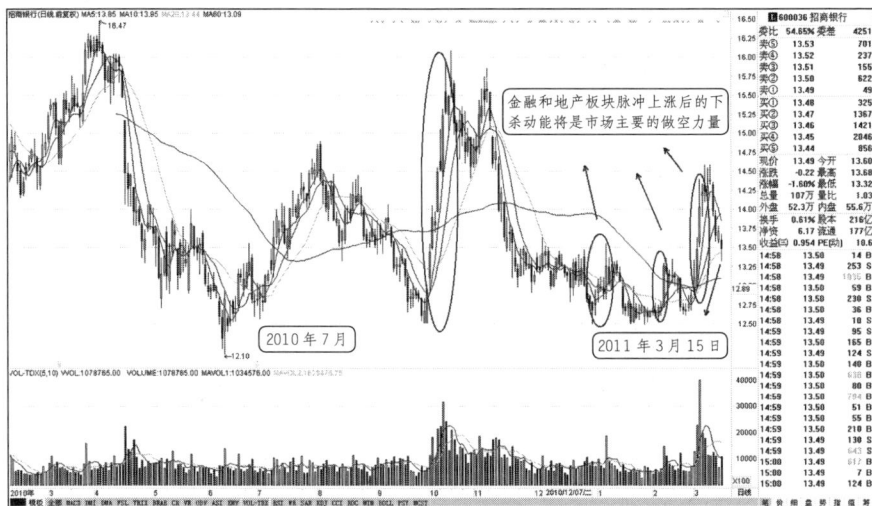

图 1-7　招商银行 2010 年 7 月至 2011 年 3 月走势图

　　但是，权重板块是否就没有阶段性的机会呢？显然不是，因为市场在反复震荡的区域需要多空双方进行力量的中和。既然金融地产和有色金属都处于空方的重要阵地，那么，权重板块的多方力量又在哪里呢？答案很简单，就是我一直强调的钢铁板块。这一块没怎么动过的"大象"品种无疑是稳定市场的中坚力量，这可以在 2011 年"3·11"日本地震后国内 A 股市场的表现中体现出来，尤其是 2011 年 3 月 15 日的市场暴跌当中，我们能更清楚地感知其中的能量所在。

　　对于短期需要调仓换股的被套者而言，钢铁板块中的特钢品种更是值得关注的重点。这也是我 2011 年年初以来一直在文章中强调的。我相信不少找对方向的投资者不仅可以回避相关品种的风险，更会收获来自自己前瞻性目光和坚定信念的回报。图 1-8、图 1-9 中我们可以看出相关品种异于市场的独立走势。

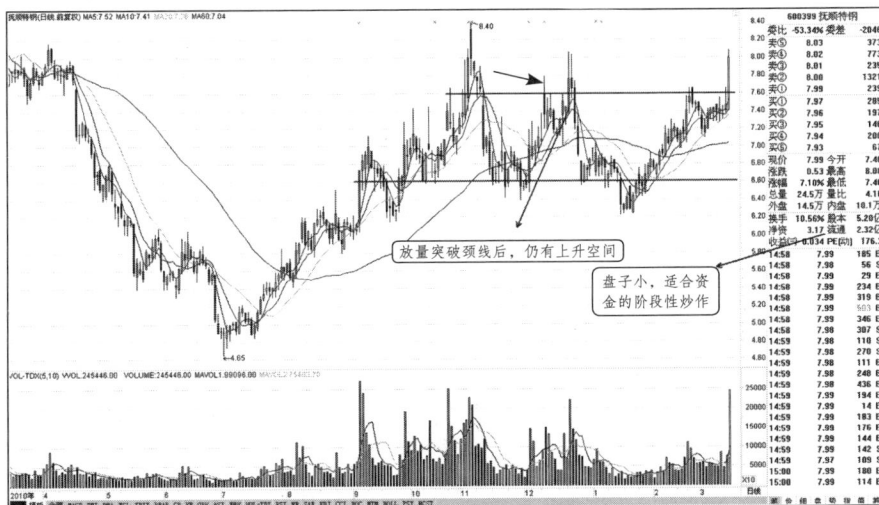

图 1-8　抚顺特钢走势图

注：该公司股票 2018 年 6 月 27 日起实施退市风险警示，股票简称由 "抚顺特钢" 变更为 "*ST 抚钢"。2019 年 4 月 8 日起，该公司股票撤销退市风险并实施其他风险警示，股票简称由 "*ST 抚钢" 变更为 "ST 抚钢"。

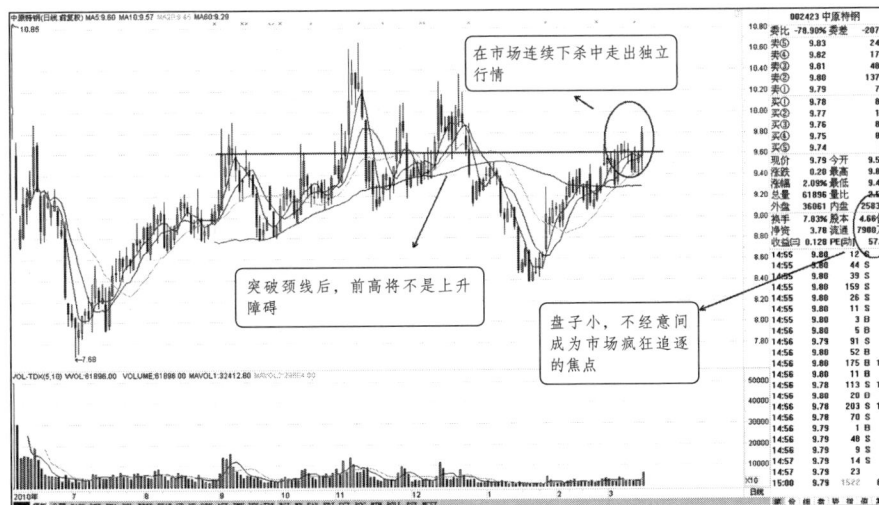

图 1-9　中原特钢走势图

注：自 2019 年 10 月 8 日起，该公司股票简称由 "中原特钢" 变更为 "中粮资本"。

总之，我们在短期内应该谨慎应对金融地产板块的脉冲上涨下杀，捕捉钢铁板块中特钢品种的阶段性战机将是投资者的最佳选择。

价值重估风险下欣赏创业板，生物医药和农业或是动荡焦点

市场进行阶段性动荡的过程中，仍在局部蕴藏着机会。除了特钢品种之外，我认为生物医药和农业板块是能在此时成为市场焦点的重要品种。这一判断拥有独特的历史原因：市场一动荡，医药就疯狂（见图1-10）。另外，在大宗农产品市场趋势上涨的背景下，农业板块也具备很多题材和故事。这些都是值得投资者关注的品种。

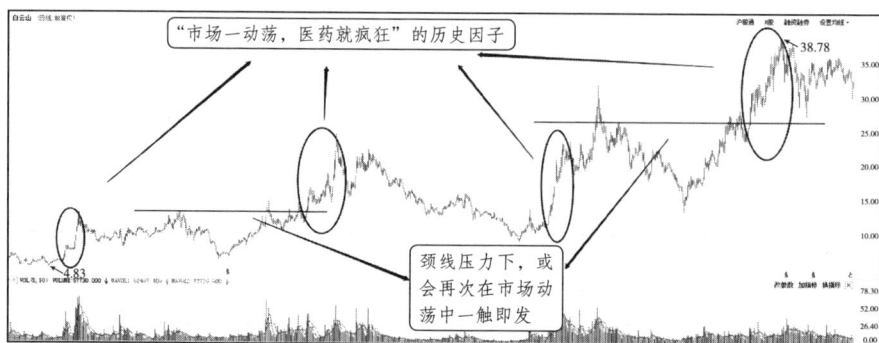

图1-10　2009年至2013年白云山日K线走势图

2010年风光一时的创业板，一直是我"欣赏"却敬而远之的品种之一，价值重估带来的巨大风险将会出乎很多人的意料。这也是未来新牛市行情进展中的重要风险所在。对于广大投资者来说，自己熟悉的品种，尤其是对上市公司本质进行过深度挖掘的品种，才是真正值得坚守的。

总而言之，对于广大投资者而言，国内A股市场的中期行情无疑是值得期待的。相信通过上文"由外及内、从大到小、循序渐进"的深入剖析，读者定能得到比较清晰的图景。但是，我们也需要清醒地认识到，就短期而言，市场立刻展开一波持续的上涨行情或许时机仍未成熟，反复震荡将会成为阶段性的主流。对于被套者而言，当前所要做的，就是尽量回避金融地产与有色金属板块中脉冲上攻带来的追涨冲动，以及未来创业板块价值重估的巨大风险；另外，就是捕捉到动荡过程中特钢品种、生物医药和农业板块的阶段性战机。这就是我当下的思考。

【学习延伸】

当前市场齐涨齐跌现象有所弱化，结构化行情更多一些。因此，我们要区别看待。比如，以上证 50 指数为代表的权重股走强，则适合加大权重股的配置；如果以创业板指数为代表的中小创指数走强，则应适当加大中小创的配置。

【学习小总结】

本节通过案例的形式，讲解主力布局时对大势的关注，包括道琼斯指数、纳斯达克指数、美元指数、大宗商品期货市场、上证指数等，尽可能做全方位的研判。

操
盘
手
记

从量变到质变的思考

甲：什么叫量变促成质变？如何体现出来？

乙：在蓄势待发的过程中，在时间推移的过程中，突然，就有那么一天，明显的方向性爆发出来，那时就是质变形成的时候。在这种爆发之前的所有波动，其实就是量变。

甲：如何判断出哪种情况是量变呢？如何判断出实质性的质变什么时候会来临呢？

乙：市场的波动总是在不断地反复上演，有低迷也有疯狂。其实，低迷的过程就是量变之时，疯狂的过程则是质变之时，关键是你有时候可能身在其中，难以自明而已。

甲：说到这里，我突然联想到我的孩子学走路的情景。有一天，他突然就开始会自己走路了，这让我始料未及，难道这就是质变的时候？

乙：没错，它们的本质是一样的。在这之前，你一定可以看到他不断尝试走路时的量变，比如虽然站起来了，但无法长久地坚持走等类似的情况。

甲：是的。你知道吗，当我发现质变发生的那一天，我是多么惊喜。而更令我惊喜的是，他一旦开始走路，那种质变带来的爆发力，就会让他走得顺这一过程加快。仅仅过了一天，他就基本上可以非常熟练地走路，并开始边走边跳，这实在让我惊叹不已。他学会走路的过程就犹如行情一样，一旦质变，加速起来的行情就可能出现阶段性的疯狂或崩溃，这些会让人始料不及、大吃一惊。

乙：是呀，你的感悟非常到位。每个人真正认识到自己发生质变的时候，都会发现，原来质变的能量竟然会如此之大。这就是量变积累带来的结果。而且，你还会发现，量积蓄得越多，质变也越厉害。

甲：对，真的是这样。两者具有很高的正向效应。那什么叫能量守恒呢？

乙：有什么样的准备，就会带来什么样的结果。准备就犹如量变，结果则犹如质变。一分耕耘一分收获，这是非常公平的。所以，你可以看到，真正有成就的人往往都很懂得量的积累，不在乎一时的小质变，而在乎真正的大质变。人的成长，就是需要不断地积蓄真正的量变与质变。

甲：你让我的视野更开阔，思想更有层次了，我实在是太高兴了。那么，我们从开始到现在的对话，算不算是量变到质变的过程呢？

乙：哈哈，当然是。

不论是市场、生活，还是工作，其实，本质都是一样的，都需要在过程中积累量变，而且，量变越厉害，质变也就越厉害。

要想把握住人生或市场中的机会，不是说你把握小质变的次数多了就好了，就成功了。事实上，你只要把握住关键的几次大质变，就足以让你傲视群雄了。不过，我们需要切记的是，很多时候，真正的大质变发生之前是非常折磨人的。这时，感到寂寞是必然的，也只有真正耐得住寂寞的人，才有可能迎来真正的大质变。

一直赢的思考

甲：当你很顺利，一直赢的时候，你要怎么做？

乙：忘记过去，每天都从零开始。

甲：道理我明白，但很难做到。因为只要稍微回忆下，就有可能想到赢时的感觉，无法回避。

乙：思想虽无法回避，但至少你要做到行动上尽量回避，尽可能减少你思想上对过去胜利的迷恋与满足。只有尽可能地让自己的思想变得谦虚了，在接下来的博弈中才不至于被胜利冲昏头脑，犯低级错误。一直赢是值得高兴的，一直赢后出现一定的失误也是正常的，但犯一些低级错误则是尽量要避免的。事实上，很多时候，具有最大杀伤力的错误往往就是低级错误。

甲：嗯，我明白。不过，如何让自己尽可能地在行动上变得谦虚呢？

乙：学会挑战自己的极限。比如，你一直赢，自认为了不起，那么，你不妨去找一些自己不是很擅长但却愿意去做的事情做一做。这样你的自我满足情绪就会大大降低。

甲：说白了，就是转移自己的注意力，把自己的注意力转移到其他不是很擅长但也喜欢去做的事情中去，或者擅长但还没取得好成绩的事情上去，感受那种有挑战性的氛围。

乙：是的，没错，可以这样理解。

甲：另外，我有点不太明白，那就是如何让自己不那么兴奋呢？你知道的，赢多了，兴奋是难免的，而且有可能长期保持那种赢的兴奋状态。

乙：还是用我刚才说的方法，转移注意力。当然，你要降低自己的兴奋度，不妨去看看电影，看看电视，或者看看你喜欢的动漫、书籍，等等。反正，千万别再找资本市场领域的东西去放松。你要懂得找其他领域的东西放松自己，当你彻底融入其他领域后再回来，必然就会有一种异常轻松的感觉。放松后，在资本市场上的兴奋度至少会大幅度降低。道理很简单，因为你的兴奋度已经成功地转移到其他领域了。

甲：去做让自己变得谦虚的事情，去感受让自己兴奋度转移后的放松心情。总结起来，就是这两大点，对吗？

乙：没错。反正，一直赢是好事，非常值得庆贺，但也要懂得转移由此带来的自满与兴奋。

甲：听了你的话，我的思路畅通了很多。哈哈，就好像刚修炼成功出山了一样。

乙：嗯，那就好。还是要保持谦虚啊。

甲：嗯，我会的。

输，需要调整自我。其实，赢也同样需要调整自我，尤其是一直赢的时候更需要调整自我。转移赢带来的自我满足与兴奋，具体的方法就是找到可以释放兴奋情绪的领域，以及适合自己的放松方式。这两者结合起来，就会发挥出极大的威力。一个人，一直赢是件非常值得开心的事情。只是，如果你不懂得调整自我，一旦输了一次，你就可能无法承受。这也多少解释了为何有些优秀分子输不起。如果赢了不会调节，那么，一旦输了，就真的崩溃了。这世界，要赢不难，但难的是你赢了之后能否让自己有好像没赢一样的心态。你说是不是呢？

大波段交易思路

主力资金的交易思路可以总结为"九字真经":提前、深度、坚持、大格局。这也是我推崇的投资理念。很幸运,在经历了几轮牛熊变换,经受住市场的验证和考验后,我能磨砺、沉淀出这"九字真经",这就是我能笑傲股市的底气。希望这融合了我的智慧结晶的投资理念能带给读者幸运与财富,达成在资本市场持续盈利的美好心愿。

在第一节中,我已经就"大格局"的主力思维做了比较详细的阐述。接下来,我将与大家分享另外三个投资的关键要素。

提前挖掘

要想在资本市场的多空博弈中取得大幅盈利,就需要提前挖掘并着眼于股价波动的短线操作。这也许能在短期内带来可观的利润,但是从长期来说,笑到最后的赢家,往往是那些能够抓住优秀投资标的主升浪的智者。抓住主升浪并不是要求我们在拉升启动的前一刻准时杀入，因为当我们明白主力资金的运作后，相信读者也能体会到，个股的启动都是经历十分复杂并折磨人心的波动后，才会爆发大行情的。不经历了这个考验投资者心智的阶段就捕捉到个股的主升浪不是不可能，只是概率很小。

另外，当市场极为疯狂时，不少投资者往往沉迷于看似唾手可得的繁荣中，而忽略了背后隐藏的巨大风险。是否懂得提前收获，往往就成了判断投资者成熟与否的重要标志。因此，我认为懂得提前挖掘，运用前瞻性的思想去分析市场中的机会和风险，才是在股市中步步领先的要诀之一。

深度研究

主力资金对个股的研究，首先要着眼于对上市公司内在价值的研究。股价波动并不是最重要的风险，最重要的风险是来自企业本身经营与发展的系统性风险。作为操盘手，对个股的研究不能简单地停留在对技术形态的分析上，而应该在公司层面进行深度挖掘。深刻认识公司的基本面，再配合技术分析，并且遵循资本市场的运行规律，参透各方角色的心理博弈，才能构成赢的根本原因。

因此，我把"看透F10（股票非行情类的基本面资料）"放在第一位。F10虽然只是挖掘上市公司内在价值的一个窗口,但由此延伸下去，我们可以发现，无论是公司年报财报，还是产业运行、相关政策甚至生活细节等信息，都能够为我所用，帮助我们深度挖掘个股背后隐藏的重大机会和风险。

懂得坚持

这里所说的坚持具有多层含义。第一，是指对独立思考的坚持。道理很简单，在资本市场的博弈中，每个人都会由于持有不同的看法而采取不同的行为，但是，最终的胜利只属于少数人。这说明什么呢？说明多数人的想法是错误的。正因为如此，坚持独立思考就有了非常重要的意义。第二，是指耐得住市场的洗礼。正因为你坚持了独立思考，坚持了对上市公司的深度剖析，并且先人一步地进行挖掘，所以必定会经历一个"孤独"的投资阶段。当你所钟情的投资标的的真实价值还没被大众认识时，是否能够沉得住气，是关乎你最后能否把握住其价值体现的关键。第三，是指坚持有限度的输、无限度的赢。人的判断不可能永远正确，在股票市场上进行拼杀博弈，首先要保证的不是能赢得比别人多，而是自己能够生存得比别人久。这就要求我们有比较稳健的监控体系和高度的执行力来进行风险控制。避免毁灭性的大输，接受有限度的小输小赢，坚持无限度（指吃大波段）的大赢，实现持续盈利的愿景就离你不远了。

【学习小总结】

本节讲吴老师"九字真经"：提前、深度、坚持、大格局。

后面发展到"十二字真经"：成长为王、引爆为辅、博弈融合。

操
盘
手
记

要的就是关键时刻的那小小行动

甲：为何自己可以成为市场爆发的导火索呢？

乙：道理很简单，当你看、他看、我也看时，如果有个人不看就行动，就特别容易引发"蝴蝶效应"，导致最后全行动的状况。请问，此时，如果这个人刚好就是你的话，是不是你就成为市场爆发的导火索了？

甲：那也必须是大基金级别的资金才有可能啊。

乙：并不见得。很多时候，市场的波动演变就是"蝴蝶效应"。可能你那不经意的动作，就导致了市场巨大的变动。事物之间都是紧密联系在一起的，虽然这样的变动不一定就是你引发的，但至少如果没有你的行动，这最终的结果就有可能出现极大的变数。

甲：就算是那样吧。但问题是在具体的实战过程中，我们也很难注意到这个层面。就算知道自己的行动可能会成为市场爆发的导火索，但市场那么复杂，实在是让人有点力不从心。

乙：其实，你别把市场想得太大。这里的市场，你不妨就将它看成是一只具体的个股，就是你要投资的具体个股，一切就变得很容易理解。说白了，你的那一笔买入就可能成为该股最终涨停的导火索。这就是为何我们自己也可以成为市场爆发的导火索。

甲：虽然还是不太明白，但至少有点理解了。原来，很多时候，自己可能就是在扮演导火索、催化剂的角色，只是我们总认为那是别人才能做到的。当你这样想时，他也可能这样想。当大家都这样想时，最终的爆发就似乎无从谈起了，对不对？

乙：没错。任何事情，其实都要从自身做起。只要自己做好了，做到了，剩下的就是坚定信念。坚信自己就是这市场中不可或缺的、最为重要的一分子，坚信自己就是那根导火索。

甲：嗯，明白。看准了，就别犹豫，该行动时就行动，想要让印度洋产生飓风，那就大胆地煽动自己那双翅膀吧，那么，"蝴蝶效应"终会让结果出现。

乙：嗯，就是这样的。用全局观去看，相信自己，相信市场，该行动时就行动，就是这么简单。

甲：哈哈，不过我感觉应该还有更深层次的意思吧？

乙：或许有，不过这就是"仁者见仁、智者见智"了。

任何事物都是紧密联系在一起的。我们在市场中似乎看不到"蝴蝶效应"，但无处不在。你的一个小动作，就很可能使得市场发生翻天覆地的变化。

有时候，你要敢于行动，要相信自己。只要做到了，一切皆有可能。关键时刻的关键行动就是这么简单。其实，很多宏大的事件都是决定于那些关键时刻的小小的关键行动，资本市场是如此，生活、工作也是如此。

适应环境的问题

人一旦离开自己熟悉的环境，到一个相对陌生的环境中去，心情就很容易变得复杂起来，以至于想要回到熟悉的环境中寻找那种淡定从容的心情。

每次去异地见朋友或是旅游时，我就会发现自己的心情变得异样起来。至少，进入那种平静的创作状态会比平时困难。

这是好事，也是坏事。好事在于那样的体验会给成长带来很好的刺激，同时也可以为中长期创作的内容提供更多的素材；坏事在于那样的体验让自己的短期创作进度受到影响，同时，也可能因心情异样而无法从容处理一些事情。

所以，如何把异样的变化最大限度地往积极的方向引导，就成了在相对陌生的环境中必须要面对的课题。

身在其中又身不由己，这是问题难解的关键。不过，如果一定要解的话，也并非不可能，那就要交给意志力解决了。让自己意识到控制情绪的重要性，坚定地认同过去的情绪，明确接下来如果不保持过去那种情绪会带来不必要的危害的严重性。

当然，仅仅那样还不够。最重要的是，一定要有动力源，要有坚持下去的动力源。比如，不坚持下去就会失去很多，其中可能包含着自己特别在乎的东西。这样，你的情绪就会好很多。

相对陌生的环境会带来许多认识上的思考与解读。在这个过程中，必然会耗费自己不少的精力。精力处于非常态的付出过程中，情绪也就难免出现异常。这样的状况，在人生中会不时地发生。只有这样，人才会不断地引发质变，才会成长。

综合研判的整体思路

【学习须知】

本节讲述系统性风险研判、板块联动、个股价值，这个顺序即是由大到小的综合研判思路。操盘是一种严谨的行为，尤其是对于主力这种大集团资金来说，更要慎之又慎。

系统性风险的预判

系统性风险是指由于全局性的共同因素引起的投资收益的可能变动，这种因素以同样的方式对所有证券的收益产生影响。简单地说，系统性风险对整个股票市场或绝大多数股票都会产生不利影响，其主要特征是几乎所有的股票均出现下跌情况。因此，投资者往往要遭受很大的损失。要想认清主力资金的运作思路，首先要学会识别和避免这种系统性风险。当泥沙俱下、风雨飘摇之时，试图幸免于难的个股是多么的渺小和不堪一击。

在我看来，系统性风险还可以从另外一个角度去理解：价值的轮回。我曾经指出，价值包含本身价值和交易价值。本身价值是内在价值，主要影响因素是市盈率；交易价值是外在价值，主要影响因素是流动性。我们都知道，一般情况下，价格都是围绕着价值波动的。因此，价格变化本质是价值的变化。

换句话说，系统性风险就是当价格远远高于其本身价值时，价格逐渐会向价值靠拢，甚至波动到其下方的过程。道理不复杂，有正就有负，事物的变化发展总是在正负交替中前进。关于中国整个股票市场的本身价值，我们不妨看一下上证指数 1999 年至 2009 年年末平均市盈率（见表 1-1）。

表 1-1　上证指数年末市盈率变化表

年份	年末指数年末市盈率（倍）
1999	37.09
2000	28.22
2001	37.71
2002	34.43
2003	36.54
2004	24.33
2005	16.33
2006	33.30
2007	59.24
2008	14.85
2009	28.73

我们可以从表1-1可以发现，1999年至2009年上证指数的"价值中枢"平均市盈率在32倍左右，而20倍左右的市盈率可以说是价值被低估且具有较高安全边际的投资区间。2005年和2008年远低于20倍的市盈率，其实就表明上证指数的内在价值被严重低估了。一旦市盈率超过40倍甚至50倍，上证指数的价格远高于其本身的价值中枢，就说明市场已经陷入疯狂，潜藏着巨大的风险，价格往价值中枢靠拢的趋势必然对其有向下牵引的强大作用，而这就是价值回归所带来的系统性风险。

系统性风险的来临，其实也意味着交易价值占据着市场的绝对主导地位。交易价值更需要依据市场流动资金的多少来衡量，这是一种外在价值。很多人忽略或者根本不知道外在价值。为何一只个股在不同时期的起落差距有时候会相当大呢？除了本身价值波动较大以外，很重要的也很关键的原因就是交易价值在发生着巨大变化。

我们不妨回顾一下过去的市场，流动性越充沛，很多个股就越容易出现躁动，有时候权重品种都能够疯狂涨停，是因为交易价值在发挥着积极作用。资金太多，需要宣泄，一些品种能够容纳大资金的进出，于是就成了选择的标的。阶段性资金疯狂涌入，也就促成了封死涨停的状态。交易的价值如果不具备持续性，往往都是昙花一现，呈现一种脉冲式的波动，在交易价值进入高峰阶段时进入股市投资，那是"找死"。在交易价值进入低谷阶段时进入股市投资则有两种情况：一是依然"找死"（因没有交易价值）；二是去挖金（因交易价值有望出现回暖）。作为投资者，当看不清交易价值所包含的机会时，应控制好仓位，把握大概率机会，或耐心潜伏于一些本身价值突出的品种，否则宁可不动，耐心等待。

【学习延伸】

上证市盈率的主要波动区间是20~40。不过，A股市场也在不断成熟，未来大概率会像美国股市、日本股市等成熟市场那样，保持10~20的波动。

大家可以登录https://www.legulegu.com/stockdata/market_pe查询最新的市盈率动态，包括上证、深成指、中小创等相关信息。

板块联动与角色定位

主力资金的操盘手看待个股，不会仅仅把目光盯在某只个股上，而是会把与其有内在关联的其他品种放在同一个板块的视角里。简单地说，就是要找出联动的品种。另外，如果站在一个更高的层次，学会看板块之间的联动关系，即板块的角色分配，也会影响到主力资金操盘策略的时机选择。无论是选择进攻还是休整，都要认清自身所属的市场角色，才能踏准市场波动的节奏，操作起来也会更加如鱼得水。

如何看市场呢？其实，市场就像电视连续剧一样，有主角也有配角，有导演也有群众。每一分子都是组成市场的一个部分，就如每一名成员都是拍摄这部电视剧时不可缺少的，大家的地位、分工虽然有所不同，但一起努力工作才能成就一部不错的电视艺术作品。市场也是如此，大家齐心协力才能成就值得骄傲的证券市场。在证券市场里，主角就是大盘指标股，这就如电视剧里设定的主角一样，具有举足轻重的地位，是不可或缺的，不仅处于领导者的位置，更是起到灵魂导师的作用。因此，研究大盘指标股的具体波动相当有必要。

其他充当配角的"人物"，如有色金属板块、商业板块、汽车板块等，处于从属的地位。换句话说，只有主角有发挥的空间，配角才可能有表演的空间。如果在某些阶段配角出现喧宾夺主的状况，比如明明大盘指标股在不断地进行着调整，作为配角的一些板块却持续不断地出来表演，吸引眼球，那么，最终的结局就是这些作为配角的板块会被市场打败。就像在电视剧里，如果配角太过突出的话，那么，主角或者导演就完全可以利用他们自身的权力，让他们从银幕上消失。毕竟，真正具有话语权的人是主角和导演，配角持续不断地"争宠"，难免会悲惨出局。

在生活中或工作中，建议那些作为配角的人，要尽量看清"主角"和"导演"的意图。当他们没有让你小试牛刀的时候，最好还是收敛点；否则，如果在不恰当的时机做出不恰当的动作，最终的结果会适得其反。如果你一开始就丧失了表演的机会，即便未来出现了让你展现锋芒的机会，你也无法把握。要在恰当的时机做恰当的事情，在主角还处于休息中时，配角贸然出来表演的风险是很大的，除非配角有足够的后台支撑，否则惨淡收场就是不可避免的。

这就很好地解释了为何在大盘指标股低迷的过程中，在市场萎靡不振的背景下，偶尔会出现一些局部的热点，但最后也仅仅是昙花一现。我们明白了主角的影响力后，关键就是要学会如何具体把握主角的动向问题了，这显然不是一两句话可以说清楚的。

研究市场是复杂与简单并存的。简而言之，有一点是需要牢记在心的，那就是顺应趋势。比如，大盘指标股明明已经持续上扬了三四天，已经传达出一种非常明显的上攻动作信号了。换句话说，已经是在表演了，那么，作为配角就没有必要反着做了。此时，配角应该跟进表演，顺应目前的趋势无疑是最重要的。因为，目前这波开始有所动作的机会，也会成为接下来做出动作的巨大的机会。只有顺应趋势，才能使自己最终把握住机会，成为市场最后的赢家。机会不是经常有的，趋势也不是随便就能形成的。不过，一旦趋势形成，机会闪现，要做的就很简单了，那就是顺应趋势、把握机会。或许，成功就从那一瞬间开始。

【学习温馨小提示】

板块联动要区分好主角与配角，即要认清做龙头的与跟风的之间的关系。

一个板块，多只个股联动，说明是大集团资金行动。这种行情一般不会轻易中止，更容易向纵深方向推进。

认清个股的投资价值

深度挖掘公司的价值

主力资金思考个股的投资价值，绝对不会基于该股的价格已经出现上涨或者将要上涨来进行判断。在他们眼里，股票的投资价值就是该股票所代表的公司价值。那么，我们现在要学的就是怎么去评估一家公司的价值。"投资股票就是投资该股票所代表的股份公司的未来"，而一家公司的未来如何，往往"仁者见仁、智者见智"，需要时间去证明。

不过，正是一家公司的未来本身所具有的不确定性，造就了其股票在资本市场上阶段性的波动。过去美国网络股行情大好的时候，不就是因为当时投资者大大透支了网络企业的未来，太过于看好网络企业的发展，才敢不论什么价格都疯狂买入，从而造就了网络股神话的吗？而当时间逐步推移，投资者才开始渐渐地真正了解什么是网络，他们看到了网络企业进一步的发展状况，才明白以前过于看好网络股了，大大地透支了未来。因此，股票价格出现了回归价值的泡沫破灭之旅，造成了当时网络股崩溃的情况。

那么，如何判断一家公司的未来呢？我们不妨先了解其过去，感受其现在。了解它的过去可以让你更清晰地去认识它，而感受它的现在则可以让你更为直观地去熟悉它。我们必须注意该公司的诸多细节。正所谓细节决定成败，从细节中你可以发现一些被人们忽略的东西，而这些东西很可能是非常重要的，有时候甚至是决定性的。就好像捕捉商机需要敏锐的嗅觉一样，如果你只能看到大家都能看到的东西，那么你能把握住的东西也肯定是大家都能把握住的，而这并不是我们要追求的。我们要把握住的是大部分人可能忽略的东西，把握住大部分人抓不住的机会。只有这样，我们的努力才能实现较大的价值，因为"物以稀为贵"。

举个例子来说，在分析一家公司的过去与感受一家公司的现在时，你很容易就能统计出这家公司目前大概能有多大的价值。比如，它本身的房产估值大概多少，产品库存的估值大概多少，银行存款大概多少……所有你能看到的资产之和减去它目前的负债，就能大概得出比较直观的价值了。但这些是大家都能看到的，并不稀奇，这些信息确实有价值，但它们还不能够让你很清晰地看到这家公司真正的价值。你是否可以进一步地去发现一些被很多人忽略的信息呢？如公司的无形资产——品牌价值。

有个很经典的关于无形品牌价值的例子，那就是可口可乐的故事。这个故事里说道："只要可口可乐的品牌还在，即便全世界的可口可乐工厂突然在一天内都没了，可口可乐也能东山再起。"这就是无形资产的价值！品牌价值是一些公司非常重要的隐藏价值点，但往往被人忽略。

此外，还有一个重要的价值就是公司的人力资产——人的价值。看看公司的灵魂人物是谁，这很重要。人是决定一家公司发展的最关键因素。没有优秀的人，再好的公司也很难突破自我，发展下去。就如史玉柱一样，他虽然失败过，而且摔得很惨，但他还在，他的团队还在。所以，他可以在网游领域东山再起，让公司成功上市，又一次演绎了创业神话。这就是人的重要性。试问如果这家公司没有史玉柱和他的团队，它刚开始运作网游项目时，风险投资公司会对它感兴趣吗？公司的发展如何，关键要看掌舵者是谁。分析透掌舵者，或许你就能看到这家公司的未来。

上文中举了两个比较容易被忽略的信息的例子。当然，除此之外还有很多有价值的信息，不过需要你更细心地去挖掘。你能挖掘出来的点越多，你的分析就会越充分，你也就越可能站得比别人高。只有让自己尽可能地站得更高，关于公司的未来，你才有可能看得更长远。换言之，你的视野大小将决定你对该公司的未来把握得是否准确。

因此，我们在具体分析一家公司价值的时候，别太过于表面化，而要更深入地去分析。深入分析后，一旦你发现大部分人目前对该公司的估值远低于你心中的估价，那么，一个非常不错的投资机会可能就这样诞生了。当然，要获取最终的回报是需要时间的，但无论如何，你至少已经站得比较高了，在探寻公司的未来方面已经先人一步了。

【学习温馨小提示】

主力选择做某一只个股时，其背后必然有坚定的逻辑支撑，而不是一时的心血来潮——要么是基本面向好、业绩改善，要么是有重大资产整合，要么是有重大利好公布在即……

股票价格与股票的价值

当主力资金分析一家公司的过去，并感受该公司的现在后，还觉得该公司具备比较好的潜在价值时，你就要好好看看其本身所代表的股票具备的投资价值如何了。要看哪些要素呢？当然是看其股票价格。看看这时候的价格是高于、等于还是低于股票所反映的公司价值。如果等于或低于，尤其是当下的股票价格低于当下该公司价值时，你就要做好准备并大胆地介入。

那么，怎么判断股票价格与股票价值的关系？什么价格可以买进？我觉得很重要的一点就是按照目前你设想的发展状况，对该公司的未来价值——未来几年的状况进行估算。比如，今年公司价值是1亿元，但通过全面分析（多数情况下是充分结合潜在价值后的分析），你感知到再过3年，该公司将至少值10亿元。有些企业就是如此，尤其是本身具有一定无形价值的企业，随着市场份额的急剧扩大，它呈现出的几何式增长是很多人曾经想都不敢想的。就如我们经常听到的一些例子，一些公司经过短短10年左右的成长，就从价值几十万元的公司发展成了价值十几亿元、上百亿元的航母型公司。这样的公司有不少，我们并不奢望在其发展的初期就参与进去，那也不现实，尤其是在资本市场的二级市场中，可以上市交易本身就要发展到一定规模。

不过，我们是完全能够在其价值为1亿元左右的时候介入的。就如很多成功的网络公司一样，比如百度等，你在其成长阶段是完全有机会介入的，也是完全有机会分享其成长所带来的利益的。因此，现在就有必要讨论一下股票价格与股票价值的关系。从本质上来说，价格肯定是要围绕价值运行的，或者说，价格不会偏离其本身的价值太远。因此，我们在看股票价格的时候，把握好价值是很关键的，我们要看透公司本身的价值。

关于股票价值，我认为需要关注两点：当前价值与未来价值。简单来说，当前价值就是目前这家公司值多少钱（别忘了把无形资产等一般人容易忽略的因素也估算进去）。如果得出的结果是它的每股价值远高于其目前的每股交易价格，那么，你可以高度关注它。但是，这并非是最关键的因素，最关键的是你要估算出其未来价值，即3年、5年甚至更长时间后其有可能达到的价值。这是非常重要的，也是最根本的。要知道，投资股票就是投资它的未来。若从当前股票价格的角度看，有些公司的当前价值或许显得非常不错，但它们的未来价值可能并不乐观。一些处于衰退初期的公司就是这样，它们的股票短期价格好像有不小的诱惑力，但从中长期来看，目前的股票交易价格呈现出非常大的风险。资本市场股价的波动往往会提前反映一些公司的周期发展情况。面对这样的品种时，我们需要多观望，我们需要找到具有未来价值的品种，而不是盯住当前价值来决定交易。

相反，从目前的交易价格来看，有些公司的当前价值显得不那么具有诱惑力，如一些处于成长初期的公司。虽然短期而言，这些公司的股票交易价格看起来具有一定的风险性，但从中长期来看，目前的交易价格完全有可能是被低估的，毕竟其未来价值有可能超出你的想象。因此，面对这种情况，我们要做的就是充分研究其未来价值。如果得出的结论是未来价值远高于当前交易价格，那么，我们需要做的就是找到合适的机会潜伏进去，等待更大的回报。

【学习温馨小提示】

价格与价值的关系也可以用主人与宠物的关系来形容，主人的位置是价值，宠物的位置是价格。外出时，宠物一会跑到主人前面，一会跑到主人后面，来来回回，但基本不会离主人太远。

【学习小总结】

研判大势、板块联动到个股价值，层层推进，才能增加胜率。

操
盘
手
记

关于投资的心理学

甲：我并非心理学家，不过，我想尝试着从心理的角度剖析市场的种种，通过心理学来揭示与解决一些问题。

乙：这有难度。不过你是那种有难度有挑战才更有动力的人吧？

甲：对。我知道这并非易事，但我想把自己关于这方面的想法很好地提炼、整理出来，这里面肯定有很多金子。

乙：是的，人的行为都取决于心理。从你熟悉的行为中去发现一些内在的心理特征，是非常有意思的，也是非常有价值的。

甲：是呀，就好像2010年6月29日市场的突然暴跌一样，这背后的心理是什么呢？其实，也不复杂，就是始终无法打开反弹格局那种焦虑的心理达到一定程度时的集中释放。我们都知道，利空消息对脆弱的心理可以形成非常大的杀伤力。这种集中释放如果配合一些利空消息的刺激，就会引发暴跌。

乙：嗯，对。光听你这么一说就觉得非常有意思了。

甲：这其实只是关于现象的潜在心理分析，还可以分析得更多、更深入些。一旦我在这方面能够做到入木三分，市场就很容易掌握在我的手中了。

乙：我认为你早已达到了那种境界，只是你自己没有充分去挖掘、提炼、整理而已。

甲：哈哈，谢谢你那么看得起我。不过，不谦虚地说，我还真有点自信。

乙：就是嘛，不需要谦虚的就没必要谦虚。

甲：在心理层面深入探讨，试着总结出关于市场的投资心理学，我对自己也很期待。

乙：好，期待你早日完成心中所愿。

甲：一定！

其实在市场的投资心理学研究领域中有所建树的人还真不多：一是因为研究者比较少；二是很多人本可以研究得不错却较为懒惰或不愿从这个层面进行剖析。

做心理剖析太多，难免会在自我心理上产生一定的负面效应。负面的心理如果没把握好，就有可能给自己带来一定的创伤。当然，这是非常不成熟的人才有可能出现的情况。我不敢说自己已经很成熟了，但能够抵抗一定程度的心理冲击倒是真的，淡然面对市场还是能做到的。这个问题值得研究。其实，只有深入研究心理，才能找到另一个世界。那是个很多人都知道，却往往被忽略的世界。

02

主力操盘综合运用案例

追寻主力的踪迹

【学习须知】

　　第二堂课讲主力的定义，从大盘股、中盘股、小盘股的划分标准角度，举例说明主力运作的特性，以及如何追寻主力的踪迹。

　　本堂课内容在牛散大学堂股咸宇宙的等级划分中为"中学"级别。

　　首先，我们必须清楚大盘股、中盘股及小盘股的划分标准。市场上按照流通盘的大小，往往将股票分成三种类型：大盘股、中盘股、小盘股。每个人心中都有一套标准，但一般而言，国内 A 股在全流通的背景下，倾向于将 8 亿股以上流通盘称为大盘股，3 亿股到 8 亿股流通盘被称为中盘股，3 亿股以下流通盘则被称为小盘股。

　　其次，我们还必须清楚其在市场中的地位及扮演的角色。大盘股无疑是在市场中占据较大权重的个股，其波动在很大程度上左右着大盘的波动。这些个股的动向从某种意义上说就代表着大盘的动向，其实这也就给我们研判大盘提供了一个很好的参考对象。中盘股从字面意思上看，就是权重相对适中的一类个股。那么，其对市场的影响力便稍弱于大盘股。小盘股盘子虽小，却是市场的重要活跃分子，虽然无法直接撼动大盘的波动，但对市场人气的影响也能极大地影响市场的情绪。

同时，盘子大小不同，主力对其态度也不尽相同，最终也就决定了其波动特性的不同。我们都知道，大盘股由于盘子比较大，在上涨过程中所遇到的阻力也会相应加大；同时其股价上扬，主力资金也必须投入更多的兵力。中盘股阻力次之，小盘股阻力则最小。大盘股之大，在 A 股市场往往都是企业发展壮大的一种具体体现。因此，这样的企业很少发生系统性风险，也很难发生整体走势的疯狂质变。小盘股小，也从一个侧面反映出其抵御风险的能力较弱。中盘股则刚好夹在大盘股与小盘股之间。也就是说，中盘股的机会与风险都是较为适中的。

从长期投资策略的角度来看，大盘股最终可能是稳健有余、惊喜不足；小盘股则是不确定、风险难料；中盘股刚好处于中间，风险相对有限而且随时有可能出现惊喜。因此，中盘股往往是长期获取稳健超额回报的最好选择。当然，小盘股和大盘股在不同阶段同样具有可观的回报率。

【学习温馨小提示】

　　盘子的大小，会对主力的操盘有重大影响。大盘股需要更多资金，参与者也更复杂，更容易稳中推进；中小盘股相对更简单一些，基本面也更容易发生重大改善，股价更容易一飞冲天！总之，大盘股稳，中小盘股波动性大。

　　没有好坏之分，关键是看哪种风格适合自己。

挖掘主力运作迹象的突破口

　　首先，我们得明白主力是什么，它以什么形式存在。每个股票都有所谓的主力。什么是主力？有人说主力是庄家，有人说是大机构，更有人说是大资金，不一而足。但有一点是大家都比较清楚的，那就是主力是能够影响市场波动的力量。主力其实就是能够影响市场波动的力量的集合。具体到个股上，主力存在的表现形式往往就是那些大机构、超级大户等。

　　那么，从哪些地方去挖掘主力运作的迹象呢？其实股票F10中"股东研究"栏是我们掘金的好地方，主力运作的蛛丝马迹都可以在此寻找到,这会让你更容易把握属于自己的机会。在股票F10里，"股东研究"这一栏就是具体研究主力存在的表现形式的法宝，研究它的目的就是为了更好地感知主力的意图，从而更好地把握具体的机会，做到心中有数。别小看这里，有时候非常关键，也别以为公开信息中的内容常有滞后性就没有太大意义；事实上恰恰相反，很多主力运作的蛛丝马迹、长期思路，往往都可以在里面寻找到。懂得分析、懂得研究，你会更容易把握住属于你的机会。

其次，要清楚各种报表中信息滞后的最迟时间，具体问题具体分析。"股东研究"中，你可以看到季报、半年报及年报里面关于股东的最新变动情况。当然，这里具有一定的滞后性，但季报一般不迟于1个月，半年报一般不迟于2个月，年报则一般不迟于4个月。结合不同的公告信息和具体的市场状态，同样可以揣摩到主力的一些意图。对于主力资金而言，一个波段的周期往往都不会低于半年。因此，很多信息其实具有相当大的参考价值，就看你会不会具体问题具体分析。

股东研究中感受主力的运作

在股东研究中感受主力

◇主力更多是一个集体

所谓主力，其存在的形式更多的是一个集体，而不是个体。因为构成要合理，太多或太少都不是好事。孤军奋战是异常艰苦的，而集体作战相对就容易很多。所以，你会发现，一家上市公司，如果有很多的机构大户看好并参与，至少会有一些阶段性行情。相反，那些相对缺乏机构或大户资金关照的品种的波动则会显得低迷很多。当然，也并非机构大户资金参与的越多该品种就越好，物极必反。很多时候由于它们在具体波动的过程中，各自的步伐冲突很大，所以可能会出现自相残杀的现象，最终的行情就难以走得令人期待，也可能导致无疾而终。作为操盘手，关注主力的构成是很重要的。你要清楚上市公司目前的主力构成是否合理，自己能否采取跟随策略或出击策略。当然，最关键的还是上市公司的基本面，只要基本面能够支撑公司的本身价值，那么，大可不管其他的一切，潜伏进去，耐心等待上涨便是。

【学习延伸】

很多人认为主力是某个人或某方势力，这在庄股时代是对的。但随着市场的成熟、监管的严格，主力不再局限于某个人或某方势力，更像是市场的合力，就像是各路诸侯，他们中有主导资金，也有跟随资金，形成合力，从而对市场产生较大影响。

◇ 股东研究中须注意三点

这三点是股东总户数、新进和流通 A 股占比。图 2-1 即是以江西铜业为例的相关说明。

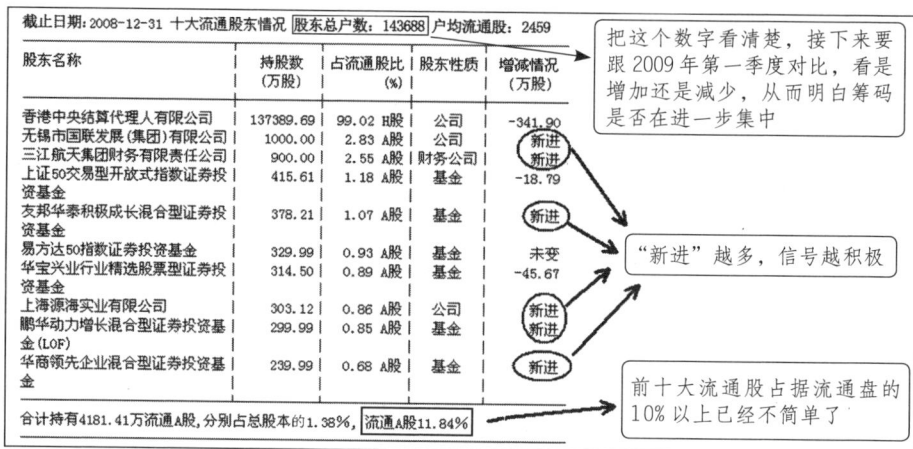

图 2-1　江西铜业 2008 年年底报表分析

①股东总户数。经过对比，你就知道筹码是集中还是分散，它可

以从侧面告诉你目前主力资金的动向。

②新进。所谓新进，就是新进来的主力。其实就是在最新报表中刚刚露脸的机构或大户，这些资金都是在上一期报表到最新报表期间介入进来的。你可以透过这个信号，揣摩他们的介入成本，结合他们的持仓程度，判断他们介入的真正意图。很多时候，一只个股大爆发的征兆可以在新进的身上找到。

③流通 A 股占比。流通 A 股占比就是十大流通股东占据其流通盘的比重，这可以让你清楚地知道前十大流通股东的分量有多重。一般来说，比重越高，说明机构的投入就越大，未来行情就越值得期待。当然，过高就会物极必反。另外，就是一定要减去上市公司本身持有流通股的占比，因为那不代表运作资金的筹码。

对比报表可以让你更好地感知主力的思维。如图 2-2 所示，对比江西铜业 2009 年第一季度报表和 2008 年年底报表后，我们可以看出，在 2009 年第一季度里，"股东总户数"减少了，筹码在集中；"新进"涌现出了相当多的新面孔，突然冒出，"来者不善，善者不来"；"流通 A 股占比"也有了比较明显的提升，进一步说明进来的主力分量不轻。

从 2009 年第一季度的资料来看，该股未来的机会是在增大而不是在减少。二级市场形态等多方面如果能良好地配合，无疑会给投资者的具体操作带来更为坚定的信心。在这里，你能够找到更多支撑上涨或下跌的理由。最重要的是，你能够从中感知主力的运作思维，这对操盘是非常有益处的。

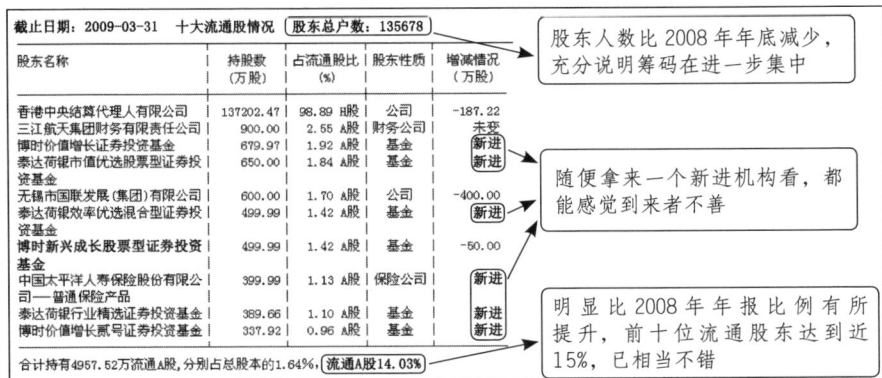

图 2-2　江西铜业 2009 年第一季度报表分析

最新案例回顾

从四维图新 2018 年年底十大流通股东情况中，我们可以清晰地看出，没有股东做出减仓的动作，同时新进的三大流通股东中甚至出现了香港中央结算有限公司一类的知名机构，做多的阵容在逐渐扩大，同时流通 A 股占比达到 31.75%，也是筹码高度集中的体现（见图 2-3）。

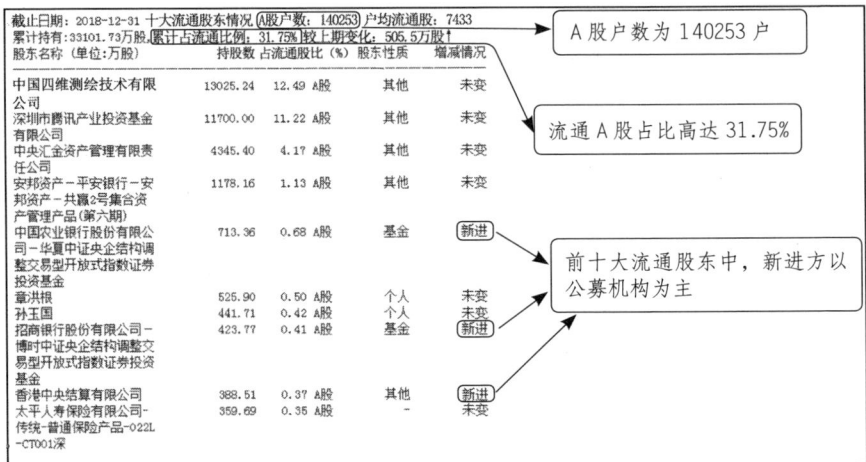

图 2-3　四维图新 2018 年年底报表分析

从四维图新 2019 年第一季报的数据中，我们可以看到 2018 年第四季度新进的几家公募，如博时中证央企结构调整交易型开放式指数证券投资基金、香港中央结算有限公司等纷纷采取大幅加仓的策略，而且加仓的资金股数都超过了第一批买入的数量（见图 2-4）。这体现资金对公司的进一步看好，更让筹码集中度增强。

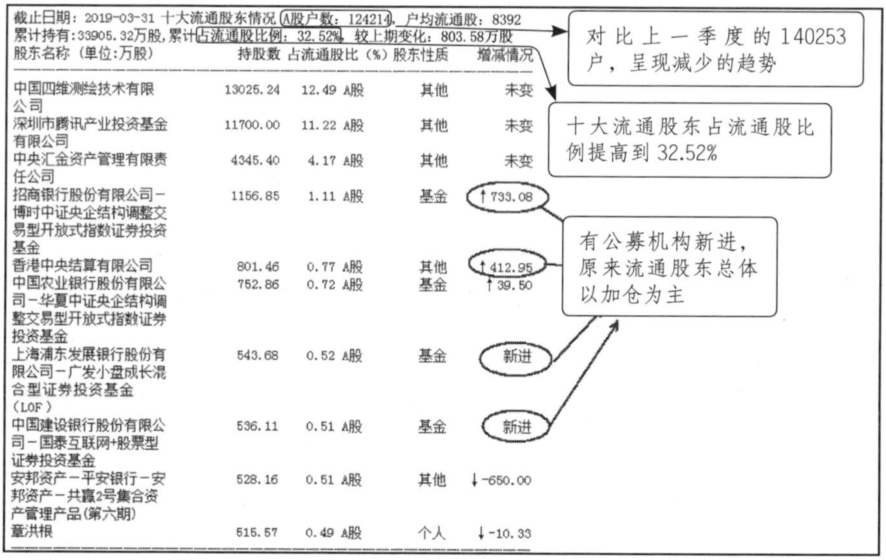

图 2-4　四维图新 2019 年第一季度报表分析

【学习延伸】

通过这些方法，我们可以发现中线、中长线主力资金的踪迹。不过，这些方法也有弱点。一方面，我们能看到的一些信息是滞后的；另一方面，这些方法对于那些短线主力资金无能为力，因为那些短线主力资金一共才运作几天到几十天，我们都还没看到数据，它们的运作就结束了。

股东研究与股价波动相结合

◇ 股东研究必须结合具体波动

股东研究必须结合具体波动，这样才能让你对下一步策略更为清晰。要想深入感知主力思维，在分析股东研究的过程中必须结合该股的具体波动，这样才能做到具体问题具体分析。而观察股价波动的状况，也可以帮助你清晰地估算出一些"新进"资金的持仓成本，整个形态结合主力最新动向给予的中期方向也将在你的头脑中更明确；最重要的是，你会更清楚下一步该怎么做，是走还是留。

◇ 两结合的研判思路

由于季报的公布时间会有一定的滞后性，很多人担心有机构会打时间差，在季报公布前与季报统计截止日期之间套现出局。确实，这是机构惯用的伎俩。我们要结合市场股价波动状况来进行具体的研判，其实就是为了更好地判断一些主力的思维，从而更清楚地看清其本质。如图 2-5，结合股东研究资料，我们可以分析出以下三点信息。

① 2009 年 3 月 31 日到季度报表公布期间，江西铜业保持了相对强势，其间还有一波脉冲上涨行情。显然，主力运作的痕迹比较明显，但疯狂套现概率很小。相反，在这期间部分主力可能依然在积极吸纳筹码。

② 在 2009 年第一季度期间，股价出现了明显的恢复性上涨，结合筹码进一步集中的信息，我们也就能够理解恢复性上涨背后的一大原因就是不少主力资金在积极吸纳筹码。而成交量较为集中和上涨比较明显的区域可以让我们感知到，"新进"主力的筹码平均成本应在 15 ~ 20 元之间。

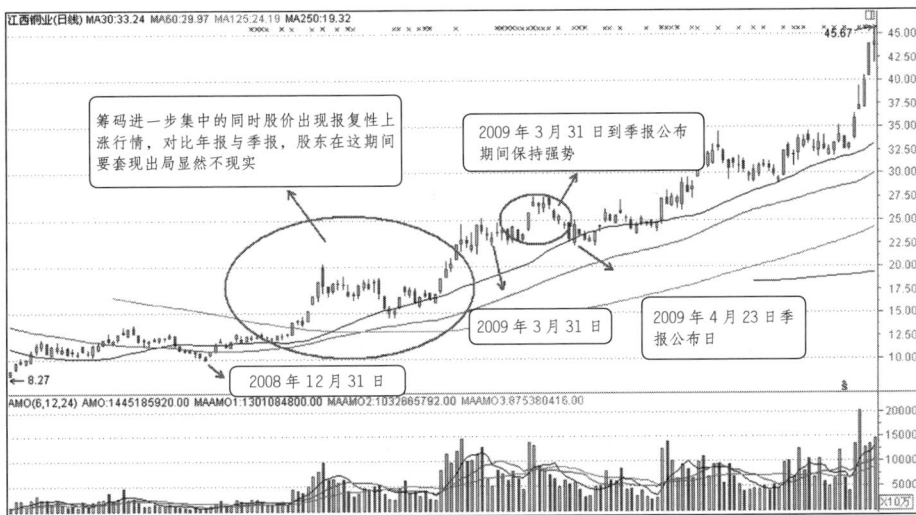

图 2-5　江西铜业 2008 年 12 月 31 日至 2009 年 4 月 23 日走势图

③"新进"主力的筹码平均成本在 15 ~ 20 元之间，结合 2009 年 3 月 31 日到季报公布日的波动区域看，中轴是在 25 元一线。显然，对于"新进"资金而言，套现空间并不大，出局概率也很小。再结合主力可能继续吸纳筹码的状况，我们可以判断出该区域的波动价格可能在 22 ~ 25 元，那么不少"新进"主力的筹码成本必然进一步抬高，很有可能落到 20 元一线的附近。这无疑预示着该股未来必然还有一番作为，才能让其中的主力获利出局。

最新案例回顾

图 2-6 体现出了四维图新 2018 年第四季度到 2019 年第一季度的股价走势。综合来看，资金加仓、筹码集中度提高后，股价

出现了阶段性的上涨和有节奏的调整动作，股价回撤幅度也比较浅，价格回调时呈现缩量调整的技术特征。从 2019 年第一季度的十大流通股东数据上来分析，筹码还处于积极的集中趋势之中。这些都反映出四维图新良好的上涨趋势，股价的运行和筹码的博弈数据有较强的相关性。

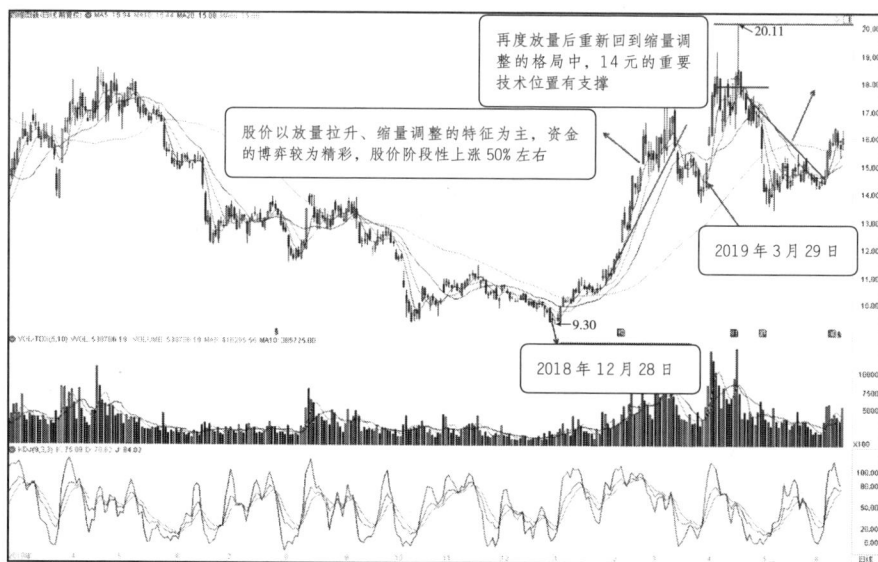

图 2-6　四维图新 2018 年第四季度到 2019 年第一季度的股价走势

【学习小总结】

主力的运作是有迹可循的，尤其是中线、中长线主力的动向，可以从筹码、十大流通股东、技术走势等多种迹象去跟踪。但短线主力的动向则只能从技术、事件逻辑等角度进行研判，快进快出。

操
盘
手
记

"操盘论道五部曲"带来的思考

甲：你的"操盘论道五部曲"是什么？

乙：其实就是一个盈利系统。

甲：掌握了就可以叱咤股市了吗？

乙：那不敢说，不过可以大大扩大你的赢面。

甲：你所有的思想精华都在里面了吗？

乙：是，也不是。是，指的是与五部曲相关的精华都在里面了；不是，则指五部曲外的内容不在其中。

甲：我不明白你在说什么。

乙：如果说五部曲的精华是"功夫"，五部曲外的则是"功夫在诗外"啦。

甲：你所有的"功夫"都在里面了吗？

乙：那也不是。但，这是一个很好的系统，一个适应性很强的系统。我之所以反复强调系统，是因为五部曲其实就是一种模式，让你感知系统的模式，让你很好地掌握系统的一种模式。模式其实可以有很多，但我用这五部曲来表现而已。

甲：明白。也就是说，市场博大精深，远非五部曲就能完全体现出来的，但这五部曲又足以让人知道什么是盈利系统，你的中心思想就是想表达盈利系统吧？

乙：没错。

甲：我记得你以前谈到五部曲是你金融人生的开始。其实也就是暗示了你未来会展示更多的"功夫"吧？

乙：是的，思想只有广泛地传播出去才具有真正的价值，我一直认为自己的思想多少还是有点价值的。所以，很想在自己的人生中，充分体现自己的人生价值。

甲：嗯，祝福你。

乙：我相信上天给我的使命就是好好地在资本市场里体现自己的人生价值。

甲：我也相信。

"功夫"，是需要修炼的。到了一定阶段，也是需要展示的，更是需要传播的。那样，才具有真正的价值。人生，就是展现自我价值的过程。"功夫在诗外"，是一种境界。

让"功夫"更好、更多、更精彩地展示出来，需要能力，更需要坚持。人生价值的体现何尝不是一种坚持的体现呢。

大盘股操盘案例剖析

大盘股作为研究对象的重要意义

研究大盘股的波动，尤其是"大象"级别的品种的动向，从某种程度上说，就等于研究大盘的波动。

主力资金对于仓位水平都会有相关的要求，对于最低仓位也有一定的要求。对于大型的主力资金而言，也只有"大象"品种才能容下航母级别的资金。所以，往往"大象"品种容易成为主力资金配置的对象。这是一个能容纳大资金的海洋，资金的进出在这里相对来说会较为简单，不易掀起大的波浪。当然，这里如果掀起大的波浪，也预示着市场资金极为充足。所以，这些品种的动向往往在某种程度上也反映了当前市场资金面的情况。资金面相对宽松的话，"大象"品种也能随之起舞，紧缺的资金面将难以撼动大象品种。

"大象"品种之所以值得我们重点研究，并不是因为这些"大象"品种能够给投资者带来非常大的收益。我们都知道，中小盘股才真正是赚钱的天堂。但"大象"品种的动向对大势研究有很好的指示作用，研究"大象"级别个股的波动就等于是在研究大势的波动，其重要性不言而喻。通过这些大盘股的波动了解当前市场所处的状态和水平，将对我们在其他品种上展开战役具有很好的指导意义。明晰当前市场所处的状态后，我们对在这一阶段要采取积极做多的策略，还是采取有所收敛的策略，会更加了然于胸。知己知彼，方能淡定自如、从容应对。

大盘股中国石化主力操盘案例剖析

介入建仓

2008 年年底启动了一轮牛市行情，在此过程中主力运作的痕迹是我们研究的重点。建仓阶段、拉升阶段、出货阶段，每个阶段的演绎特征都是我们剖析的重点。历史会重演，主力资金的运作手法虽然形式多变，但最终的目的趋于一致。很多时候，多分析个股的运作形式，见多识广，把历史走势深深地印入脑海，盘感便会自然而然地形成。从中国石化 2008 年第四季度及 2009 年第一季度十大流通股东情况中，我们可以看到 2008 年年报显示股东总户数为 1160809 户，2009 年一季度的股东总户数为 100618 户，显然 2009 年第一季度的筹码与上一季度相比出现了进一步集中的趋势。再结合图 2-7，就可以看出此阶段主力有收集筹码的迹象。对比股价所处的状态，我们发现主力建仓的动向已更趋明朗化。

图 2-8 圈中部分所示为筹码出现一定程度集中的阶段，即主力有收集筹码迹象的阶段。此阶段所处的位置及在此过程中股价的运行特征如何，是我们接下来要重点探讨的问题。

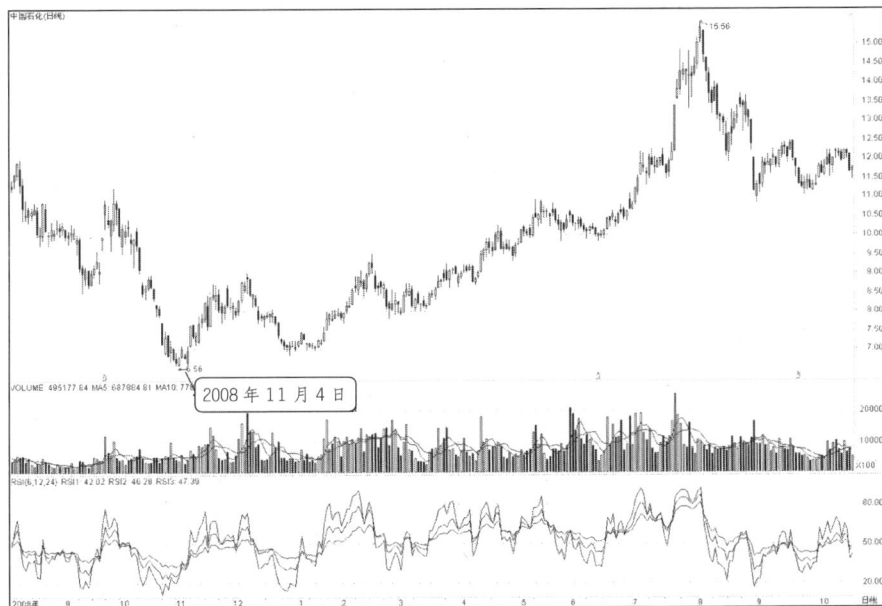

图 2-7　中国石化走势图

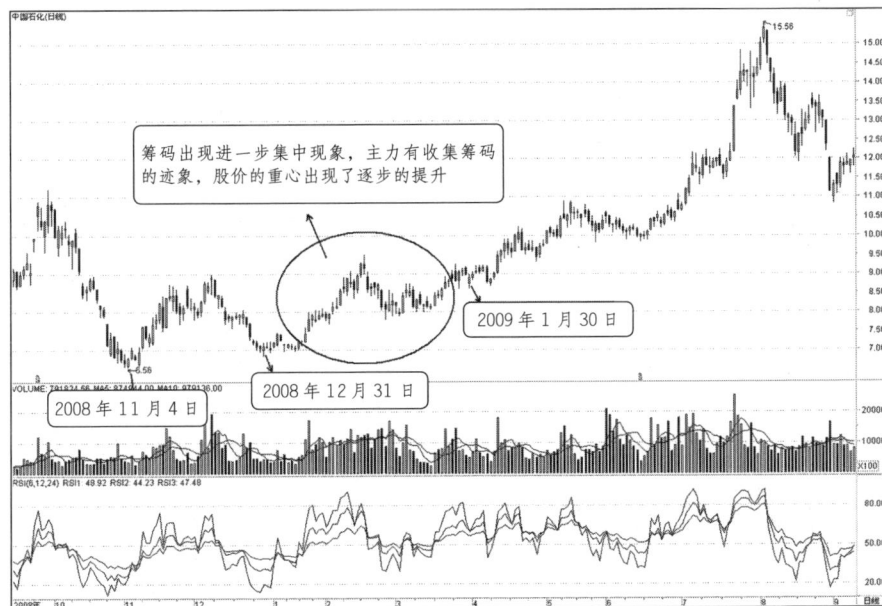

图 2-8　中国石化 2008 年 11 月至 2009 年 1 月走势图

如图 2-9 分析了中国石化 2008 年 12 月 31 日至 2009 年 3 月 31 日出现的筹码集中情况，其所处阶段如图 2-9 圈中部分所示。从更长的周期来看此股股价的走势图，一轮大幅下跌行情后，股价出现了阶段性止跌企稳迹象，并开始走平。而且圈中所示部分属于阶段性 W 底形态的一部分，正处于右底构筑阶段，这是其在此阶段所处的位置。上述筹码变化情况反映出主力在此位置有建仓的动作。这也是股价能够在这一阶段止跌企稳的主要原因。

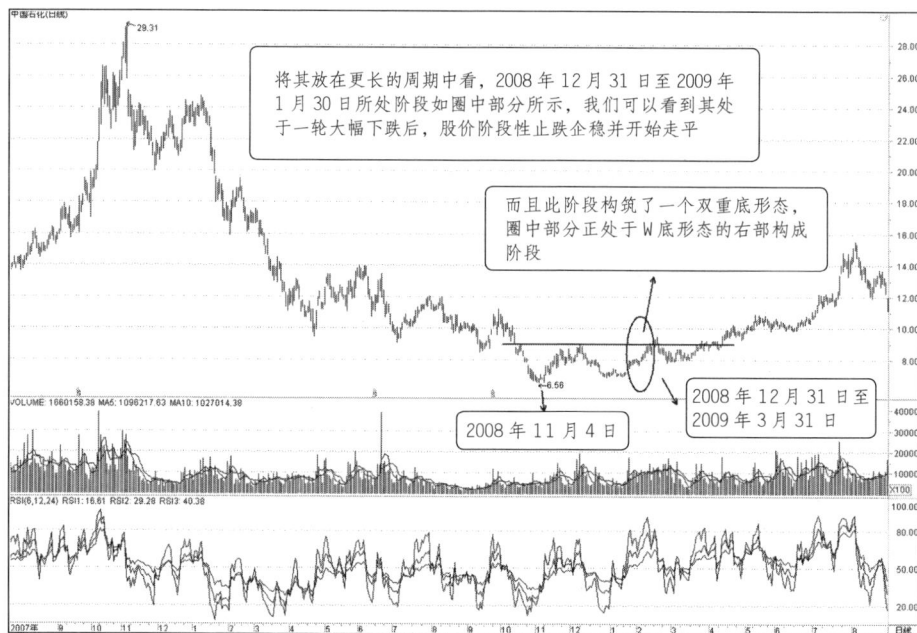

图 2-9　中国石化 2008 年 11 月 4 日至 2009 年 3 月 31 日走势图

【学习延伸】

大盘股的技术分析是比较有效的，因为操纵大盘股是很有难度的，大盘股的走势受各路资金合力的影响更大。

如果大盘股形成较大级别的头肩底、圆弧底等较标准的底部形态，或者是平台突破等技术特征，是可以积极跟进的。

如图 2-10 所示，中国平安 2017 年 5 月大形态突破后，股价一飞冲天。

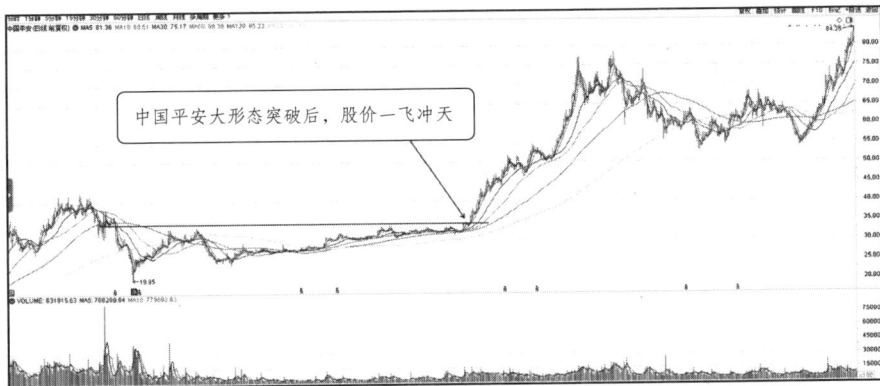

图 2-10　中国平安日 K 线图

最新案例回顾

图 2-11 圈中标出的位置，是牧原股份的股价从 20 元附近涨到 30 元左右的时期，价格出现 50% 的拉升，量能开始温和放大，出现明显的缩量回踩动作。如图 2-12 所示，从 2018 年 5 月到 2018 年 12 月初，牧原股份在建仓区构造了一个较为复杂的双底形态，时间跨度在半年左右。

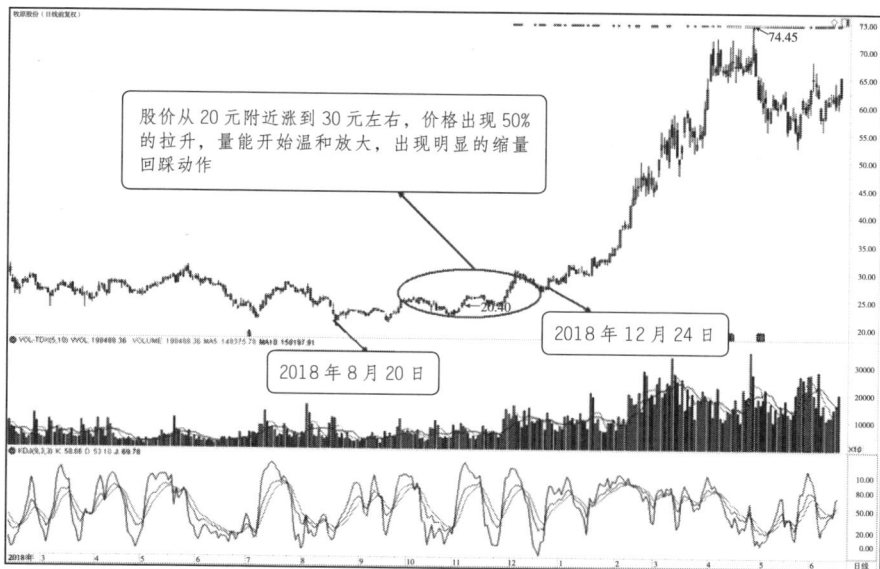

股价从 20 元附近涨到 30 元左右，价格出现 50% 的拉升，量能开始温和放大，出现明显的缩量回踩动作

←20.40

2018 年 12 月 24 日

2018 年 8 月 20 日

图 2-11　牧原股份 2018 年 8 月至 12 月走势图

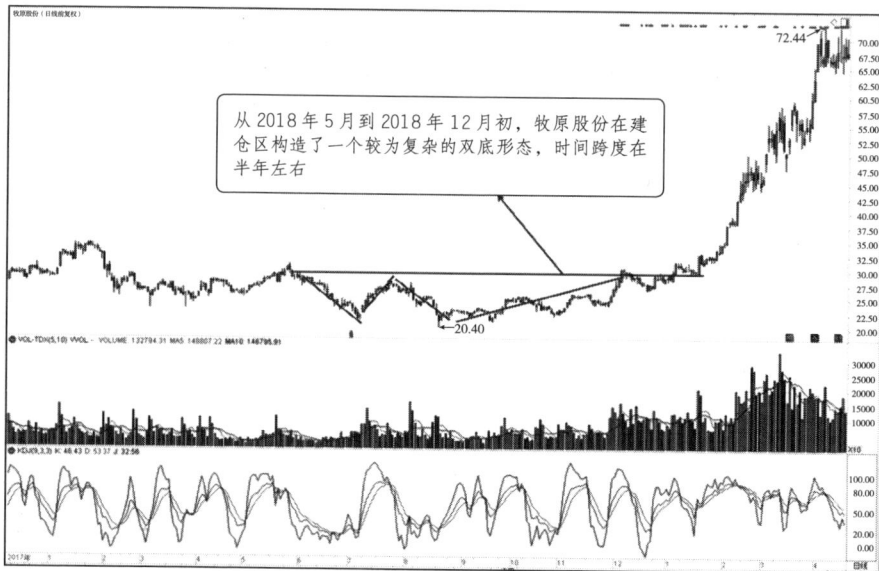

从 2018 年 5 月到 2018 年 12 月初，牧原股份在建仓区构造了一个较为复杂的双底形态，时间跨度在半年左右

←20.40

图 2-12　牧原股份 2018 年 5 月至 12 月构筑的底部形态图

接下来，我们再来看看在此过程中股价的运行特征。主力建仓时的特征，在《吴国平操盘手记：主力建仓策略》一书中有详细的分析。对于主力资金而言，此阶段的主要任务在于完成底仓的建立，同时构筑具有一定想象空间的底部形态，为后市的进一步运作做好铺垫。底部形态完成突破，从市场人气角度而言，将促使市场形成强烈的看涨预期。有了这个看涨预期，只要主力资金稍加引导，就不怕没有资金跟进。这就是主力资金为后市所做的铺垫。

同时，建仓过程中必要的折腾走势不可避免，这是建仓过程的一大特色。通过反复的折腾才可以让市场交出更多的筹码，这也是清洗不坚定筹码的过程。这一点在突破前夕表现得尤为突出。

如图 2-13 圈中部分所示，为筹码所有集中阶段。此阶段的运行其实很大程度上体现了下述特征。

①量能放大的同时伴随着股价的逐步上移，资金在里面的动作明显趋向活跃，然而在这个阶段折腾是为了什么呢？无疑是想吸纳更多的筹码，为后市的进一步上扬做好准备。资金是逐利的，而要想获取利润无疑就要折腾出做差价的空间。主力资金一般志在长远，尤其是敢于在中国石化这种"大象"品种身上做文章的主力资金，一般实力不菲。那么，这里可以让我们更加坚信主力志在长远的意图。这是我们面对盘面的变化要思考的。

②完成经典的 W 底形态的构筑。构筑想象空间，编织美好未来。形态的构筑亦是主力建仓过程中的重要任务，强烈的看涨预期、稳固扎实的底部形态，很多时候可以让主力在后市的运作中起到事半功倍

的效果，这主要表现在突破后很容易引起市场的共鸣，主力稍加诱导便很容易激发市场的做多热情。

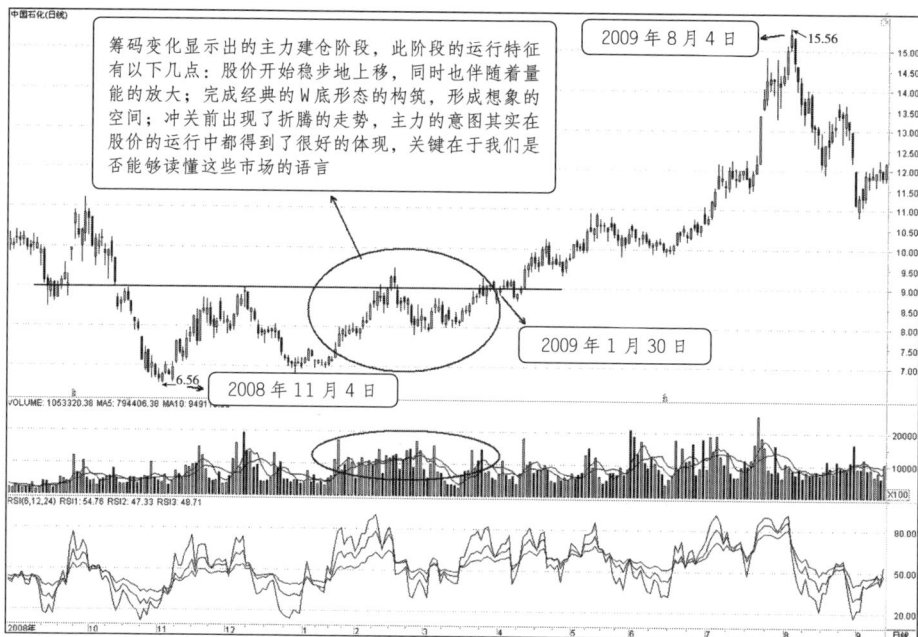

图 2-13　中国石化 2008 年 11 月 4 日至 2009 年 8 月 4 日走势图

③冲关前常出现折腾的走势。从图 2-13 中我们可以看到，在进入稳健的上行趋势前，即 W 底形态完成前，出现了一轮折腾的走势。出现折腾的走势，一方面是主力资金在构筑扎实的底部。越是折腾，构筑的时间越长，一旦爆发，其力量也就越大。这背后的逻辑不难理解，折腾的时间越长，在这里堆积的筹码自然也越多，堆积的筹码越多，对于做多资金而言，被捆绑在此的利益也就越大。那么，一旦实现突破,上涨的欲望和动力也就会越充足。俗话说,横有多长竖有多高，也就是这个道理。从这个层面来说，折腾的过程也就是一个积蓄能量

的过程。另一方面，这也是清洗浮动筹码及吸纳更多筹码的需要。从底部上涨至 W 底颈线位附近，也积累了一定的涨幅，在突破前夕多震荡，充分地换手，是为了使前期的进场资金成本趋于一致，同时，在震荡走势中吸纳更多的筹码，再实现突破，更有利于后市的运作。

【学习温馨小提示】

更多关于主力建仓的内容，参考《吴国平操盘手记：主力建仓策略》。

最新案例回顾

如图 2-14 所示，牧原股份在构造阶段性底部时，右边底部出现股价中心逐步抬高的特点，确立了上涨通道，这是一个比较重要的挖掘战机的实战技巧。

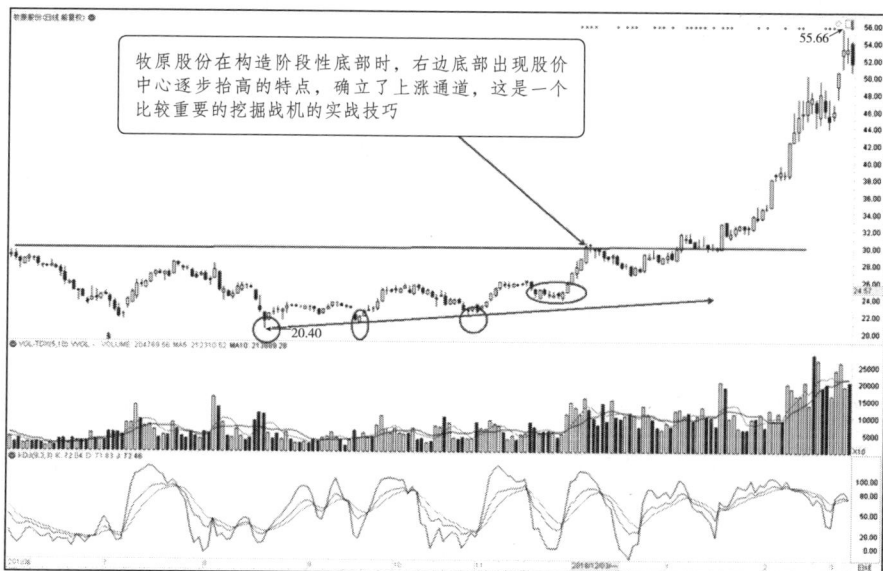

图 2-14　2018 年 8 月至 12 月牧原股份底部形态构筑细节分析图

蓄势拉升

◇ *初级浪*

在《吴国平操盘手记：主力拉升策略》一书中，我分析了拉升阶段的特征，整个拉升过程的最大特征在于其层次性。拉升过程一般包括三个层次：初级浪、主升浪、末日轮。每个阶段都有不同的特征，这些特征也是我们辨别股价运行层次的主要依据，这对我们把握行情的运行起着重要的作用。

初级浪就是刚刚脱离主力筹码成本区的初期启动阶段。此阶段的最大特征就是悄无声息，股价的运行往往会呈现波澜不惊、不温不火的走势，一般很少会引起市场的关注。然而，为何会出现这些特征，在《吴国平操盘手记：主力拉升策略》一书中我做过详细的阐述。从本质上来说，这主要是由主力资金在此阶段的意图决定的。首先，此阶段出现在刚脱离主力资金的成本区域，为了收集更多的筹码，在此阶段许多主力资金会采取韬光养晦的策略。建仓阶段的前面大多是折腾人的走势，上下波动幅度极为剧烈，折腾的目的：一是清洗浮筹；二是制造恐慌，以收集筹码。经过折腾的过程即建立底仓后，再来个不温不火、韬光养晦的磨人过程。这个过程一般不会出现让人兴奋的走势，悠然自得、缓步推进是常态。当然，最终结果是股价会慢慢地脱离成本区，出现小幅上涨的走势。

我们继续看大盘股中国石化的走势。如图 2-15 所示，中国石化脱离成本区后的走势如箭头所示，整个过程的层次性还是相当明显的。

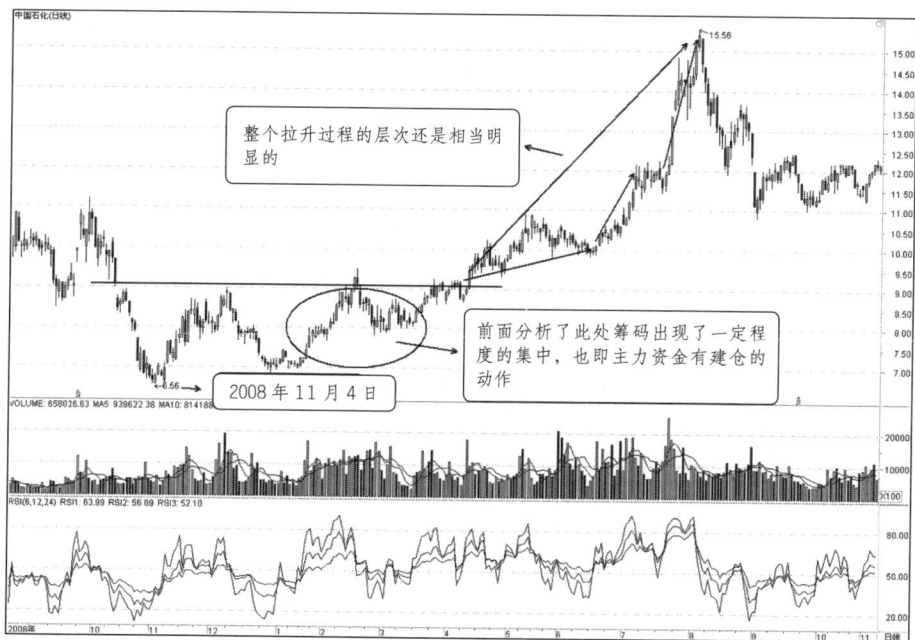

图 2-15　中国石化 2008 年 11 月至 2009 年 9 月走势图（一）

【学习温馨小提示】

　　好事多磨，行情刚开始都显得比较犹豫，只有先知先觉的资金在行动，大部分人还在观望。历来如此，这就是股市中少数人会赚到钱的原因。

　　上文分析了整个拉升过程一般包括刚脱离成本区的初级浪，继初级浪之后的主升浪，以及最终的末日轮。对于不同的个股而言，主要从流通盘来考虑，不同的流通盘在拉升过程中的表现也不尽相同。众所周知，比如说大盘股，盘子较大，要想出现极度疯狂的走势无疑是有点难度的，不像小盘股时不时就会出现连续的中大阳线上攻（收盘价比开盘价高3%~7%的K线实体被称为中阳线，收盘价比开盘价高7%以上的K线实体被称为大阳线）的现象，对于不同流通盘的区别，我们是需要清楚的。拉升过程中，由于流通盘大小的原因，这三个层次的运行会有一定的差异。至于存在哪些差异，我们分析完大中小盘股拉升过程的表现后便可以知晓。不管是大中小盘哪一类股，每个层次本质上都有一些相同的特征，只是盘子的大小使其表现形式出现了一定的差异。如图2-16所示，我们来看看中国石化脱离成本区的股价运行状态，即初级浪的运行状态。

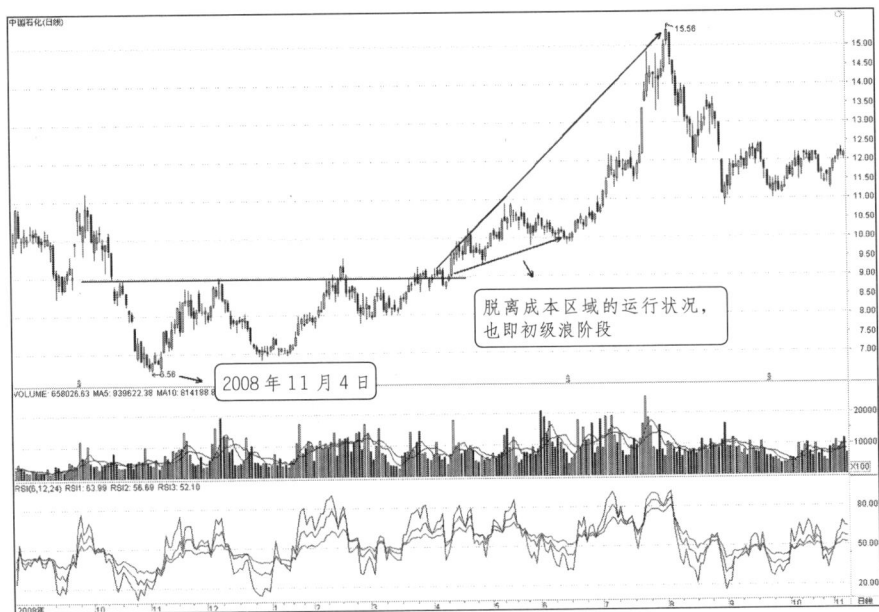

图2-16　中国石化2008年11月至2009年9月走势图（二）

股价脱离成本进入初级浪阶段的运行，前文中我们分析了此时初级浪的最大特征在于磨人的走势。不温不火的走势让人很难看到希望，

也让人很难提起太多的兴趣。中国石化在此阶段的走势是否具有同样
的特征，我们不妨从其运行的时间和空间角度来衡量一下。

　　图2-17圈中部分，为股价开始脱离底部区域进入初级浪上升阶段，
股价的走势一波三折，真正让人感觉舒畅的上涨走势屈指可数，大部
分时间都处于弱势的震荡整理走势之中。从此区域运行的时间和空间
来看，2009年4月13日放量长阳突破，直到2009年6月16日，运
行时间达到两个月以上，而阶段性股价从9元上涨至10元，整体来说
涨幅并不大。前面分析了初级浪阶段大多会呈现出一种波澜不惊的折
腾走势，但整个重心还是上移的，中国石化在此阶段也表现出同样的
特征。

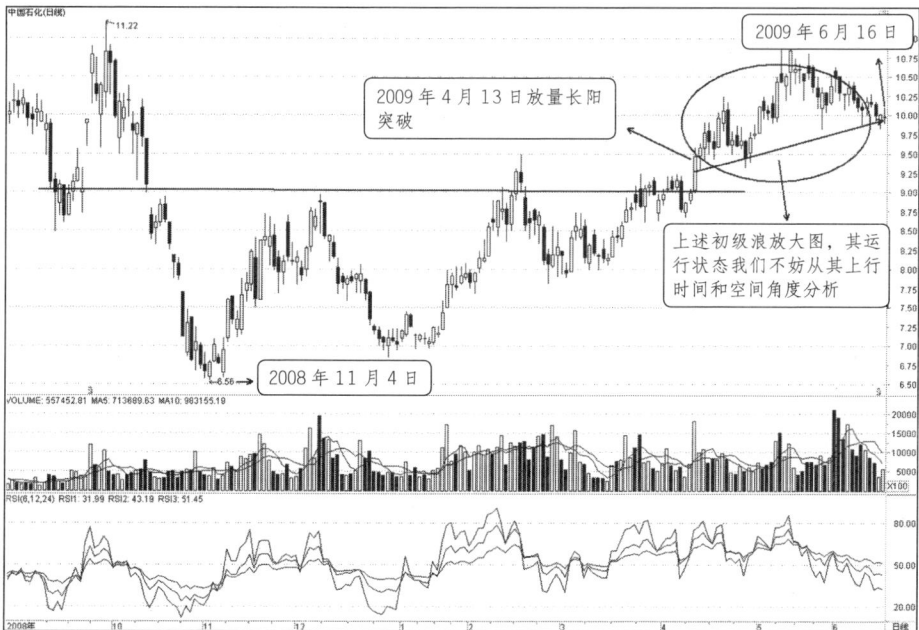

图2-17　中国石化2008年11月4日至2009年6月16日走势图

　　如图 2-18 所示，牧原股份的初级浪阶段从长阳突破开始启动，一般会伴随若干个长阳 K 线，这很容易理解，毕竟初级拉升过程中尝试性突破意图非常明显，往往不会一蹴而就。

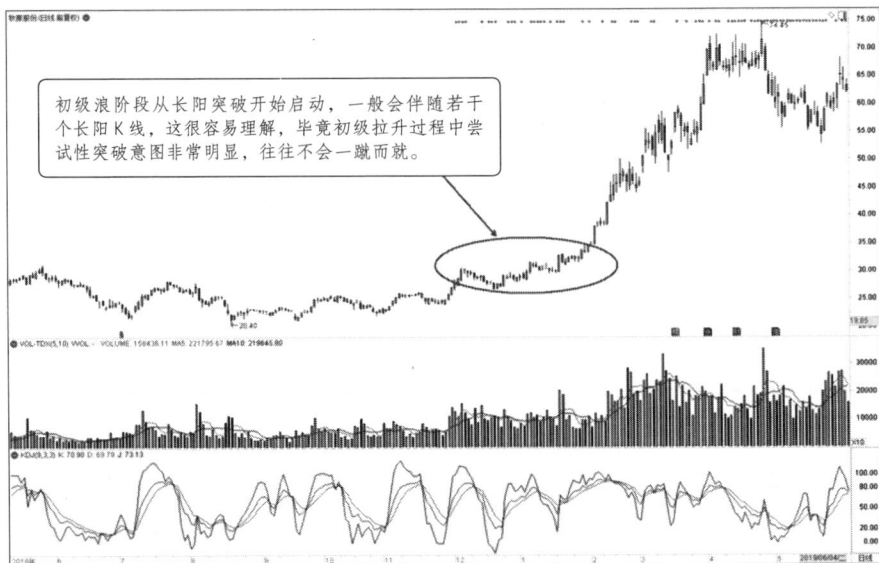

图 2-18　牧原股份突破底部后尝试拉升图

　　如图 2-19 所示，细看牧原股份初级拉升阶段的 K 线组合，我们就会发现其中值得我们注意的细节。长阳拉升后常常是若干个交易日的横盘整理，而且整理过程中 K 线控制得非常到位，基本上以小阴小阳为主，且价格中心控制在长阳价格重心之上，达到了既清洗浮筹、又不把价格打压过低的意图。

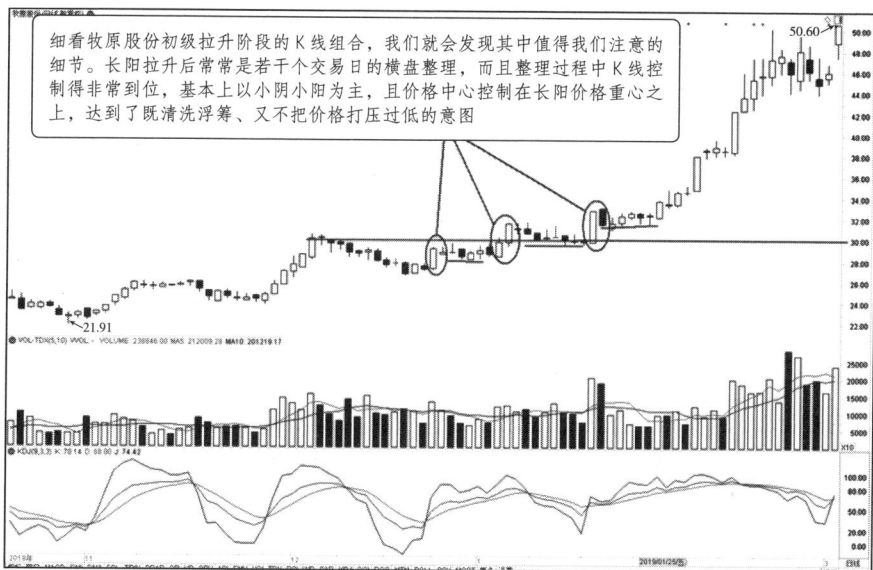

细看牧原股份初级拉升阶段的K线组合，我们就会发现其中值得我们注意的细节。长阳拉升后常常是若干个交易日的横盘整理，而且整理过程中K线控制得非常到位，基本上以小阴小阳为主，且价格中心控制在长阳价格重心之上，达到了既清洗浮筹、又不把价格打压过低的意图

图 2-19　牧原股份拉升初级阶段走势细节图

　　初级浪往往是一波行情启动的开始，就像春天的到来常常是一种"随风潜入夜，润物细无声"的行为一样，很难被人发现。同样，初级浪的波动一般不会引起市场人士的过多关注，原因也不难理解。因为，在这个过程中折腾多、涨幅小，所以一般人不会选择参与，尤其是我国市场投机气氛相对浓厚，投资者不太喜欢潜伏长线持股，这样的波动更难吸引市场的眼球。相反，能够吸引市场眼球的波动往往都在股价急速拉升阶段，即个股已经过了初级浪的运行进入主升浪阶段，这也是为什么很多个股映入我们眼帘时，往往已经出现比较大涨幅的原因。

　　其实，上述波动也是热点发展脉络的过程。一个热点启动的前期往往也会呈现出不温不火的缓步上升走势，很难引起市场的关注。而一旦真正进入全面爆发阶段，成为市场认可的热点时，其涨幅已不小，当然等这波热点真正走完时，已有不小涨幅的走势也有可能只是上行途中的一个小丘陵，可能还不到半山腰的位置。也就是说，一些人当时认为的高点，相对于整个过程而言，很有可能只是一个相对高点而已。

所以，这也告诉了我们一个道理，当整个板块从相对低位开始出现上移并伴随几个"领头羊"的品种（指板块行业领涨或领跌的品种）时，不要不以为然，这或许是下一个热点的开始。通过缓步上涨，后市一旦开始出现集体躁动并伴随大幅上涨的情形，往往就会发展成为市场所认可的热点了。这里也说明了潜伏的重要性。投资本身是一种苦行僧式的生活，整天抱着走捷径的想法只会适得其反，错失真正的大好机会。这也是喜欢短线折腾的投资者并不会获得太大成功，而且常常会亏损的原因。

总之，初级浪的涨幅来得并不会很大，而且常常呈现出一种折腾的走势，虽然很难激发市场的热情，却具有非常重要的意义。它是驶向光明大道前能量聚集的最后阶段，是化茧成蝶、直入长空的关键时期，很多投资者往往在拉升前夕毅然离场而最后却扼腕叹息，就是因为无法经受这种表面上看起来极其没劲的折腾走势，错过了后市的大好机会。有时候我们离成功就只有一两步，投资也是一样的，很多时候我们离真正的盈利也就只有几步的距离。当然，这几步往往也是最艰难的、最让人受尽折磨的，坚持下来了，"守得云开见月明"便不是梦。

如图 2-20 圈中部分所示，此处是最让人看不到希望的磨人阶段。

前期入场的不少投资者很有可能受不了折磨而选择离场，成交量明显放大就是一个很好的体现，但有出就有进，出的是谁进的又是谁，可想而知。主力资金有可能选择在此处离场吗？当然有可能。但对于志在长远的主力资金而言，在此处离场的概率还是很小的。

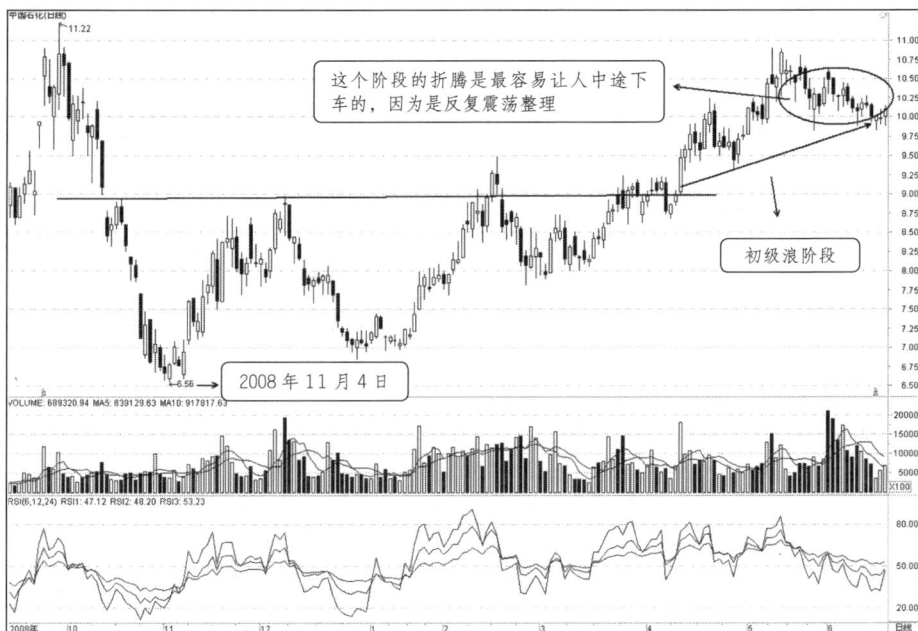

图 2-20　中国石化 2008 年 11 月至 2009 年 6 月走势图（一）

　　前文分析的筹码集中显示出主力吸纳筹码的区域，如图 2-21 圈中部分所示，随着主力的建仓，量能出现放大，股价也出现稳步上扬，从 7 元上涨至 9 元，我们可以取其中间值 8 元左右，即主力成本大概为 8 元，脱离成本区域后上涨至 10 元一带，阶段性涨幅为 25% 左右。对于志在长远的主力资金而言，此处的涨幅还不足以引起强烈的套现欲望；而且此处走势如此折腾，量能明显放大。有出就有进，这样折腾的走势，试问散户资金会在此阶段大举进场吗？显然不太现实，被折腾出局还差不多。所以，此处折腾过程中让资金进入的动作可能是主力的一种继续加仓行为，这是我们从阶段性涨幅不大却在折腾过程中还敢于大举进场的行为中得出的结论。

总之，通过分析中国石化初级浪的走势，相信大家对初级浪的运行特征和重要性有了更深刻的了解。把握好一个总的原则，那就是面对不温不火的走势多一分坚定和耐心，树立大局观的思路，懂得主力志在长远的意图。

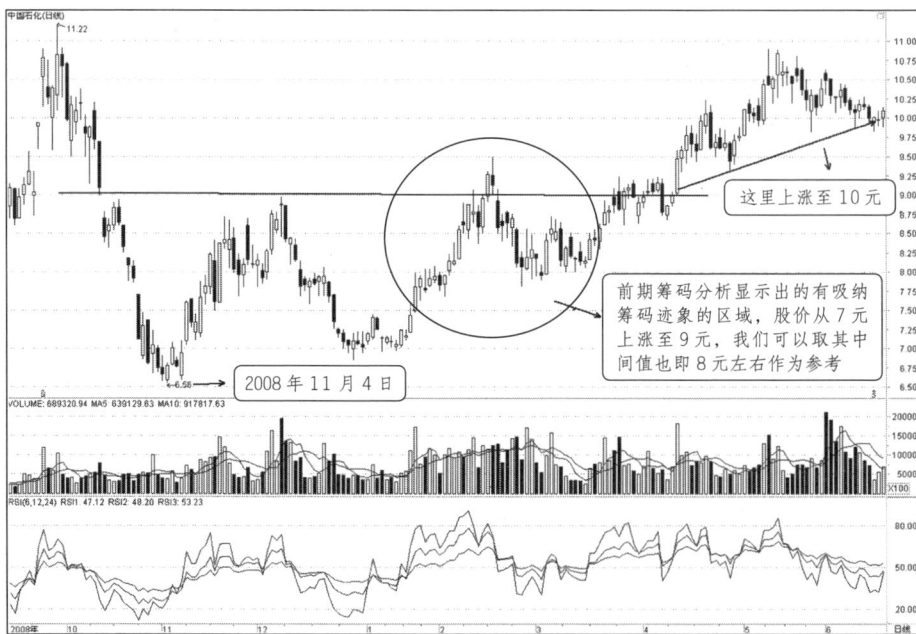

图 2-21　中国石化 2008 年 11 月至 2009 年 6 月走势图（二）

【学习温馨小提示】

初级浪如果遇到前期密集成交区，走势更显得犹豫，很多不明真相的朋友会受不住出局，特别是在想要小赚的情况下。

如果这个时候主力再进行小幅洗盘，就会达到更好的清洗浮筹的效果。

◇主升浪

主升浪是继初级浪之后的拉升浪，是整个拉升过程的核心阶段，也是实现盈利的最关键阶段。该阶段的最大特征就是上涨得干脆利落，拉升过程往往具有较好的持续性。每天创出新高是常态，强势特征明显。前文分析了要想很好地把握看起来令人羡慕不已的拉升阶段可不是件易事，毕竟，来到这个阶段必须要经过前面让人受尽折磨的过程。能够顺利过关的是少数，很多人可能在这个美好过程来临之前就已"下车"了。在前期没有"上车"，或半路"下车"后看到主升浪阶段每天创出新高的走势时又想跟进一把，希望能从中分得一杯羹的投资者又分为两种。

一种是谨慎派。当这些个股落入他们的视线时，行情通常已经出现了不少涨幅，即强势特征已运行一段时间。对于想参与但因阶段性已出现一定涨幅而不敢贸然进场的谨慎派来说，他们的想参与又怕跌的心理很有可能会使其采取一种观望的策略。但是，虽然走势已形成，但主力资金不会给市场太多低吸机会，更可能将会采取一种逼空的策略。休整蓄势的洗盘动作一般都是在盘中完成，随后即是重拾升势。持有想参与但又怕跌心理的投资者望眼欲穿地等回调，而且很有可能还要饱受每天创新高的折磨，等失去耐心后便再也等不及了，不排除一气之下杀进去的可能性，此时调整却从天而降。这种现象在市场中屡见不鲜，抱着这种心态的投资者就这样看着行情一步步从身边走过，不但没有把握住，还可能落得一进就跌的悲剧。

另一种则是激进短视派。一看到强势上攻走势便不管三七二十一，先跟进一把，相对于第一种谨慎派而言，其行动相对果断、激进、先入为主。当然这种顺势而为的行为是好的，很可能短期内就能见到效果，但缺点在于太过于短视，强势上行的走势并不代表一成不变；相反，盘中的波动会相当激烈，即主力在盘中做出洗盘的动作时会相当凶狠。在这个剧烈动荡的过程中，激进的短视型投资者很有可能会被迫"下车"，最终可能小有盈利或白忙活了一场。所以，要想很好地把握住看似精彩的主升浪行情并不是那么简单。

除上述对主升浪的认识外，还有一点就是，不同流通盘的个股的主升浪在运行时也会有相同的特征，即整体来说主升浪行情上涨起来干脆利落，强势特征明显。但不同个股的表现也会因流通盘的大小不同而存在差异。流通盘小的个股无疑上涨起来更为轻巧，"大象"级别的个股会趋于"笨重"。图 2-22 是中国石化继初级浪之后进入主升浪阶段的运行状态图。如图所示，相比于初级浪，主升浪的上行更加流畅，不再有那么多的折腾，拉升的角度更大。主升浪的特征在此处也得到了体现。

图 2-22 中国石化 2008 年 9 月至 2009 年 7 月走势图

初级浪阶段和主升浪阶段的涨速和上涨形式存在较大的区别，相比之下，主升浪的拉升更加凌厉。从拉升形式上来看，初级浪主要以震荡攀升的形式展开，而主升浪则主要以连续推进的形式运行，如图 2-23 所示。两者的不同运行状态决定了投资者在此阶段的不同心态。初级浪阶段走两步退一步，给投资者留有逢低吸纳的机会，但市场投资者往往并不领情，往往抱着无兴趣的心理。市场投资者对主升浪常常蠢蠢欲动，想跟进的心理占据主导地位，但市场往往并不会给他们太多逢低吸纳的机会，连续逼空推进是常态。对这两个阶段的运行状态及投资者的心态有了一定的了解后，对如何解决市场的运行与投资者心态之间的矛盾（即在初级浪市场中给投资者机会，让投资者逢低参与而投资者却不想参与的心态，以及在主升浪阶段市场连续逼空推进，投资者有参与的冲动但市场不给投资者逢低吸纳的机会的矛盾），相信大家都有一定的认识了。矛盾是推动事物发展的重要动力，它可以使事物向好的方向转变，也可以使事物向不好的方向转变。调整好心态，正确认识矛盾产生的原因，对于我们把握市场的机会无疑具有积极的作用。

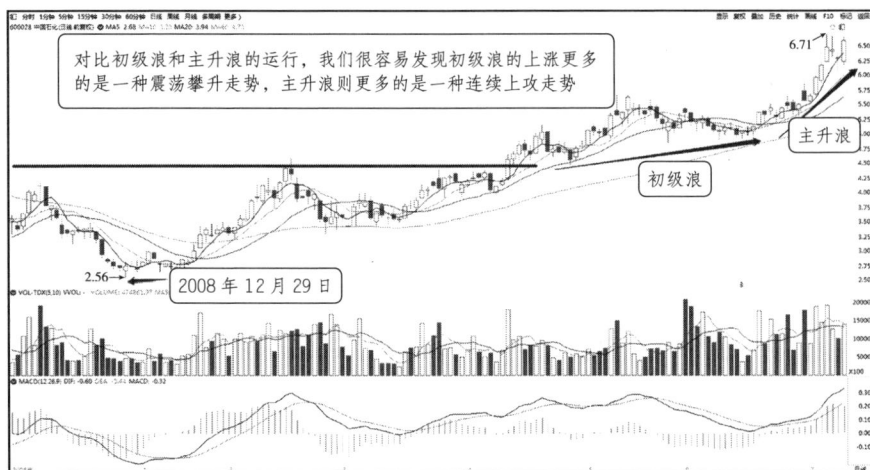

图 2-23　中国石化 2008 年 12 月至 2009 年 7 月走势图

　　中国石化主升浪的走势对于初级浪而言，虽然更为凌厉和强劲，但我们可以看到此处中国石化主升浪的走势并不是非常之强势。相比于连续中大阳上攻的走势而言，此处逊色不少，这很大程度上是受到了流通盘大小的影响。这种"大象"级别的品种出现这种走势从某种程度上来说已是一种强势的表现，毕竟对比其平时的波动而言，这已发生了极大的改变。所以这也就告诉我们以下道理。

　　①不同流通盘的个股，其主升浪的运行会因流通盘的大小不同而出现一定的区别。

②"大象"级别的品种，当出现一定的拉升走势时，看似不是非常之强势（对比小盘股的疯狂），但可能已是明显的强势特征的表现。

总之，对于主升浪行情，要辩证地看待不同流通盘的个股，不能一概而论。除此之外，主升浪行情虽然表面上看起来几乎每天都涨势如虹，令人羡慕不已，但其中的波动却是异常剧烈，即蓄势和洗盘动作往往都在盘中完成，这一点是需要我们注意的。

◇末日轮

末日轮即最后的疯狂阶段，疯狂是此阶段的最大特征。对于为何会出现这种疯狂的特征，主要是主力为实现从容套现而制造的一种繁华景象。对于主力资金而言，要想从容地套现，上涨无疑是最好的方法，只有这样才能吸引足够的跟风盘涌进，这也是主力很好地利用了投资者喜欢追涨心理的结果。然而，上涨真的有如此大的魅力吗？对于这个问题，相信参与这个市场的投资者都会有一定的感受。但不管怎样，从大众的心理及人性的弱点来说，这一点确实是具有相当的诱惑力的，真正能禁得住诱惑的人属于少数。

如图 2-24 所示，我们来看看大盘股中国石化在此阶段的走势。

图 2-24　中国石化 2008 年 11 月至 2009 年 9 月走势图（一）

此阶段往往为一轮上涨行情的最后阶段，我们将上涨阶段放大来体会其凶悍程度。

如图 2-25 所示，最后一轮上涨相比前两轮而言，明显出现了加速的动作，中大阳的姿态通常还伴随着向上跳空缺口的动作。中国石化在此阶段运行过程中也出现涨停，并出现向上跳空缺口。

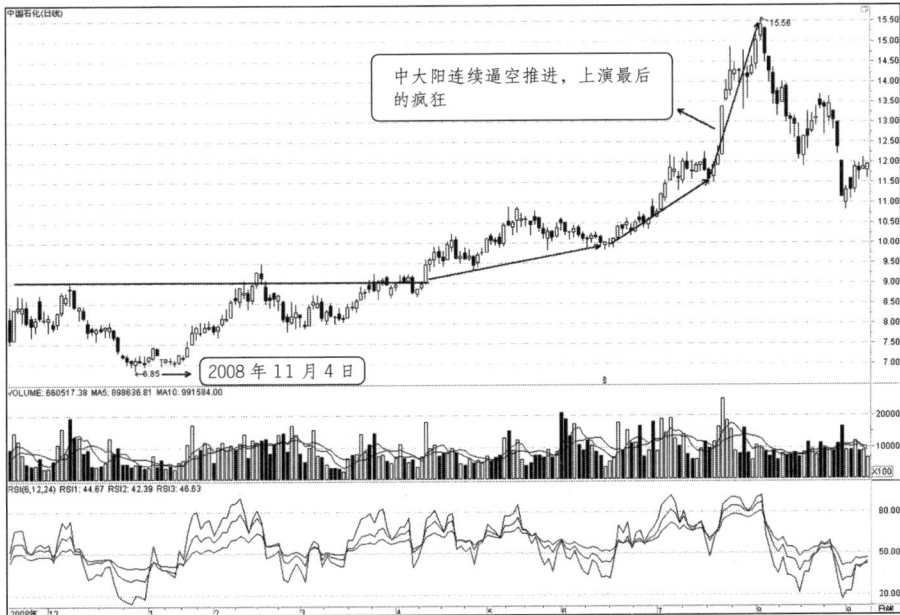

图 2-25 中国石化 2008 年 11 月至 2009 年 9 月走势图（二）

最新案例回顾

如图 2-26 标出的部分所示，出现了有效突破 30 元位置后的主升浪阶段，股价从 30 元附近拉升到接近 60 元，主升阶段就使股价翻倍。

如图 2-27 所示，主升阶段有较多的涨停板出现，阳线数量明细多于阴线数量，说明情绪亢奋；主升过程中的调整会带来一些阴线，毕竟博弈激烈，但即使出现大阴线也不会破坏股价的上涨趋势，毕竟这一阶段的大方向是上涨的，多方绝对把控局面。

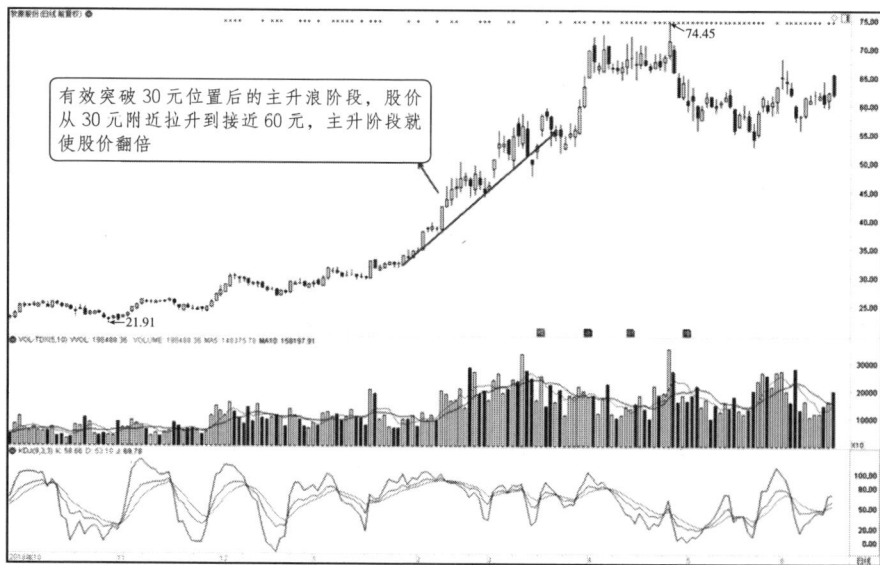

有效突破30元位置后的主升浪阶段，股价从30元附近拉升到接近60元，主升阶段就使股价翻倍

图 2-26　牧原股份主升浪阶段的凌厉走势图

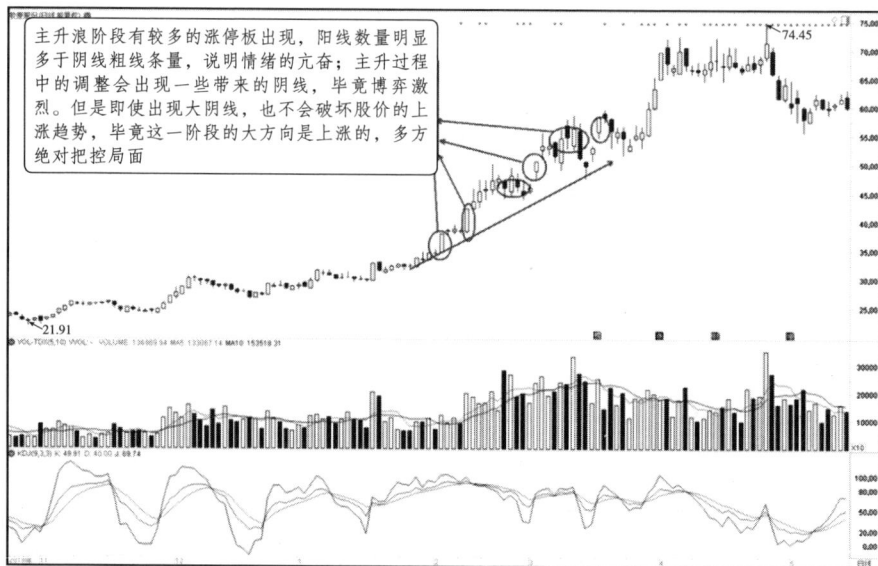

主升浪阶段有较多的涨停板出现，阳线数量明显多于阴线粗线条量，说明情绪的亢奋；主升过程中的调整会出现一些带来的阴线，毕竟博弈激烈。但是即使出现大阴线，也不会破坏股价的上涨趋势，毕竟这一阶段的大方向是上涨的，多方绝对把控局面

图 2-27　牧原股份主升浪阶段多个强势涨停板 K 线图

如图 2-28 所示，从整体来看，拉升阶段的脉络非常清晰，初升浪有一步一步试探性进攻的特点，主升浪则疾风骤雨，无所顾忌，拉升强悍，短线 1~2 个教益的洗盘也很凶猛。

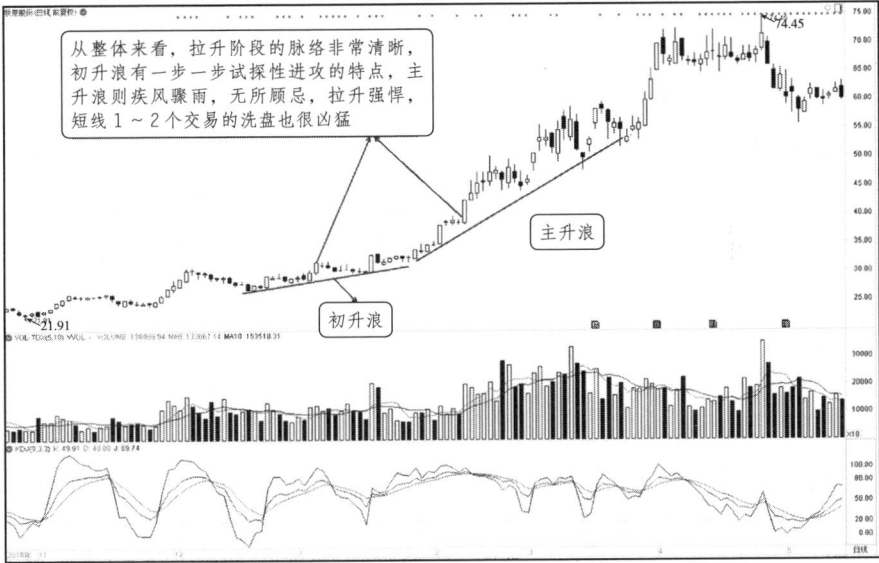

图 2-28　牧原股份拉升阶段脉络图

如图 2-29 所示，末日轮虽然看起来强势，却难掩强弩之末的态势，大周期的量价背离就是非常明显的验证。

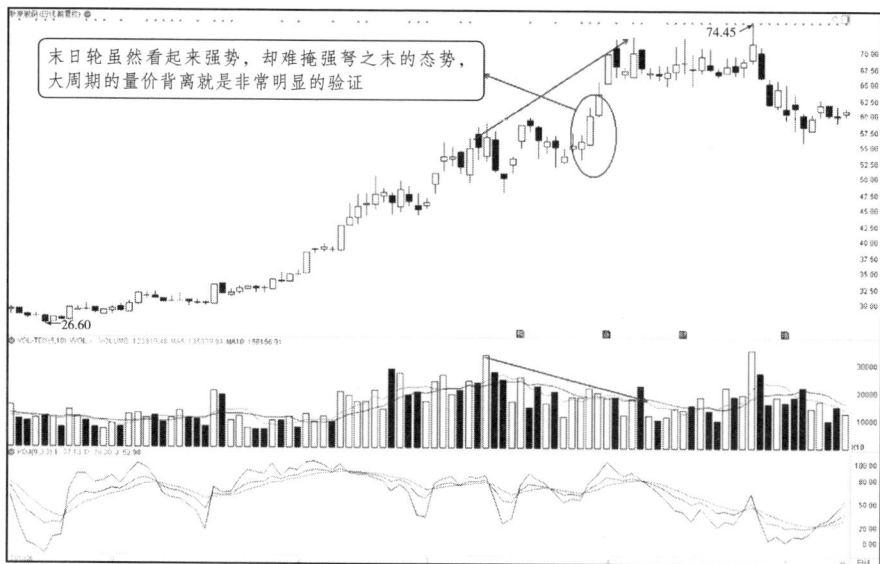

末日轮虽然看起来强势，却难掩强弩之末的态势，大周期的量价背离就是非常明显的验证

74.45

26.60

图 2-29 牧原股份末日轮拉升走势图

对于参与其中的投资者而言，总的原则是，既然骑上了黑马，就不要轻易被甩下马背，应该好好享受其中的疯狂，直到明显的转势信号发出。然而，怎样去辨认这些信号呢？对于这一点需具体问题具体分析。一般而言，疯狂过后中长阴横空出世，就往往是一个转势的信号。对于疯狂拉升过后构筑一个整理平台的走势而言，如果后市出现破位下杀时，往往也是转势的开始。

一般情况下，一波凶悍的拉升过后，往往不会立马进入退潮阶段，而常常会构筑一个整理平台，在相对高位震荡整理一段时间后再真正进入退潮期。为何会构筑一个整理平台才真正地退潮？这不难理解。主力在疯狂的拉升过程中很有可能派发筹码，但往往很难做到全身而退。既然如此，那么行情就不会如此快地退潮，在相对高位反复震荡整理的概率也就大了。

在这里，中国石化是以中阴横空出世的姿态结束整个战役。在疯狂过后，这种中阴线的出现往往也是转势的信号，这也是市场向我们发出该"下车"的信号了。能不能读懂这些市场语言，是决定你最终能否成为最大赢家的关键。

获利出局

获利出局的行为往往伴随着拉升的过程，即通常伴随末日轮发生，这是主力的一种惯用手法。当然，前面也分析过拉升过后行情不会立马出现退潮，一般会有一段震荡整理期，在相对高位震荡整理就是为了完成最后派发筹码的行为。这样的例子在市场中屡见不鲜。

如图 2-30 所示，重庆啤酒的走势在阶段性股价连续拉升翻番后，并没有立马进入下跌阶段，而是在相对高位构筑了一个震荡整理平台，随后才进入阶段性退潮期。对于我们而言，最重要的是弄清楚这个区间震荡整理期到底是上涨前的休整，还是阶段性的顶部形态；即这是上涨中续过程的一个蓄势阶段，还是退潮前夕的最后逃命阶段。

如何辨别，可以依据以下两个原则。

①前期的涨幅是否足够大及平台构筑前的波动是否足够疯狂，这一点将决定主力的套现欲望是不是很强烈。如果前期涨幅较大，同时进入平台整理前的波动够疯狂，那么，主力很有可能会选择在高位派发筹码。那么，这个平台构筑期是阶段性顶部形态的概率就很大了。

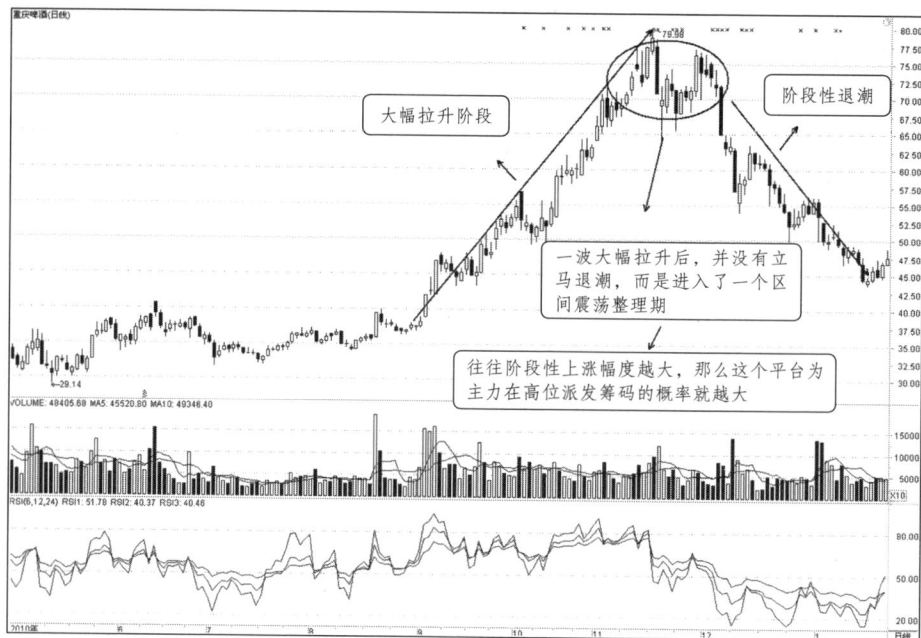

图 2-30　重庆啤酒 2010 年 9 月至 2011 年 1 月走势图

②平台构筑期不能出现破位，一旦出现破位，演变成顶部形态的概率就很大。除此之外，还有一个较为简单的研判方法就是趋势线研判法。在震荡攀升或单边上扬的上涨过程中构筑的上行趋势线往往不会轻易跌破，跌破往往意味着原有趋势的改变，即前期的上涨趋势可能要面临转变。

最新案例回顾

如图 2-31 所示，一大波涨幅后，要阶段性地获利离场，以免陷入后期无休止的震荡整理，毕竟阶段性大幅获利后，止盈不贪才是较为明智的决策。

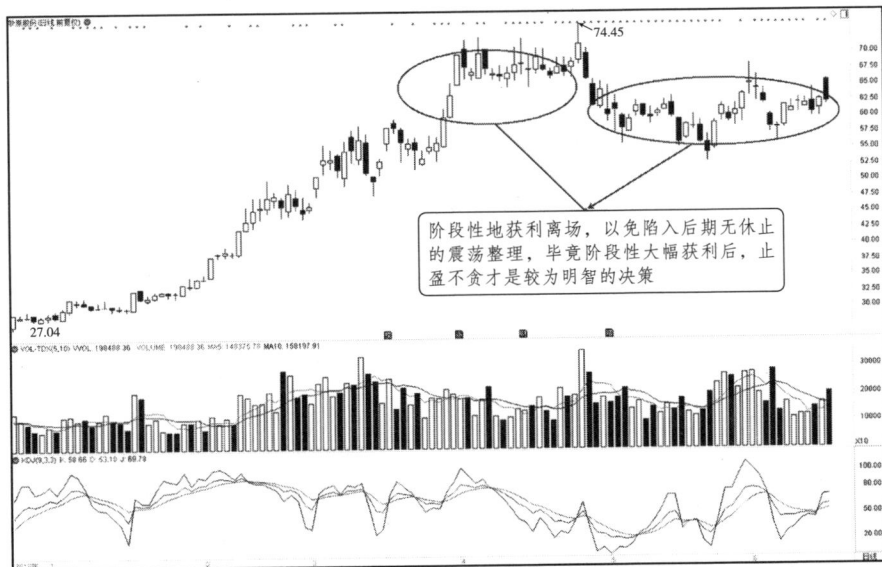

阶段性地获利离场，以免陷入后期无休止的震荡整理，毕竟阶段性大幅获利后，止盈不贪才是较为明智的决策

图 2-31　牧原股份阶段性顶部图

【学习小总结】

从初级浪到主升浪，再到末日轮，涨速不断加快，这一系列变化的背后是人心——从最开始的犹豫，到试探，再到后面的疯狂。主力正是利用人性的弱点，让大部分散户成为对手盘。

操
盘
手
记

左侧交易好还是右侧交易好

甲：左侧交易好还是右侧交易好？

乙：哪里交易对了，哪里就好。

甲：没有倾向吗？

乙：有没有倾向真的那么重要吗？

甲：我觉得还是挺重要的，至少有个参考啊。

乙：这个问题，我觉得没有参考比较好一点。为何？不管白猫黑猫，只要抓住老鼠的就是好猫。探讨左侧交易好或右侧交易好这个问题的往往都是事后诸葛亮。比如，巴菲特看见一只个股被严重低估时，在很低价格的时候就潜伏进去了，不过后来出现了更低的价格。但是，最后这只个股还是爆发了，比买入的价格涨了好几倍。你说他成功吗？显然是成功的。你说他是左侧还是右侧，显然是左侧。这就对了吗！事实上，很多人可能是比最低位置涨了一倍后发现趋势向好了，才买进去的，最后也成功了。这明显是右侧交易，你说到底哪个好？左侧交易有可能迎来更低点，这就是其风险。但一旦价值确定，最终获利可能最丰厚；右侧交易不可能是最低点，往往做的是跟随动作，最终也有可能获利，但一不小心也可能在股价接近高峰时进去，这就是右侧交易带来的风险。每个人的交易系统不一样，其实没有必要纠结哪个更好，你觉得哪个更适合你，你就用哪个，那就是最好的。

甲：嗯，我明白了。你让我充分认识到了左侧交易和右侧交易的本质，我现在不会纠结到底哪个好了。说哪个好的，其实都是事后诸葛亮，没太大意义。对吧？

乙：哈哈，很对。

甲：反正具体问题具体分析，有时候认准了，就不管三七二十一，左侧交易又何妨。有时候，认不准，那就不如好好休息，耐心等待趋势的形成，右侧交易也一样。

乙：是的，你总结得很好，我们千万别去纠结左侧好还是右侧好，那都是枝，不是根。根是什么？根在于你对市场的认识有多深，你是否形成了属于你自己的盈利系统，你是否真正理解了这个市场，那才是根，那才是最关键的。其他，其实只是形式而已。投资是一门艺术，很多时候需要的就是入木三分的研判。

甲：有时候，总是容易被市场中的一些思想误导。不过也没办法，很多时候，大家就是喜欢探讨哪个才是最好的。

乙：是的，大部分人都喜欢去探讨哪个才是最好的。但是，却没想到可能都是最好的。

甲：哈哈……都是最好的。

无论哪个，都是最好的。很多时候，这是套话。不过，在特定的环境下，这却不是套话，而是真理。左侧交易与右侧交易哪个好？类似这样的问题，我认为，答案就是：都是最好的。

好好地去研究，去感悟，去发现，我们总能找到一些最好的理由。左侧交易与右侧交易谁最好？在具体的市场操作过程中，那么复杂，你说有答案，探讨答案的都是事后诸葛亮，没太大意义。真正有意义的是，当你认识到什么才是真正的左侧交易与右侧交易的时候，你发现了，原来，不管是左侧还是右侧，其实只要交易成功了就行。就是这么简单，很多时候，有些人就是喜欢把简单的问题复杂化。其实，将简单的问题分析透彻后还可以更简单，你说呢？

中小盘股操盘案例剖析

中小盘股在市场中的重要地位

如果说大盘股是一棵树的主干，那么中小盘股就是树的枝叶。有了树干，这棵树才有最基本的样子；有了枝叶的修饰，这棵树才会显得更加有活力。树的茁壮成长是树干逐步壮大的结果，枝繁叶茂更能体现出树的生机，资本市场同样如此，指数的上涨离不开大盘股的上涨，市场的活跃程度则更要看中小盘股的表现。

中小盘股在市场中的地位由此可见一斑，其对活跃市场的气氛具有重要的意义，同时也是赚钱效应最集中的地方。一方面，与中小盘个股数量相对较多有关；另一方面，中小盘股盘子相对较小，容易成为资金的狙击对象。这就是在中小盘股中机会相对突出的重要原因。当然，还有一方面的原因在于此处的赚钱效应非常明显，不少黑马都出于此，同时连续涨停的行为也多源于此。

如果说"大象"品种的波动关乎大盘的波动，那么，中小盘股的波动则很大程度上决定了盈利的情况。所以，研究中小盘股对于实战来说更具实质意义。除了研究基本面外，研究主力运作思路也是我们更好地把握行情发展脉络的重要手段，两者相结合自然使我们把握机会的赢面更大。

中小盘股操盘案例剖析

图 2-32 为片仔癀阶段性股价走势图，2010 年 7 月 5 日股价从 32.35 元一路上扬，到 2010 年 11 月 25 日，短短 3 个月时间股价上涨至 94.83 元，上涨幅度将近 2 倍多。短期内出现如此大的涨幅，离不开主力资金的积极运作，从相对低位上涨至阶段性高点，我们可以认真体会主力资金运作的思路及盘面所留下的主力运作痕迹。

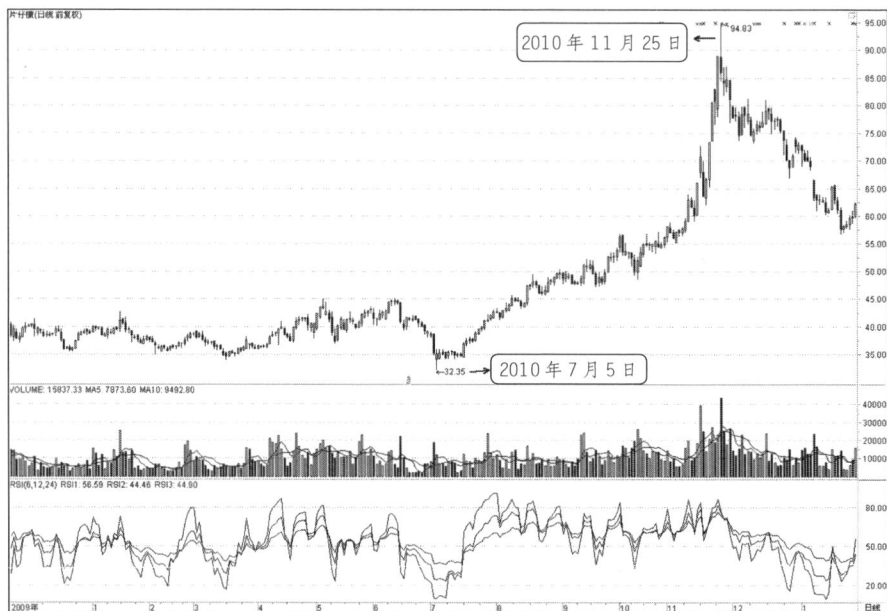

图 2-32　片仔癀 2010 年 7 月 5 日至 2010 年 11 月 25 日走势图

介入建仓

关于介入建仓，前文分析了 F10 中的股东研究及主力追踪是我们的一个突破口。但这里也存在一些问题，就是股东研究中披露的信息往往有一定的滞后性，季报、年报等信息的披露都有滞后的现象，这会对喜欢跟随主力动向寻找标的的投资者形成一定的困扰。有时候，我们在季报或年报披露时发现，在此季度内，主力对该股进行了大幅增仓，即主力筹码出现了大幅集中，这是一个很有价值的信息。再看股价，也出现了大量涨幅，但由于股东情况要本季度结束以后才披露，有时甚至延迟好几个月的时间才披露，等信息披露时，股价早已飞到天上去了。然而，我们对此是否就束手无策了呢？答案是否定的。我们还可以从以下角度去考虑。

其一，从追溯历史筹码的角度。主力运作资金一般不会进行频繁的换股操作，一旦主力选择了这只股票，主力势必会将这只股票运作到底。也就是说，我们可以追溯前几个季度的十大流通股东情况，一般来说，前十大股东不会有太大的变化，有变化也是偶尔有一些细微的变化而已，毕竟以前主力选择的这个标的，一般公司基本面和大势没有大的转折的话，主力不会轻易换股。但不换股并不代表不减仓，有时候行情出现调整时，主力减仓是很正常的。但一旦行情恢复上涨，主力势必会继续加码，继续运作到底。所以说，根据前期的跟踪，我们知道该主力资金还潜伏在此，行情的异动，如阶段性放量上涨、突破前期整理形态等，就是主力加码的迹象。此时，可以大胆跟进，主力资金已经开始征战了。

其二，从盘口语言的角度。当然这需要有一定根底才能很好地感知主力的行为。如建仓吸筹、洗盘、拉升、出货等种种主力行为往往都会在盘面上留下一些蛛丝马迹，问题就在于我们能否感知这些盘口语言，读懂市场的意思。当然，要想做到这一步需要长期的积累，要多体会盘面的波动，对历史经典的案例多一分深入分析和研究。经过积累，盘感就会慢慢形成了。

【学习延伸】

盘口就是战场，主力的诱多、诱空、震仓等所有的动作，几乎都会在盘口露出蛛丝马迹。懂得盘口语言，对于理解盘面、理解主力意图会有很大的帮助。

下面我们去感知主力建仓的过程。

图 2-33 为片仔癀 2010 年第一季度主力筹码分布情况，仅从第一个季度去看，并不能很好地感知筹码的流动情况，但多个季度的对比便能反映筹码的集中情况。

我们再来看看第二季度筹码的分布情况。图 2-34 为片仔癀第二季度前十大流通股东情况，前几大流通股东几乎都出现了增仓的行为。股东户数由前期的 12004 户缩减至 7775 户，筹码出现了大幅集中，这是主力进一步加仓的行为。

截止日期：2010-03-31 十大流通股东情况 股东总户数：12004

股东名称	持股数 （万股）	占流通股比 （%）	股东性质	增减情况 （万股）
王富济	620.00	9.74 A股	个人	未变
漳州市国有资产投资经营有限公司	536.50	8.43 A股	公司	未变
中国银行－华夏大盘精选证券投资基金	452.02	7.10 A股	基金	-217.29
中信实业银行－招商优质成长股票型证券投资基金	275.94	4.34 A股	基金	未变
全国社保基金－－零组合	246.68	3.88 A股	社保基金	新进
交通银行－普惠证券投资基金	220.00	3.46 A股	基金	-52.96
片仔癀（漳州）医药有限公司	177.60	2.79 A股	公司	未变
中国人寿保险(集团)公司－传统－普通保险产品	120.00	1.89 A股	保险理财	未变
东方证券－农行－东方红3号集合资产管理计划	111.56	1.75 A股	券商理财	新进
中国银行股份有限公司－华夏策略精选灵活配置混合型证券投资基金	100.00	1.57 A股	基金	-120.04

> 2010年第一季度股东总户数为12004，前十大流通股东中有新进的，也有阶段性减仓的

图 2-33 片仔癀 2010 年第一季度主力筹码分布情况

截止日期：2010-06-30 十大流通股东情况 股东总户数：7775

股东名称	持股数 （万股）	占流通股比 （%）	股东性质	增减情况 （万股）
王富济	630.00	9.90 A股	个人	10.00
漳州市国有资产投资经营有限公司	536.50	8.43 A股	公司	未变
全国社保基金－－零组合	400.35	6.29 A股	社保基金	153.67
中国银行－华夏大盘精选证券投资基金	369.99	5.81 A股	基金	-82.03
中信实业银行－招商优质成长股票型证券投资基金	326.67	5.13 A股	基金	50.73
交通银行－普惠证券投资基金	260.76	4.10 A股	基金	40.77
中国建设银行－华夏红利混合型开放式证券投资基金	254.38	4.00 A股	基金	239.98
片仔癀（漳州）医药有限公司	177.60	2.79 A股	公司	未变
全国社保基金六零四组合	174.15	2.74 A股	社保基金	新进
兴业银行股份有限公司－兴业有机增长灵活配置混合型证券投资基金	138.44	2.18 A股	基金	新进

合计持有3268.84万流通A股，分别占总股本23.35%，流通A股51.37%

> 2010年第二季度，股东总户数大幅缩减，而且前几大流通股东几乎都出现了加仓的动作

图 2-34 片仔癀 2010 年第二季度主力筹码分布情况

我们来看看此过程在 K 线图中所处的位置：上述股东研究显示出的筹码大幅集中的区域。如图 2-35 圈中部分所示，很明显，在此区域股价发生了明显的变化，相比前期，此区域的波动异常活跃。

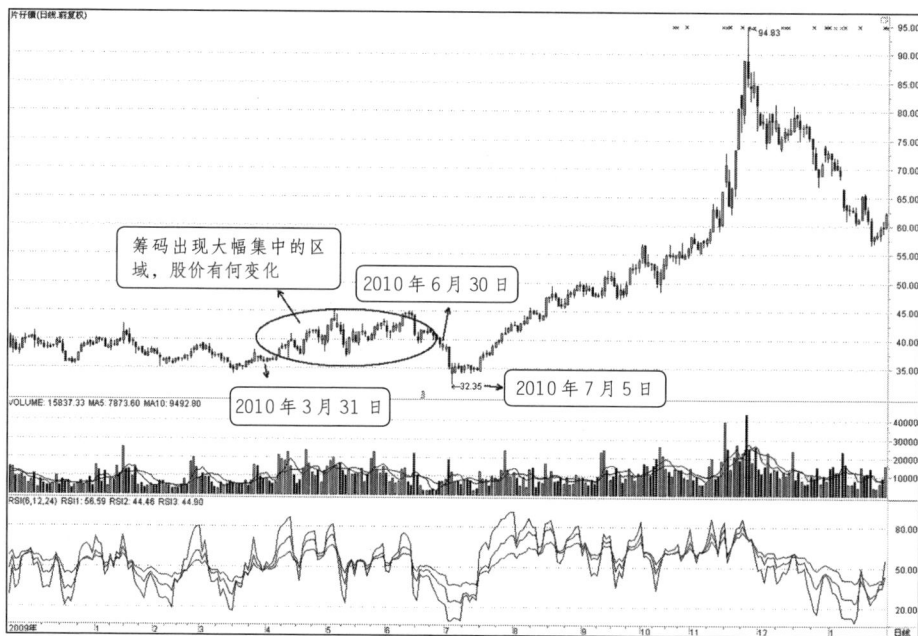

图 2-35　片仔癀 2010 年 3 月至 2010 年 7 月走势图

最新案例回顾

如图 2-36 所示，高德红外在短期内出现大的涨幅也离不开主力资金的积极运作。

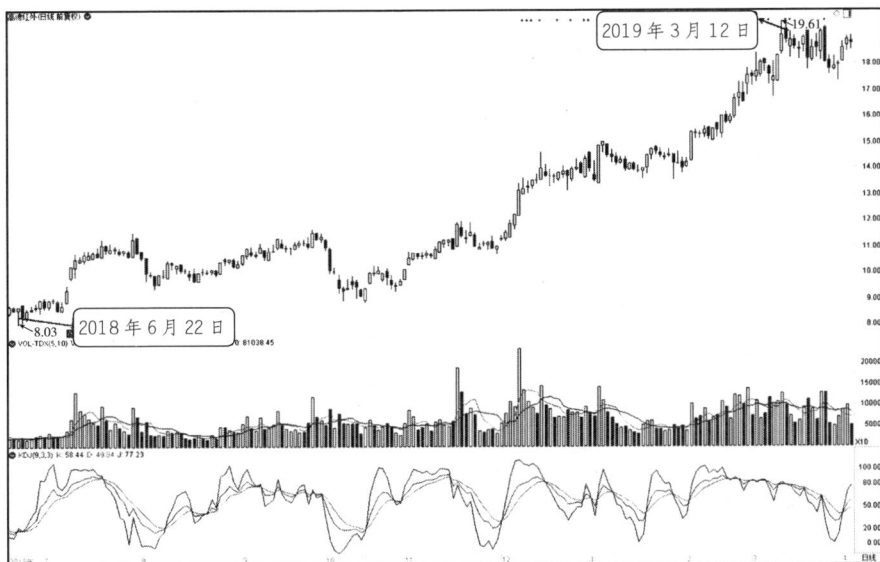

图 2-36　高德红外 2018 年 6 月 22 日至 2019 年 3 月 12 日走势图

如图 2-37 所示，2018 年第二季度末，高德红外的 A 股户数为 209019 户，十大流通股东持股占比 65.03%，有两家公募基金，且持股比例不大。

股东名称（单位：万股）	持股数	占流通股比（%）	股东性质	增减情况
武汉市高德电气有限公司	23920.31	50.24	A股 其他	未变
黄立	4453.13	9.35	A股 个人	未变
中国建设银行股份有限公司－鹏华中证国防指数分级证券投资基金	657.87	1.38	A股 基金	↑171.96
平安大华基金－浦发银行－厦门国际信托－厦门信托－财富共赢 2 号集合资金信托计划	351.56	0.74	A股 基金专户	未变
国信证券股份有限公司	324.60	0.68	A股 证券公司	↓-337.00
王开湖	305.24	0.64	A股 个人	↑14.32
黄咏	278.63	0.59	A股 个人	↓-1.30
王天龙	231.00	0.49	A股 个人	新进
彭朝晖	226.63	0.48	A股 个人	新进
朱锡源	211.39	0.44	A股 个人	↓-225.81

图 2-37　高德红外 2018 年第二季度主力筹码分布情况

如图 2-38 所示，对比 2018 年第二季度的数据，A 股户数和累积占流通股比例等基本没有变化，第三季度只比第二季度多了一家机构，上个季度新进入的其中一家机构只是小幅加仓，整体来看，筹码结构没有太大变化，但是不要着急下结论，要看一下第四季度的情况再说。

截止日期：2018-09-30 十大流通股东情况 A股户数：20893，户均流通股：22787				
累计持有：30806.21 万股，累计占流通股比例：64.71%，较上期变化：-154.15 万股↓				
股东名称（单位：万股）	持股数 占流通股比（%）股东性质			增减情况
武汉市高德电气有限公司	23920.31	50.24 A股	其他	未变
黄立	4453.13	9.35 A股	个人	未变
中国建设银行股份有限公司 – 鹏华中证国防指数分级证券投资基金	676.84	1.42 A股	基金	↑18.97
平安大华基金 – 浦发银行 – 厦门国际信托 – 厦门信托 – 财富共赢2号集合资金信托计划	351.56	0.74 A股	基金专户	未变
黄咏	276.03	0.58 A股	个人	↓-2.60
王开湖	268.79	0.56 A股	个人	↓-36.45
中国农业银行股份有限公司 – 中证500交易型开放式指数证券投资基金	223.53	0.47 A股	基金	新进
彭朝晖	221.28	0.46 A股	个人	↓-5.35
陆家安	208.74	0.44 A股	个人	新进
王天龙	206.00	0.43 A股	个人	↓-25.00

对比 2018 年第二季度的数据，A 股户数和累积占流通股比例等基本没有变化，第三季度只比第二季度多了一家机构，上个季度新进入的其中一家机构只是小幅加仓，整体来看，筹码结构没有太大变化，但是不要着急下结论，要看一下第四季度的情况再说

图 2-38 高德红外 2018 年第三季度主力筹码分布情况

如图 2-39 所示，高德红外第四季度的数据中，筹码结构出现了较为明显的集中，第二季度新进的鹏华中证基金再次加仓，新进了两家机构和一些大户资金。

截止日期：2018-12-31 十大流通股东情况 A股户数：18802，户均流通股：25325
累计持有：31260.83万股，累计占流通股比例：65.65%，较上期变化：454.62万股↑
股东名称（单位：万股）　持股数　占流通股比（%）股东性质 增减情况

武汉市高德电气有限公司	23920.31	50.23 A股	其他	未变
黄立	4453.13	9.35 A股	个人	未变
中国建设银行股份有限公司－鹏华中证国防指数分级证券投资基金	748.39	1.57 A股	基金	↑71.55
上海汐泰投资管理有限公司－兴国1号私募投资基金	455.68	0.96 A股	其他	新进
平安大华基金－浦发银行－厦门国际信托－厦门信托－财富共赢2号集合资金信托计划	351.56	0.74 A股	基金专户	未变
张铲樑	323.21	0.68 A股	个人	新进
中国农业银行股份有限公司－中证500交易型开放式指数证券投资基金	264.87	0.56 A股	基金	↑41.34
黄咏	256.13	0.54 A股	个人	↓-19.90
叶钢	248.08	0.52 A股	个人	新进
香港中央结算有限公司	239.49	0.50 A股	其他	新进

第四季度的数据中，筹码结构出现了较为明显的集中，二季度新进的鹏华中证基金再次加仓，新进了两家机构和一些大户资金

图 2-39　高德红外 2018 年第四季度主力筹码分布情况

如图 2-40 所示，财报数据对应的 K 线走势，显示出股价处于介入建仓和尝试突破的阶段。

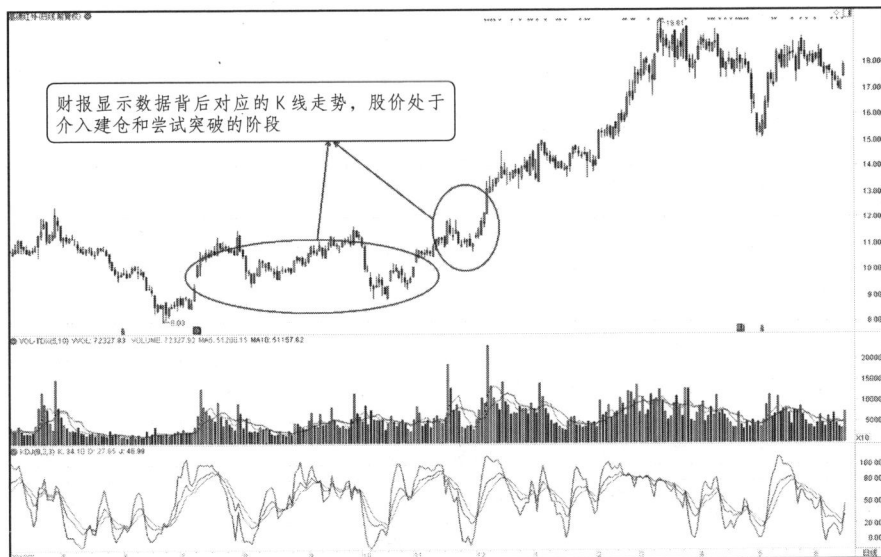

财报显示数据背后对应的 K 线走势，股价处于介入建仓和尝试突破的阶段

图 2-40　高德红外 2018 年第二季度到第四季度股价走势图

图 2-41 为片仔癀在上述阶段筹码出现大幅集中区域的放大图，即主力有加仓或建仓动作的区域。前文中我们分析了建仓区域的最大特征在于折腾，上下波幅往往异常剧烈，这在片仔癀的阶段性走势图上也得到了极大的体现。不时一根中阳，不时一根中阴，对于投资者而言，往往很难经受得住这种巨幅的波动，因而在折腾过程中乖乖交出筹码也就是情理之中的事情，这也是主力的主要意图，通过上下宽幅波动来达到收集筹码的目的。

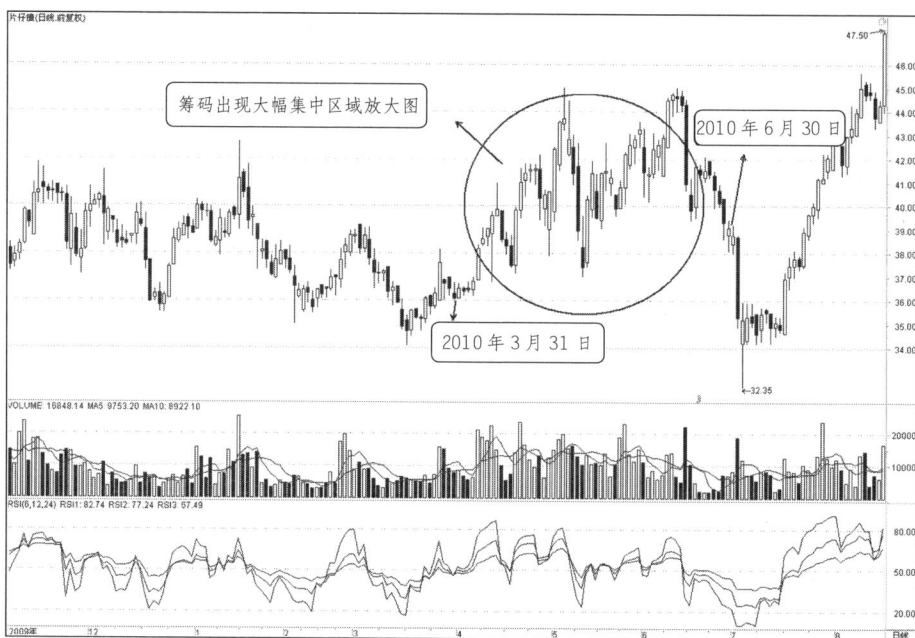

图 2-41　片仔癀 2010 年 3 月至 2010 年 6 月走势图（一）

【学习温馨小提示】

从较长时间的图中看，波动幅度好像不大。但回到那个阶段，缩短时间轴，放大图片来看（见图2-41），波动其实是很大的，如果内心没有坚定的信仰，很容易被三震出局。

正如那句话，山上看海，风平浪静；岸边看海，波涛汹涌。

此阶段的特征除了上述所分析的波动较为剧烈外，还有如下明显特征。

①成交量往往会出现一定程度的放大。这是主力吸纳筹码建仓的一种迹象，当然量能的放大并不意味着是主力的一种建仓行为，也有可能是主力的一种出货行为。如何区别这两者呢？最主要的依据是看股价所处的阶段性位置。如果股价是在阶段性低位，那么，这更可能是一种吸筹的行为；如果是一轮大幅拉升之后，出现高位放量的情形，那么，这很有可能是主力高位派发筹码的一种行为。

如图2-42所示，在建仓区域成交量相比前期出现了明显的放大，而且此处放量的位置并不是一轮大幅上涨之后，而是出现在一段时间横盘震荡整理之后。那么，主力资金选择在此处折腾是为了什么？无疑是为了筹码。沉寂一段时间后出现这种动作，更体现了主力的意图。

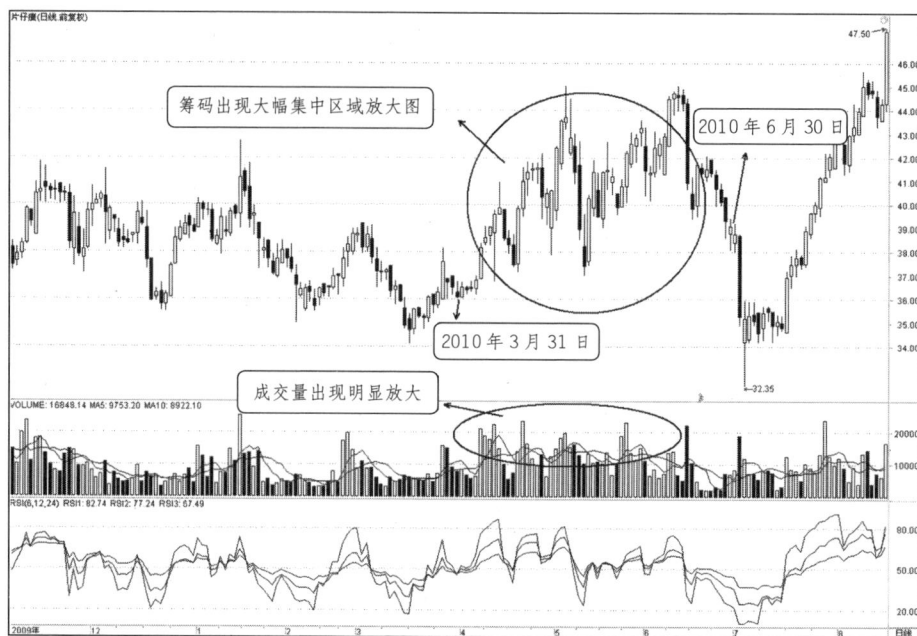

图 2-42　片仔癀 2010 年 3 月至 2010 年 6 月走势图（二）

最新案例回顾

　　图 2-43 为高德红外底部形态构筑图，这种出现在底部或者相对低位的区间波动放大并且伴随成交量显著放大的现象，还可以进一步配合一些常见有效的底部形态来进行综合研判，如双底、头肩底、三重底等。

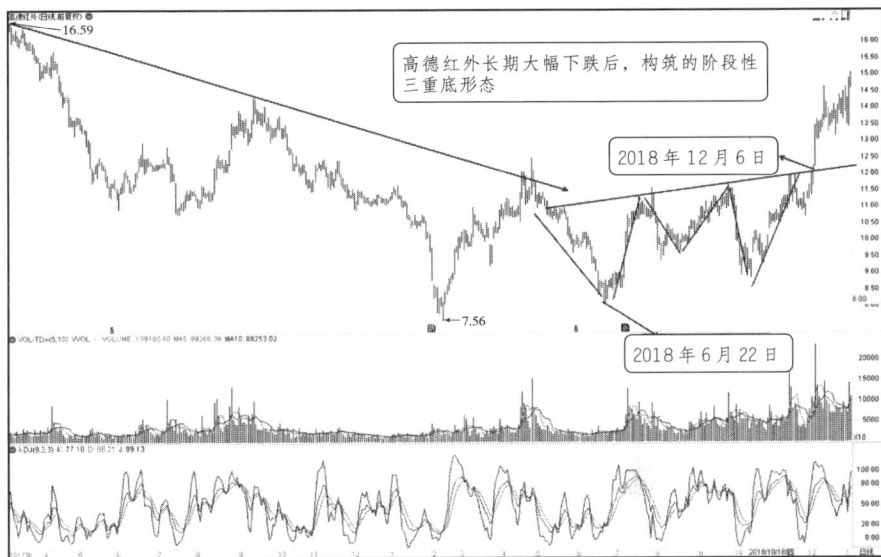

图 2-43 高德红外底部形态构筑图

②股价虽然宽幅波动，但整体而言，重心还会保持上移的态势。其中的原因不难理解，主力在逐步建仓过程中投入了兵力，推进了股价上行。另外，为了构筑形态，主力在建仓的时候往往会把股价推向前期高点，并解放前期高点套牢筹码，进一步吸纳筹码，同时构筑底部形态的右边弧。形态构筑完毕后，下一步要做的就是寻找机会突破，当然很多时候也会先来一波洗盘的动作，再谋求突破，这就是我们下面要讲到的洗盘行为。

③在真正拉升之前，往往会出现洗盘的动作。当然，这个洗盘行为很多时候也是一种顺势行为。在刚刚想突破的时期，如果正好遇上大盘急跌的走势，那么主力资金很有可能选择顺势而为，同时在拉升前来一个彻底洗盘的动作。

上述的盘口特征，是我们感知主力行为的重要依据。很多时候，由于信息的滞后性，股东研究并不能及时反映主力动向，那么，通过盘面感知就显得尤为重要了，这方面能力的大小关乎我们胜算的大小。

【学习延伸】

量能放大，是成交活跃的表现。如果发生在低位，再配合基本面的改善，大概率是机会；如果发生在高位，那就要多一份谨慎了。

重心上移，是资金逐步增持筹码的迹象，当买入力量长时间大于卖出力量时，股价重心上移不可避免。

洗盘，是拉升的前奏，只有将那些不稳定的筹码洗掉，留下那些坚定分子，后面拉升起来才不会那么费劲。

这些都是有迹可循的，有越多的迹象产生共振，成功率会越高。

拉升阶段

◇ 初级浪

初级浪是股价开始脱离成本区的阶段，也是股价刚刚突破阶段性构筑底部形态的上行运行阶段。此阶段走势的最大特征在于极为磨人。我们来看看片仔癀在此阶段的运行情况，如图 2-44 所示。

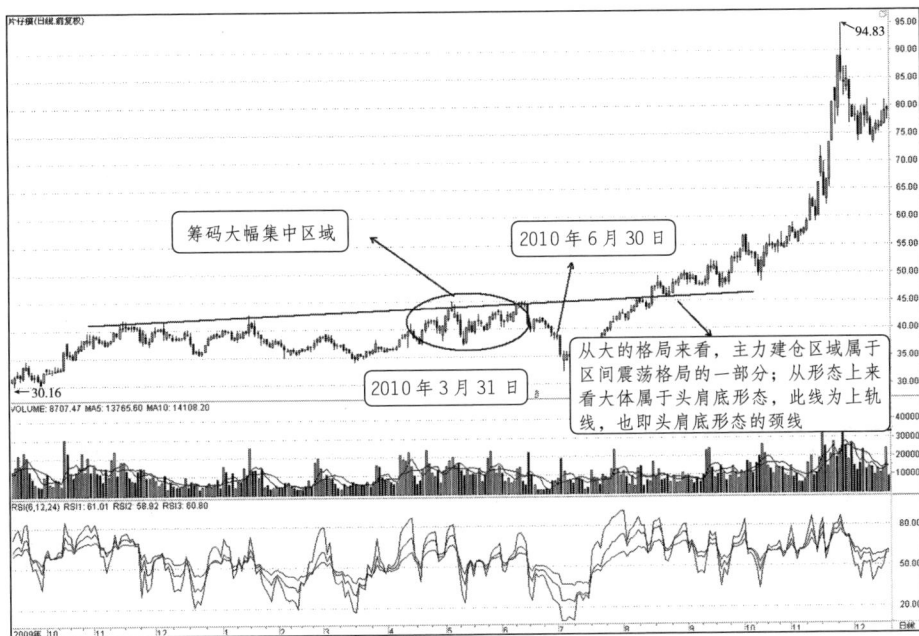

图 2-44　片仔癀 2010 年 3 月至 2010 年 6 月走势图（三）

最新案例回顾

　　如图 2-45 所示，高德红外在股价突破 12 元位置后，开始进入初升浪阶段。

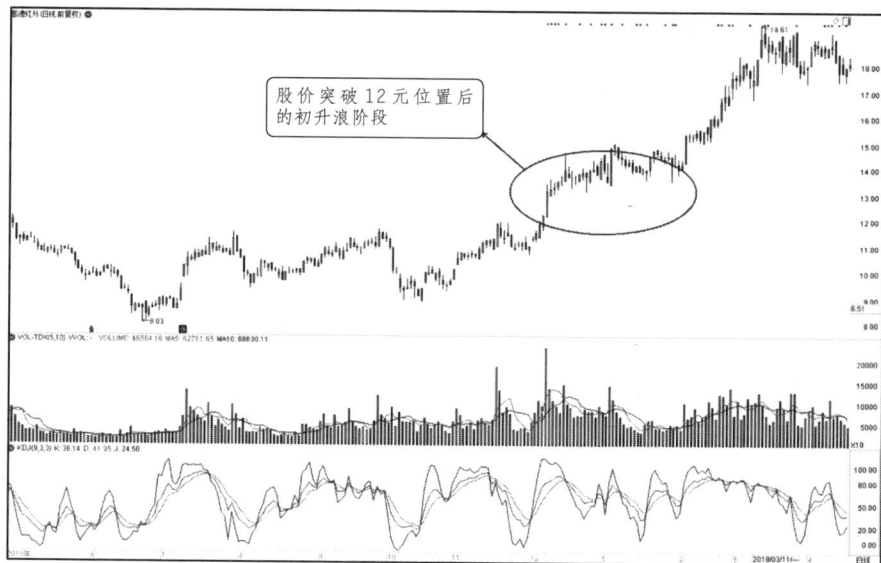

股价突破12元位置后的初升浪阶段

图 2-45　高德红外初升浪阶段走势图

主力在此阶段建仓完毕后，经过一轮凶狠的洗盘，再次将走势拉升到前期高点附近。经过这一系列动作，也完成了头肩底形态的构筑，如图 2-46 箭头方向所示。随后，中阳突破，在颈线上方进入了缓步上行阶段，即开始脱离成本区进入初级浪的运行阶段。

初级浪阶段通常是一个磨人的阶段，虽然最终仍会出现一定的涨幅，但是整个过程会比较曲折，而且让人看不到明显的强势特征。我们来看看片仔癀在此阶段的走势。

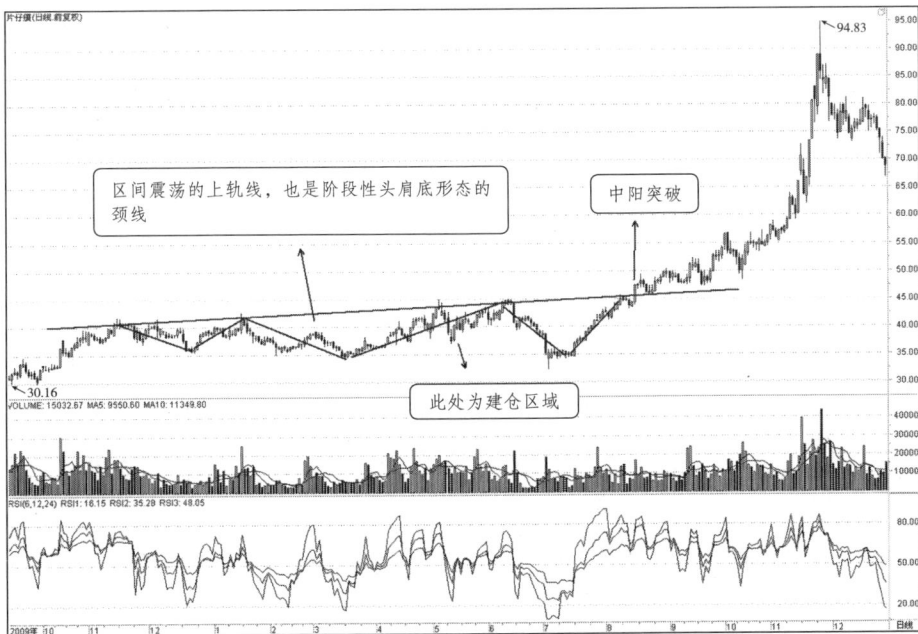

图 2-46 片仔癀 2009 年 10 月至 2010 年 12 月走势图（一）

　　如图 2-47 圈中部分所示，脱离成本区进入初级浪阶段的走势，几乎都是小阴小阳的运行态势，整个上涨过程也极为曲折。但最终的重心保持上移的态势，逐步地脱离成本区域。初级浪运行阶段的特征在这里得到了极大的体现。

片仔癀(日线,前复权)

94.83

初级浪阶段，运行非常之曲折，几乎都是小阴小阳的走势，但最终而言，重心还是上移的，逐步地脱离成本区

区间震荡的上轨线，也是阶段性头肩底形态的颈线

中阳突破

此处为建仓区域

30.16

VOLUME: 15032.67 MA5: 9550.60 MA10: 11349.80

RSI(6,12,24) RSI1: 16.15 RSI2: 35.28 RSI3: 48.05

2009年

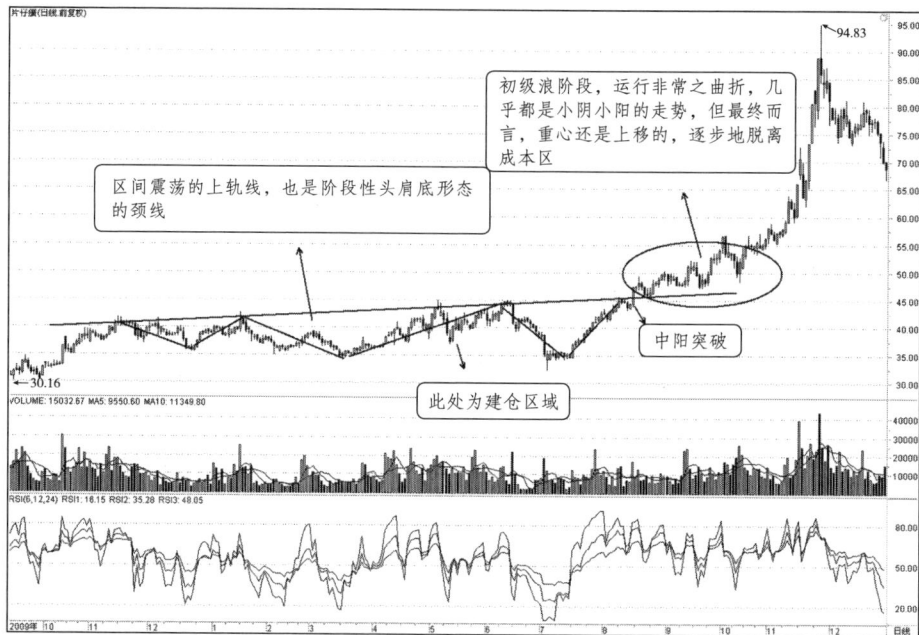

图 2-47　片仔癀 2009 年 10 月至 2010 年 12 月走势图（二）

最新案例回顾

如图 2-48 所示，高德红外的中大阳线拉升后，股价短期内出现新高，但是突破后出现调整动作，调整的目的只是未来回踩，不跌破中大阳线的股价重心，呈现想拉升的趋势，同时也有试探性的目的。

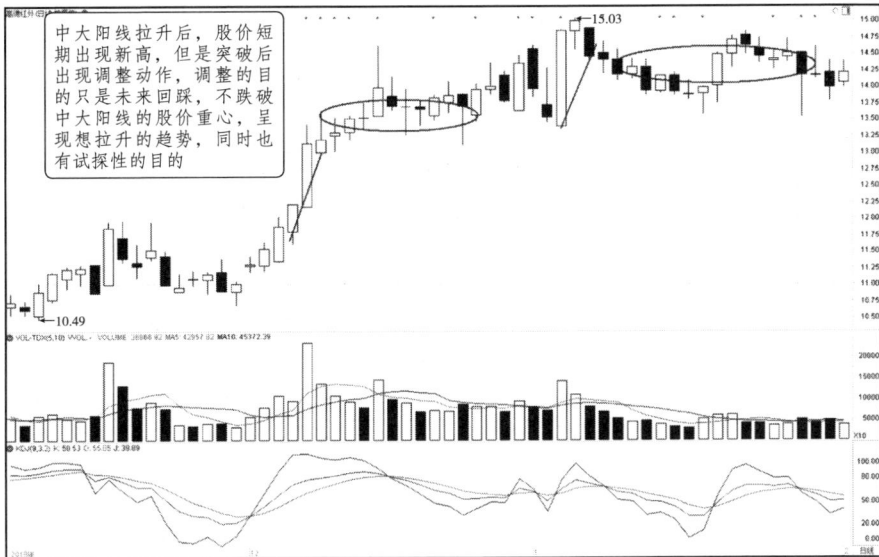

中大阳线拉升后，股价短期出现新高，但是突破后出现调整动作，调整的目的只是未来回踩，不跌破中大阳线的股价重心，呈现想拉升的趋势，同时也有试探性的目的

图 2-48　高德红外突破底部形态后试盘动作走势图

　　脱离成本区域后，出现这种折磨人的走势是大多数投资者不想看到的，但不愿看到并不代表这种运行状态是一种不健康或没前途的表现；相反，往往出现这种走势是主力资金志在高远的一种表现。资本市场的最大魅力就在于逆大众思维而行，大多数人认可的事情并不能得到市场的认可，当然这很大程度上是由于市场运行的表象往往与其内在本质相背离。例如，此处初级浪阶段表面上小阴小阳的走势让人看不到明显的强势，但实质上，主力志在高远，是在为后市的强势阶段做准备，投资者看不到太多有希望的走势却预示着美好的前景。而疯狂上涨后的市场在一片亢奋声中，表面极度繁荣的现象往往预示着高风险的到来。就是这种市场表象与内在本质相背离的现象，极大地混淆了我们的视听。在这种环境下，要想对市场做出理性的判断也就

不是一件简单的事情了。

【学习温馨小提示】

初级浪基本都是在成本区上方的，重心上移，三步一回头，稳中有进。就像飞机起飞前，都会在平地里跑一段，然后才慢慢起飞。

在初级浪阶段，只要股价没有明显的走坏趋势，都要以坚定持股为主。

多研究细节，细节决定成败。

◇ 主升浪

继初级浪的波动后进入主升浪的运行阶段，经过前期的压抑，能量在此阶段得到一定程度的释放，在此区域压抑的情绪往往一扫而光，市场的做多激情也会被激发出来。

图 2-49、图 2-50 为片仔癀在此阶段的走势图。对比初级浪震荡攀升的曲折走势，主升浪阶段上涨起来干净利索，主要以单边上扬走势为主，而且每天创出新高是常态。

中小盘股的主升浪拉升起来往往会比大盘股更加凶狠，其中的原因在前面也有分析。同样一根中大阳，流通盘越大，需要投入的兵力越多。当然，在资金极度充裕的情况下，"大象"品种也可以连续上演涨停的好戏，但如果连续出现这种行为，我们把握这些机会的兴奋之余，更需多一分谨慎，这种动作往往是最后的疯狂行为。

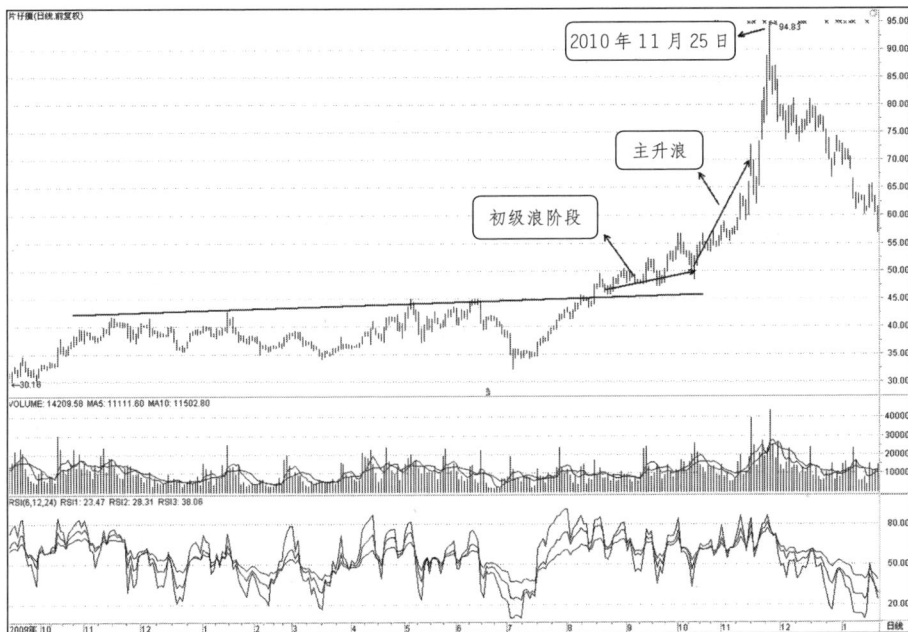

图 2-49 片仔癀 2009 年 10 月至 2010 年 12 月走势图（三）

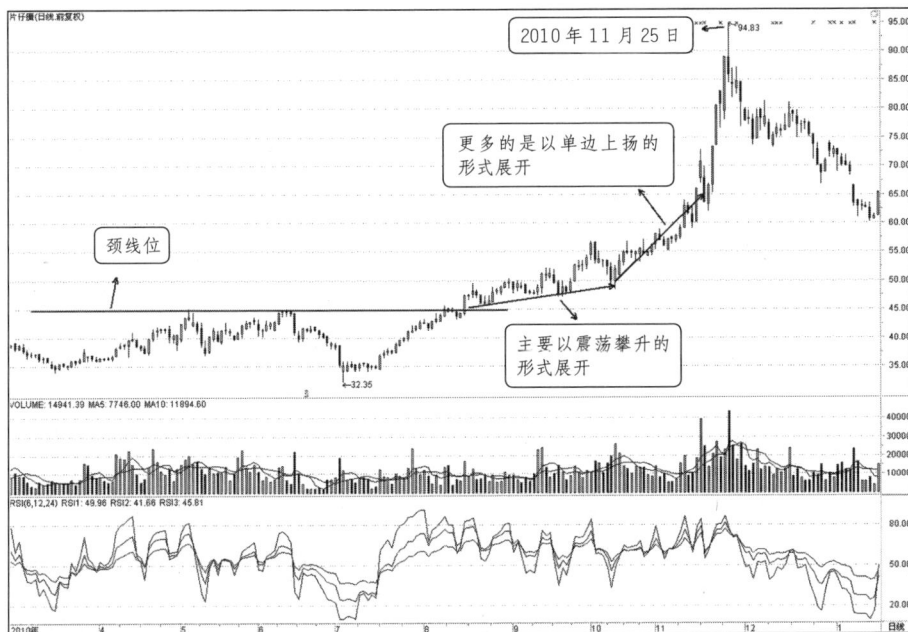

图 2-50 片仔癀 2010 年 4 月至 2010 年 12 月走势图（一）

如图 2-51 所示，高德红外的主升阶段以放量长阳突破为标志，同时出现多个长阳线拉升的快速上涨。

图 2-51　高德红外主升浪阶段长阳走势图

◇末日轮

末日轮最后的疯狂阶段是一个加速赶顶的过程。相比主升浪而言，其拉升动作更大，常常伴随连续的向上跳空缺口，以中阳向上推进。

如图 2-52 所示，相比于初级浪和主升浪的上攻动作，片仔癀的末日轮走势更加陡峭，拉升幅度更大，几乎每天都以中大阳的姿态推进，并伴随着向上跳空缺口，当然，其中的波动也会异常剧烈。末日轮的特征在这里也得到了体现，这些特征是我们辨认行情运行达到哪个层次的重要依据。这些特征出现时，往往说明行情进入最后阶段的概率很大，也很有可能已是末日轮的运行阶段。

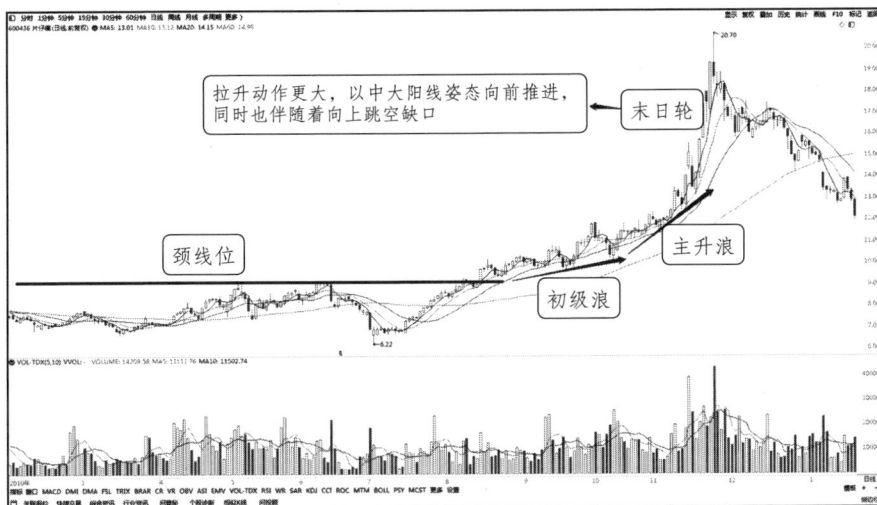

图 2-52　片仔癀 2010 年 4 月至 2010 年 12 月走势图（二）

末日轮阶段虽然风险较大，但如果把握得好，有时短期内也会给我们带来很大的收益。所以，有能力又有勇气的投资者可以去积极把握。但需注意的一点是，不同流通盘的个股在策略上也不尽相同，这一点主要表现在出局的策略上。对于大盘股或中盘股而言，由于每天交易量积极、活跃，出现极端的下杀动作时，我们还有机会从容退出，但这一点在小盘股上并不一定能很好地兑现。小盘股平时的成交量本就不活跃，越是在高位时，成交量越趋于稀疏，一旦出现恐慌，往往是奔跌停板而去，投资者要想从容退出可不是那么简单的。

如图 2-53 圈中所示，在急速拉升的末日轮上涨阶段，高德红外的股价只维持了短短两个交易日的强势，这里体现了典型的末日轮走势的特点——巨量拉升，但持续性很差。

图 2-53　高德红外的末日轮拉升走势图

如图 2-54 所示，阶段性获利离场后，股价陷入了一定幅度的回调状态，虽然股价整体以整理的走势为主，但是自 8 元到 19 元这一阶段的上涨趋势已经被破坏。

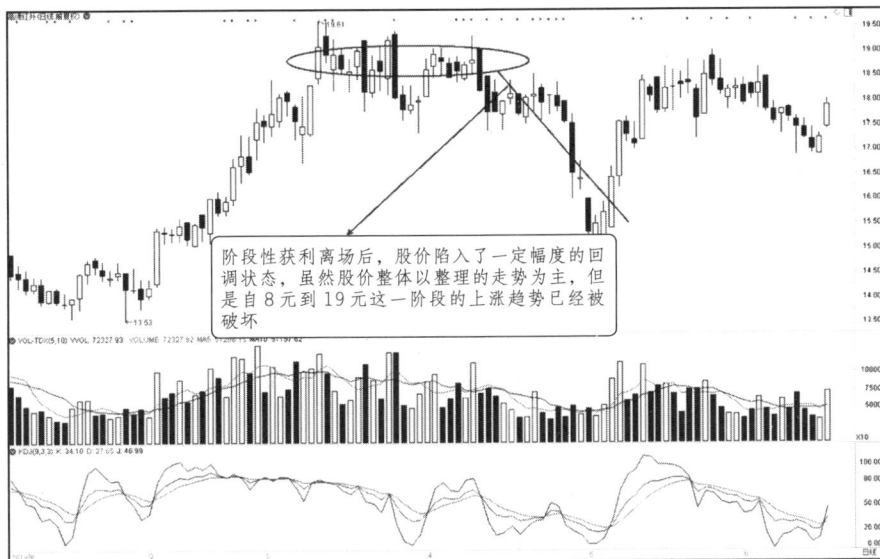

阶段性获利离场后，股价陷入了一定幅度的回调状态，虽然股价整体以整理的走势为主，但是自8元到19元这一阶段的上涨趋势已经被破坏

图 2-54　高德红外阶段性顶部形态走势图

总之，从开始建仓到逐步脱离成本后的拉升，到最终的获利出局，整个运作过程中的每个阶段都会有不同的特征。这些特征是我们识别行情发展到哪个阶段的重要依据，也是我们读懂市场语言、增强盘感的手段，其重要性不言而喻。

【学习小总结】

中盘股的拉升节奏，也是从慢到快，最后到疯狂的过程。

初期考验的是眼光以及持股的定力，后期考验的是人性。

敢于在低位布局的，才是王者。中高位只适合快进快出，若不是艺高胆大的人，便不适合参与。

操
盘
手
记

现实是残酷的，运气是暂时的

甲：什么叫兵败如山倒？

乙：2010 年 6 月 21 日世界杯上演朝鲜对阵葡萄牙，最终以 0 比 7 败北，很好地解释了什么叫"兵败如山倒"。

甲：确实是啊。我也看了那场比赛，上半场还好，0 比 1，是较为正常的比分。但下半场随着葡萄牙队进球数的增多，朝鲜队就好像崩溃了一样，每隔几分钟，球门就被对方攻破一次，简直无法看下去。朝鲜队的踢球技术虽然不及对手，但向来以意志坚强闻名，如果有气势，就算再怎么弱，至少气势上来了，也能够抵御住对方的疯狂进攻。下半场朝鲜足足被对手攻进 6 球，这近乎耻辱的败北实在让人惊讶。

乙：意志力强总不能当饭吃，最终还是要看技术实力。就好像资本市场一样，美好的愿望不能当饭吃，也不能给投资者带来任何益处，最终还是要靠自己的能力在这市场上获取收益。

甲：是啊。有时候，运气好、意志力强或愿望美好，可能会让你一时获益，但能否获得成功决定性因素还是实力。

乙：意志力强可以创造奇迹，但不可能永远创造奇迹。

甲：这句话真是一针见血。

乙：放在资本市场里，就是美好的愿望可以为你带来巨大的收获，但不可能永远给你带来巨大的收获。

甲：感觉这句话又不够一针见血。

乙：哈哈，理想是美好的，但现实是残酷的，运气是暂时的，实力才是永恒的。这样说好些吗？

甲：嗯，这样听起来不错。

乙：记得过去看过的电影中，那些有特异功能的人，其实就是靠意志力来创造奇迹的，而且是具有持续性的，这怎么解释？

甲：现实生活中存在吗？好像不存在吧。

乙：所以，那只是存在于虚拟世界中。

甲：明白啦，原来在这个世界上，很多东西都是虚构的。

乙：你才知道呀？现实是残酷的，最终还是要靠你自己肚子里有料才行，你有多大的能力，就能取得多大的成就。

甲：原来如此。

我们要锻炼出过人的意志力，但过人的意志力却不能当饭吃，最终要让意志力转化为能力、技能、能量才行。社会是现实的，意志力必须要转化才行。

在童话的世界，人们可以靠意志力"吃"遍天下；在现实的世界中，仅仅依靠意志力，我们可以"吃"一时，但却不能"吃"一世。只有同时拥有能力和意志力，才够我们"吃"一世，那样才能创造更多的奇迹。

知道吗？很多奇迹的背后其实也就是么那回事。通过朝鲜和葡萄牙的对阵，我们可以思考出很多东西，你说是不是？

"缩量"带来的思考（股市名词对话）

甲：有"放量"，相对应地，就有"缩量"。如果说"放量"是情绪的一种释放，那么，"缩量"又代表情绪发生了什么变化呢？

乙："缩量"是情绪释放后的一种递减式空虚。

甲：递减式空虚？

乙：是的。你可以想象一下，当成交量（能量）集中释放完毕后，能量会呈现出什么状态，那肯定是递减式缩减，这样的缩减过程就可以被形象地称为递减式空虚了。

甲：听你这么一说我就清楚了很多，我想你这空虚里应该就包含寂寞的意思吧。成交量萎缩，无人问津，是比较寂寞的，对吧？

乙：没错。空虚与寂寞是孪生兄弟。"缩量"对市场来说不是一件好事。

甲：那我想问，"缩量"后，有没有可能带来转折或延续？

乙：这当然有可能，物极必反。只是，这种缩量一定要达到极致才行。对比前一天的缩量这并不算什么，只有相当一段时间的"缩量"才有意义。所以，"缩量"一定要达到极致。

甲：明白了。极致的"缩量"后往往就会迎来转折或延续的可能，只是这里的延续不一定是加速延续，有可能是缓慢延续，毕竟没有实质的"放量"，对吧？

乙：嗯，发现你理解了"放量"后，对"缩量"的理解也更深刻了，一通百通了。

甲：这就是学习的价值，哈哈。

乙："缩量"与"放量"其实是相互交替、相辅相成的，都会促进市场向前发展。你可能会发现，今天"缩量"了，但明天可能就"放量"了。所以，务必要有的放矢，别一把抓。当你发现不了有价值的"放量"或"缩量"时，就不妨放松自己，跳出市场。旅游也好，看书也罢，反正找个合适的方式放松自己再回来研究。记住，只有学会跳出，才会有真正的发现。

甲：一语惊醒梦中人。以前我就是常常陷入量能变化的过程中，一下"放量"，一下"缩量"，最终迷失了自我，不知所以。现在我终于明白了，有时候，别搞得太复杂，看不懂的时候，就不妨简单点，先跳出去放松，再回来看，一切就都明白啦。

乙：说起来容易，做起来难，你真的能做到吗？

甲：我至少会尝试，虽然不一定能成功，但我已经知道了方向。

乙：是的，知道方向总比没方向强很多，"缩量"带给人的是空虚。事实上，如果你懂得方向，"缩量"带给人的就是充实。

甲：是空虚还是充实就在于怎么去看了。"缩量"原来不就是这么回事嘛。

"缩量"，带来的是递减式的空虚，空虚则伴随着寂寞，空虚到极致则意味着变化。这种变化可能是转折也可能是延续。只是，这样的延续不一定是加速延续而已。

是空虚还是充实，其实就在于你怎么去看待问题，"缩量"带来的价值，其实也是如此。或者说，"缩量"与"放量"其实都是这样，甚至可以放大到更大的范围。一切不都是如此吗？

解套的方法

　　来到资本市场的每一个投资者，都怀着美好的愿景，投资者们都想知道如何能赚到钱。奇怪的是，现实中在投资者心里如何能够赚钱可能不是最重要的，相反他们最关心的是如何成功解套，不被套牢。原因很简单，市场中有太多的人亏损或被套，如何摆脱被套自然是迫在眉睫、急需解决的问题。对于部分投资者而言，赚钱已是一种奢望了。现实就是如此，国际上成熟的资本市场已发展了上百年，却仍未打破只有少数人能盈利的二八定律，即在资本市场总是只有 20% 的人能够实现盈利，80% 的投资者注定要出现亏损。而我国资本市场只有 30 多年的历史，注定只有少数人能盈利的现象目前不会改变，未来也不会改变。能改变的是我们自己，就看我们能否成为那 20% 中的一员，仅此而已。

　　所以，要想跨入少数能盈利的行列，首先最重要的是要保证本金的安全。在大多数人都亏损的背景下，我们要是能够保证本金的安全就是在通往赚钱的道路上迈出了一大步。股神巴菲特的投资名言中最著名的一条就是："成功的秘诀有三条：第一，尽量避免风险，保住本金；第二，尽量避免风险，保住本金；第三，坚决牢记第一、第二条。"道理浅显易懂，真正做到的人却很少。大家都抱着强烈的赚钱欲望来到这个市场，整天想着如何赚钱，这一点从对追涨杀跌乐此不疲的人身上就能体现出来。殊不知，通往成功的殿堂最重要的并不是一开始就想着如何赚钱，而是要想着如何保证本金的安全。保证本金虽然重要，但真正对其加以重视的人却少之又少，这也是造成市场中众多投资者亏损的一个原因。内心不重视，试问出现亏损还是什么稀奇的事情吗？不出现亏损才是不正常的。

市场中大部分投资者保证自身资金安全的意识相当匮乏，这从大部分投资者喜欢随意操作及没有什么纪律性可言就可以略知一二。然而，与喜欢随意操作及无纪律性可言的操作相伴随的就是极其浮躁的心态。在这种浮躁心态占据主导地位的情形下，操作无异于用脚投票，最终结果很有可能就是小赚后急忙离场，大跌却死拿不放，被套也是情理之中的事情。不论当下是喜是忧，未来还有很长的路要走，也会很精彩，当下就是好好正视自身行为的时候了。犯错并不可怕，人非圣贤，孰能无过，知错能改，善莫大焉。

当前被套并不可怕，在大格局大好的背景下，总体来说，机会将大于风险。当然，对于众多投资者而言，当务之急是如何成功解套。

正确对待被套需把握的两个因素

资本市场中没有神仙，炒股都会有被套的时候。如何实现解套呢？首先我们必须正确对待被套这一问题，即我们要意识到钱被套并不可怕，可怕的是心被套。如何能做到心不被套呢？这需要把握两点：第一是严守纪律；第二是调整好心态。

严守纪律

严守纪律的重要性不言而喻，在前文中我们也分析了，市场中众多投资者的亏损很大程度上是随意操作及无纪律性操作的结果。虽然被套不可避免，但严守纪律性将极大地减少被套带给我们的损失，这可以在金钱上和精神上给我们带来极大的安慰。如何通过严守纪律做到内心不被套？我们重点可以设定以下两个参数来限制自己的行为。

其中一个参数是被套后允许自己承受的最大亏损值。如果被套后价格仍一路下挫，亏损进一步扩大，达到了自己能承受的最大亏损值，我们就应该严守纪律，无条件止损，斩仓出局。俗话说，"留得青山在，不怕没柴烧"，一旦熊市来临或出现极端情况，我们就要最大限度地保证资金不至于全军覆没；同时，设立底线后也不至于让本已脆弱的心理进一步受到不可抗拒的因素的摧残。

另外一个重要参数就是持股期限，即损失没有达到设定的极限亏损值的情况下，解套之前的最长持股期限。这一点不难理解，任何事情都讲究缘分，既然我们与某些个股无缘，又何必要死守呢。是我们的就是我们的，不是我们的强求也没有用。通俗点说，我们可以和股票做朋友，但千万不要跟股票谈恋爱。

即便我们相中了一只个股，买进后却被套了，我们也仍要保持客观、冷静，绝对不要被"爱"冲昏了头脑。更重要的是，当发现一切只是"落花有意、流水无情"的"单相思"时，应严守纪律，及时刹车。

调整好心态

一般而言，被套都是经历一轮幅度不小的下跌后，一不小心就在高位站岗的结果。对于投资者而言，最难过的时候并不是初期自己的个股跟随市场大幅下挫的时候，而是在下跌后市场都涨，唯独我的股票跌或不涨。相信大家对此都有共识，前期自己的个股随市场一起下跌并不伤心，因为大多数人都会安慰自己：反正都在跌，又不是我一个人的股票在跌，不必太在意。然而，出现阶段性止跌企稳后，一旦其他个股漫天飞舞，而自己的却还趴在原地不动时，我们便如坐针毡，痛苦不已。造成这种现象的原因，就是大多数投资者此时没有借口说服自己，让自己心平气和下来，心中满是怀疑和无奈。怀疑的是自己持有的这只个股是不是出了问题，无奈的是为何自己的运气这么差，偏偏选中了这只。种种消极因素占据内心深处，心浮气躁也就很正常了。此时，调整好心态显得尤为重要，不然很容易陷入折腾的旋涡，看到涨势如虹的个股很有可能忍不住弃旧从新；但当你换股操作后，新进个股却开始沉寂，而原来的个股却毫不留情，一骑绝尘。这种两面挨耳光的悲剧在实际操作中屡见不鲜，而且还有愈演愈烈的迹象，最主要的原因就是没有及时地调整好心态，同时对市场运行规律没有很好的认识。

看着其他个股漫天飞舞，人们很容易就联想到消极的一面，这也是人性弱点的一种体现。怀疑、不信任、最后始乱终弃的深层次原因都在于没有做好相应的准备工作，对市场的运行规律认识不够清楚。没有做好相应的准备工作，主要是指买入的动作很有可能是一种随性行为，根本没有找到使自己信服并坚定买入的理由，所以后面一旦出现轻微的震荡或其他情形时，便开始怀疑自己买入的个股是不是有问题。对市场的运行规律认识得不够清楚，则主要是指认识不到市场的运行总是处于一种轮动的过程，股票上涨不会一步登天，大多数时候都是逐步缓慢地攀升的，即上涨需要时间，不可能一蹴而就。

如何解套

除了上文所说的设立纪律参数、调整好心态外，被套后还可以采取相应的措施实现解套，一般而言，常用的技巧有斩仓、换股、做空、日内 T+0、摊平五种。

当然，上述五种常见方法中如做空、日内 T+0 并不是适合所有的人。这些方法要么对资金有相当的要求，如做空；要么对技术有相当的要求，如日内 T+0。所以，在此不提倡采用上述方法。当然，有条件的例外。对于大众而言，我们可以利用换股、摊平等解套方法。当然，这些方法也会对我们提出特殊的要求，如换股操作，需要我们拥有火眼金睛。上一次选择的股票被套，你可以保证换股操作后选中的是黑马？而选择摊平手法的，也必须有闲余资金，这些对于大多数投资者而言无疑也是有一定难度的。

上述方法虽然较为常用，但都有一些条件限制我们实施，如需要有一定的技术、资金等。但没有条件的投资者也不必失望，还有一些符合大众群体的方法，如波段操作降低成本的解套方法。

运用这种方法不需要太多的技术，只要稍微懂得一点市场常识就足够了，而且也不受闲余资金多少的限制。对于市场中大多数投资者而言，希望在被套后还有大量的闲余资金也不现实。

波段操作降低成本的解套方法，虽然看上去没有很高的技术含量，但能帮助我们得到的最终结果并不一定逊色于上述的其他方法，而且很有可能会让我们看到更好的效果。其中的原因就在于上述的其他方法，如日内 T+0 操作，看上去简单，但股市瞬息万变，真正操作起来却有一定的难度，运用不好很有可能适得其反。在股市中有很多看似和常理不同的现象，如多劳并不一定多得，这一点在部分喜欢折腾的投资者那里表现为亏损；相反，不动或很少动的投资者却赢到了最后。所以，在股市中，复杂的方法不一定就比简单的方法更好。

波段操作降低成本的解套方法，只需我们弄清楚大盘或个股的一些关键位置（关键阻力或支撑位），然后依据关键位置采取高抛低吸的策略即可。

这里的关键位置主要是指大盘或个股大幅下挫后，反弹时会遇到的重要阻力位。一般而言，前期的整理平台或成交量密集区都将是阻碍反弹的重要阻力位，而大盘或股价第一次攻击这个阻力位时，一般情况下难以顺利通过，阶段性股价到此继续蓄势或回调的概率很大，这也就为我们提供了采取波段操作的机会。

如图 2-55、图 2-56 所示，当股价下挫到图中的圈标示出的位置时，不少参与其中的投资者很有可能已被套牢。采取波段操作降低成本的解套方法时，要想避免太多的折腾，首先要做的便是找出后市反弹可能会遇到的重要阻力位。在这里，前期的横盘震荡平台将是股价上行的重大阻力位。一般而言，股价初次上攻很难一蹴而就、直接突破，大多数情况下会出现一个继续蓄势整理或回调的动作。

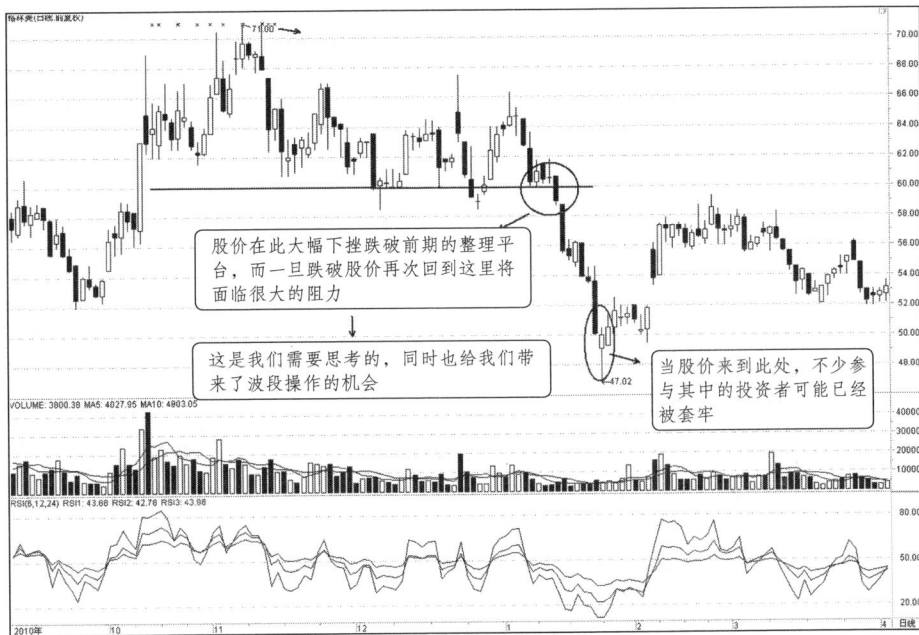

图 2-55　格林美 2010 年 10 月至 2011 年 3 月走势图（一）

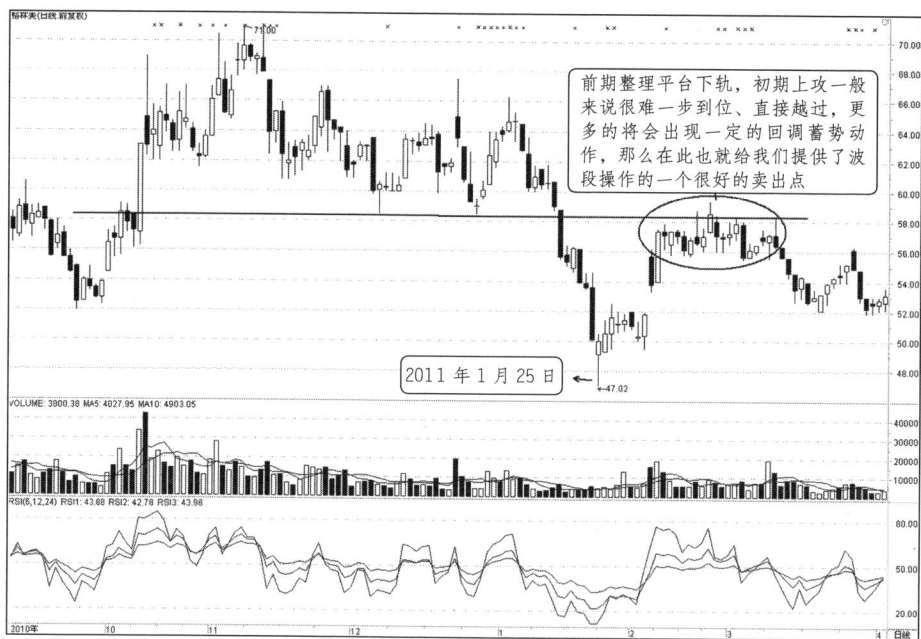

图 2-56　格林美 2010 年 10 月至 2011 年 3 月走势图（二）

最新案例回顾

　　如图 2-57 所示，欧比特在此阶段的 10 元附近以横盘走势为主，但是 2018 年 10 月 8 日的长阴破位，导致资金被套。

　　如图 2-58 所示，放大格局来看，不需要因为欧比特在 10 元附近的破位下跌而过度恐慌，更不需要匆忙"割肉"，毕竟价格已经从 17 元跌到 10 元，在股价经过长周期的调整后，短期内的反弹机会也在酝酿。

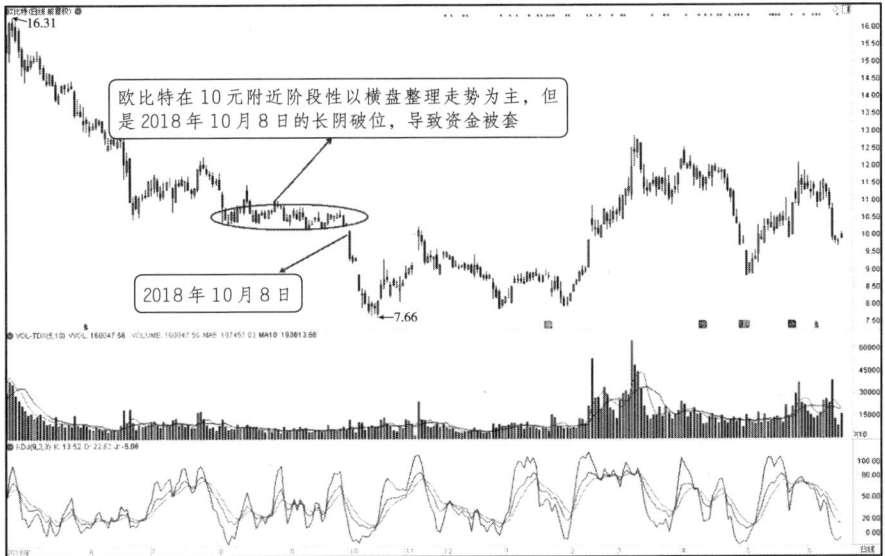

欧比特在 10 元附近阶段性以横盘整理走势为主，但是 2018 年 10 月 8 日的长阴破位，导致资金被套

2018 年 10 月 8 日

图 2-57 欧比特 2018 年 10 月 8 日股价破位前走势图

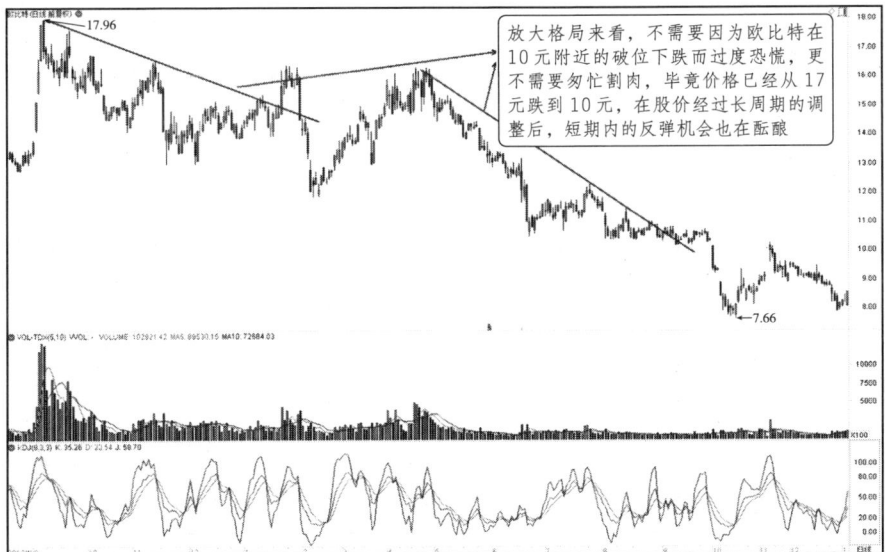

放大格局来看，不需要因为欧比特在 10 元附近的破位下跌而过度恐慌，更不需要匆忙割肉，毕竟价格已经从 17 元跌到 10 元，在股价经过长周期的调整后，短期内的反弹机会也在酝酿

图 2-58 欧比特股价从 17 元跌到 10 元的走势图

如图 2-59 所示，股价出现反弹后切记不可恋战，毕竟 10 元附近已经有大量的被套资金，一旦反弹走势能减少亏损，被套资金肯定会第一时间出逃，这个时候考验的就是投资者能否果断地卖出。

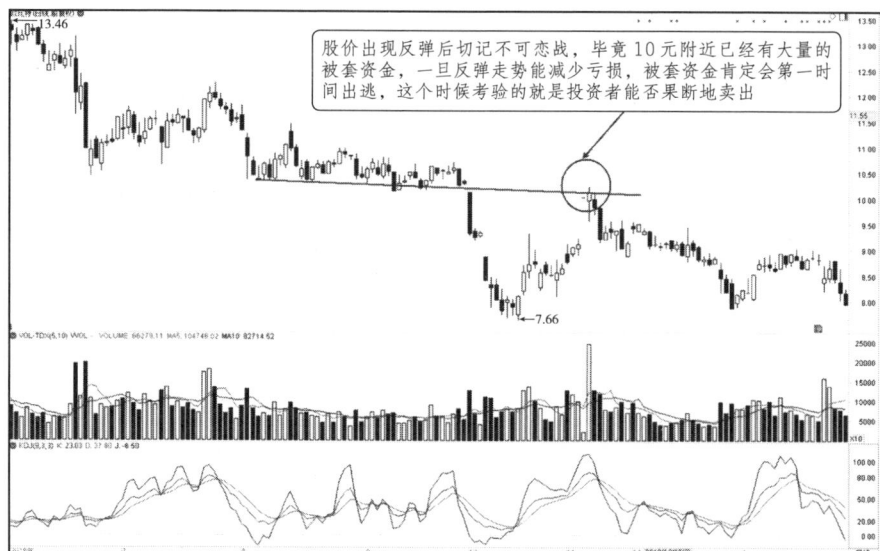

图 2-59　欧比特股价反弹走势图

采取波段操作降低成本的解套方法，一来可以避免频繁操作产生失误；二来股价已出现了不小幅度的反弹，收复了不少失地。此时，不管是采取换股操作，还是在原个股上对部分套牢资金采取高抛低吸降低成本的策略，都可以帮助投资者具备良好的心理基础，让后市的操作更加灵活，逐步地化被动为主动。

喜欢依据大势操作的投资者亦可以采取此类方法。

如图 2-60 所示，成交量密集区一旦跌破也将是重要的阻力位，阶段性止跌企稳，出现上行走势。当股价再次来到此位将面临重大阻力，初次上攻很难实现突破，易出现上攻回落的走势。对于已进行解套操作的投资者而言，此时便是波段操作采取高抛的好时机。

图 2-60　上证指数 2010 年 6 月至 2011 年 3 月走势图

总之，解套的方法众多，无明显的优劣之分，适合自己且有效的方法便是最好的方法。

【学习温馨小提示】

寻求解套，是陷入被动后的无奈之举。

要清楚自己的战略，以及最初买入的依据。

如果当初就是为了做短线的，那被套后该如何处理？如果股价没破位，还可先持有一下；如果破位了，止损为上。

如果是做中线、中长线的，那就要研究基本面是否有变化、市场环境如何。如果基本面未变，则可以考虑在股价和市场有企稳迹象时适当加仓，摊低成本。

操
盘
手
记

从资本市场盈利模式得来的感悟

从资本市场的盈利模式中感悟——轻松快乐的生活模式到底是什么？寻找到属于自己的盈利模式，这是在资本市场中要做到的。不过你是否思考过，你需要用什么样的模式生活呢？依然是盈利模式吗？显然不是。生活跟盈利是不挂钩的，生活就是要轻松快乐。你说，我们在现实生活中是否需要寻找属于自己的轻松快乐的模式呢？

生活要变得轻松快乐，首先要思考的是，什么才是属于自己的快乐，不同阶层的人可能对此就有不同的定义。

去旅游度假吗？这无法成为常态，也不是生活的全部。所以，这肯定算不上是轻松快乐的模式，这只能说是其中的一个组成部分而已。

我们只有让自己的心情变得轻松快乐，才有可能让生活变得轻松快乐。此时，我们不禁会思考，在生活中，如何才能让心情变得轻松快乐呢？阿Q精神的自我催眠固然能起到一定的作用，但这并不能持久，最终还是需要真正意义上的轻松快乐才行。或许只有将工作、爱情等处理好，让自己较为满意时，生活才能真正变得轻松快乐。

因此，生活中轻松快乐模式的建立，需要在工作与爱情双丰收的基础上才能更好地实现。当然，有些人即便没有这样的基础，也生活得轻松快乐，那样的人是非常纯朴、天真的。

工作和爱情都是面包，是生活中的基本需求，如果这两点无法达到我们的要求，其余方面是很难达到良性状态的。就好像你想去旅游一样，如果没有很好的经济基础支撑，玩得舒心是无从谈起的。再比如，如果你想让生活环境好一些，如果没有很好的经济基础支撑，住得舒适也是无从谈起的。

在对工作和爱情都较为满意的状态下，我们就要去思考，到底什么样的生活才能让自己轻松快乐呢？当然，这必须要结合自己的真实情况，工薪阶层与亿万富豪之间的生活肯定是有差别的，对生活轻松快乐的理解与定义必然是有较大差距的。

我一直在想，让自己的生活轻松快乐的模式到底是什么？可能就是听音乐、看动漫吧。就是这么简单，这就是让我的生活轻松快乐的一种模式。

说到这里，我突然想到，其实大众在生活中都能接受的轻松快乐模式，才具有恒远的价值。从群体角度来说，这跟资本市场盈利模式的价值，显然是相反的。

总之，生活中轻松快乐的模式需要对大众普遍适用才是有价值的，资本市场的盈利模式于小众有益才是有价值的，就是这么简单。

03

吴氏盈利系统三乐章

乐章一：吴氏盈利系统入门——基础认识

F10 提炼——基本面分析是入行的开山石

F10 的基础认识

相信大家都知道建立 F10 系统要经历"有招"的过程，最后才能达到"无招胜有招"的境界。F10 中本应有 16 个大环节，除去"风险因素"（因其内容基本都在"公司大事"或其他环节上重复，为避免太多重复而除去），只有 15 个大环节，在具体研究过程中，按照从"恋爱"到"结婚"的过程，共分成 10 个部分，分别是：

①第一印象（最新提示与公司概况）。

②开始了解（股东研究）。

③深入了解（主力追踪）。

④继续深入（公司大事与行业分析）。

⑤回归现实（股本股改）。

⑥接触家长（高层治理）。

⑦了解家底（经营分析）。

⑧综合比较（财务分析、公司报道、百家争鸣与港澳分析）。

⑨潜在能量（分红扩股）。

⑩全面感知（关联个股）。

F10是我们操作股票软件时经常接触但又常被大多数人忽略的地方，其涵盖的范围很广（具体如图3-1所示），包括公司概括、股东研究、主力追踪、行业分析、高层治理、财务分析、公司报道、百家争鸣、分红扩股等，可以说是上市公司基本面的一个大综合。

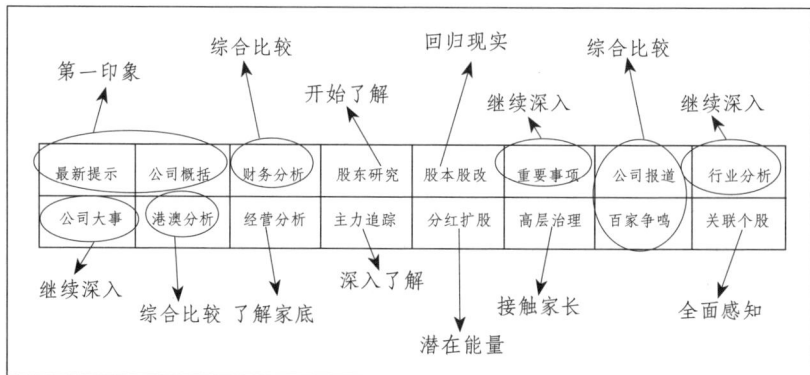

图 3-1　F10 各栏目总括图

很多人可能只是找到上述栏目中几个自己认为能看得懂的，或者自己认为较重要的看一下就算了。但是，蜻蜓点水式的阅读，一是无法帮助我们进行系统化的研究；二是很容易让我们忽略真正有价值的基本面信息。重视基本面，其实就应该从重视 F10 的阅读与研究开始，这里的信息虽然是公开的，但其中是大有乾坤的，懂它们的人很容易就能够从中挖掘出真正有价值的基本面信息，从而在具体博弈的过程中占据先机。

我们不妨系统地看待 F10，在《操盘论道入门曲：看透 F10》中，我毫无保留地把自己研究 F10 的系统方法展示给读者，希望读者通过书中由浅入深、由点到面、由远及近的剖析方式，感悟并掌握 F10 系统，这将会给你的投资带来巨大益处。

虽然不一定最优，但这是为了研究起来更具系统性和章法而设立的，不是说一定要按照这样的顺序去研究 F10。这里的思路很简单，作为系统的建立先要"有招"，等达到一定境界时，就能"无招胜有招"了。怎么做都可以，但切记当自己还没达到那个境界的时候，需要"有招"。

【学习温馨小提示】

F10 系统性内容参见《操盘论道入门曲：看透 F10》。

吴氏盈利系统理论基础——把握价值

透过交易价值与本身价值的轮回把握实战机会

股市上涨，说"估值合理或过低"；股市暴跌，就说"归根结底还是估值过高"。这是一般机构面对大众投资者最常见的说辞。

涨的时候，什么都是合理的；跌的时候，什么都是不合理的。但是，不管如何，价格总是围绕价值转，虽然有时偏差比较大，但我们还是需要探寻真正的价值究竟是什么。

按照目前传统的观念，市盈率高低往往是判断价值合理与否最重要的因素，太高则价值不合理，低了则价值合理。市盈率是多少时才是合理的呢？这又是一个很难一下子道明的问题。在不同的环境、不同的市场中，往往就会有不一样的评价标准。

在进一步探讨股票价值之前，我们是否可以先回到一个真理上来：投资股票就是投资它的未来。就好像投资一些传统行业一样，不就是投资它的未来吗？比如，你判断未来服装行业会大有可为，那么，你完全可以通过你的资金或者人力介入该行业，去把握该行业蕴藏的机会。而你初期投入的资金、人力多少及未来收获的回报大小，则取决于你对该行业的熟悉程度及你是否具有比较好的前瞻性眼光。

如果你不是特别熟悉该行业，而只是知道该行业的未来，那么你介入的成本可能就会相对比较高，而且最终得到的回报也会相对比较少。如果你比较熟悉该行业，同时也非常清晰该行业的未来，那么，你介入的成本则会变得相对较低，同时最终得到的回报也会相对比较多。如果你不仅熟悉该行业，同时也有非常好的前瞻性眼光，敢于在大部分人都还没有深度介入的时候就先进去，那么，你最终就完全有可能在该行业中获得相当重要的地位和相当高的市场份额，从而最为充分地获取该行业的回报。

当然，我认为，介入多少成本及是否对未来有准确的判断，将是影响你获取多少回报的两大最关键的要素。道理并不复杂，介入成本太高，会压缩你的利润。比如，你介入该行业的成本是 200 万元，而熟悉该行业并懂得运作的人仅需要 50 万元的成本。同样是介入，但各自的成本有非常明显的差异，这将直接影响你的企业在这个行业发展过程中的竞争力。就算你们的企业发展得一样快，但用最终的利润减去介入成本也可以明显地看出，别人的企业在发展过程中更占优势。而对未来判断的准确度，则会影响企业的发展速度。比如，你认为今年该行业中某个产品的销量将为 1000 万件，你根据这个估量定下产量；而另一个人则认为有几个因素完全被你忽视了，今年这个产品的销量将达到至少 1 亿件，所以他制定了非常积极的生产策略，最终的市场需求量也确实达到了 1 亿件以上。结果会如何，谁的企业的发展速度会更快已经不言而喻了。因此，对未来判断的准确度也非常重要。

或许说得有点远了，回到股票上来，道理其实是相通的，毕竟投资股票本质上就是投资该股票所代表的股份公司的未来。因此，按照刚才的思路，公司所处行业的发展，以及其未来可能占据的地位，应该成为你投资时两个非常重要的判断指标。对这两个判断指标分析得越准确，你最终得到的投资成果就会越丰厚。

下面是我自己把握价值时的思路，如图 3-2 所示。

价值包括内在价值与交易价值，在熊市中我们需要看的更多的是静态价值，但是也不能忽略动态价值。同理，在牛市中我们需要看的更多的是动态价值，但是我们要明白静态价值。

对于本身价值，我们需要明白影响它的潜在要素是什么，通货膨胀或通货紧缩是影响它的潜在要素。

```
┌──────────────┐
│  了解本身价值  │
└──────┬───────┘
       ▼
┌──────────────────────┐
│ 熊市更多看静态但要明白动态，牛市 │
│ 更多看动态但要明白静态        │
└──────┬───────────────┘
       ▼
┌──────────────────────┐
│ 通货膨胀或通货紧缩是影响      │
│ 本身价值的潜在要素         │
└──────┬───────────────┘
       ▼
┌──────────────────────┐
│ 把握本身价值除了看市盈       │
│ 率，也要清楚通货的状况       │
└──────────────────────┘
```

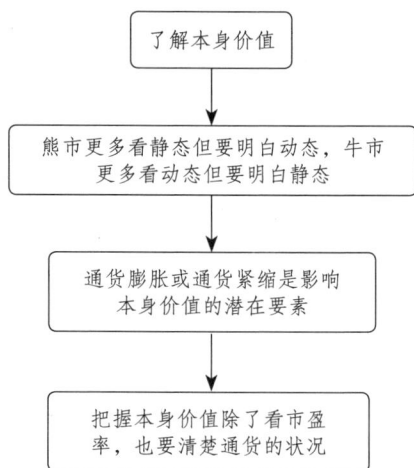

图 3-2　把握价值的思路图

因此，我们在研判股票的本身价值时，需要切记有一点：研判价值时，除了看市盈率，也要结合其所处的宏观经济环境，清楚当时的通货状况是紧缩还是膨胀。

把握本身价值时，我们需要切记的是别忘了净资产。如图 3-3 所示，净资产是所有者权益，指所有者在企业资产中享有的经济利益，其金额为资产减去负债后的余额。如果重置成本大于其净资产，请记住，就长期而言，这就是潜力股，也就是我们需要重点关注的了。简而言之，这也是我们的投资机会。当然，我们在介入时也要结合其形态去分析。为什么这样说呢？相信大家都有这种体会，我们好不容易抓到好的品种，但是，潜伏进去后，此股行情却不一定会马上启动，它有可能会有一个反复调整、震荡的过程，甚至不排除还有大幅度下调的可能。虽然中长期看好，但是当前不明朗的形势可能会损耗你的时间或让你面临不必要的风险。

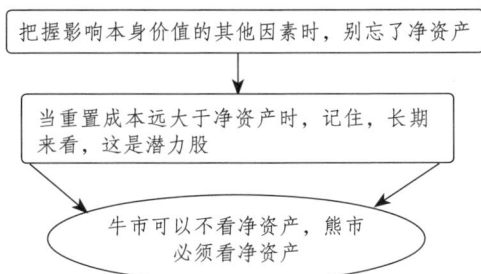

图 3-3　熊市牛市与净资产关系图

如图 3-4 所示，交易价值形成时，往往是市场资金较为充裕的时候，即此时常是资金为王，那么此时以技术面为指引的操作原则为主，因为在普涨的情况下，技术面较好的往往更能得到资金的青睐；同时，强势品种有望形成强者恒强的局面。

交易价值一旦形成，我们的操作就要遵从技术面上的指引；交易价值一旦形成，技术面就要优先于基本面，但这并不代表基本面不重要，结合基本面会给我们提供更多的想象空间；交易价值一旦形成，我们要做的就是顺应趋势并牢记强者恒强的道理，这个时候，我们就要多一分坚定。

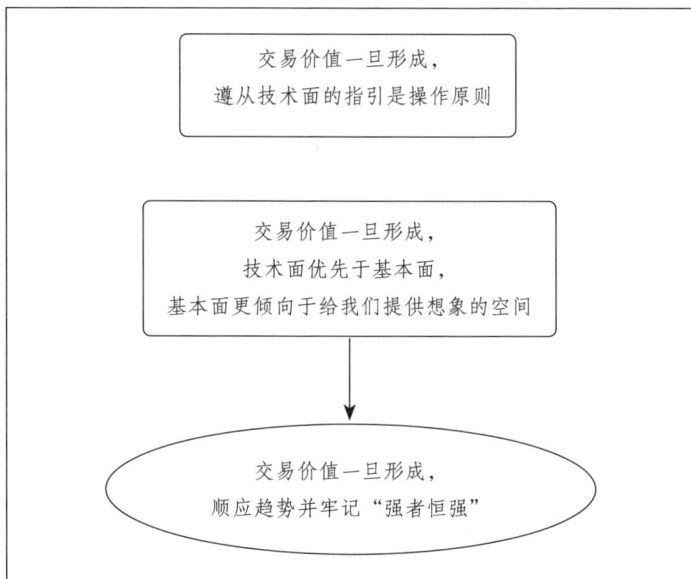

图 3-4 交易价值示意图（一）

从图 3-5 中我们可以十分清楚地看到，研判交易价值何时结束，可以根据市场上流动性是否充沛来判断市场流动性充沛与否，我们可以密切关注市场形态与成交量等信号的变化来做出判断。

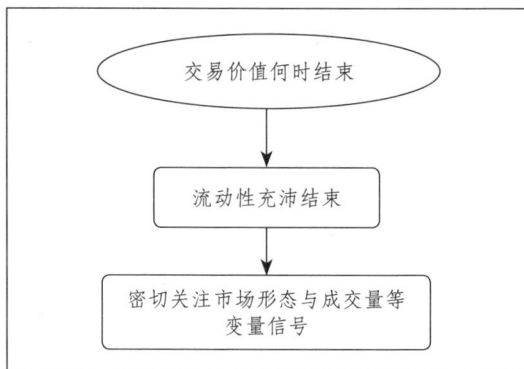

图 3-5 交易价值示意图（二）

股价"破净"（见图3-6）之后，会呈现出来的是陷阱还是金矿，我们该如何研判？这就是我们该如何避免落入陷阱及怎样寻找金矿的一些思路。

如图3-7所示，我们需要记住，"破净"往往在熊市发生的概率较大。那么，我们该怎样在熊市中掘金呢？请记住"破净"品种掘金的三大原则：首先，企业安全第一，有些背景最好；其次，"破净"品种所属行业要安全；最后，注重经营安全，坚决回避ST品种。

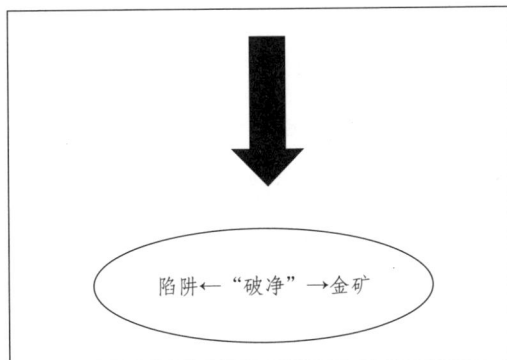

图 3-6 "破净"示意图

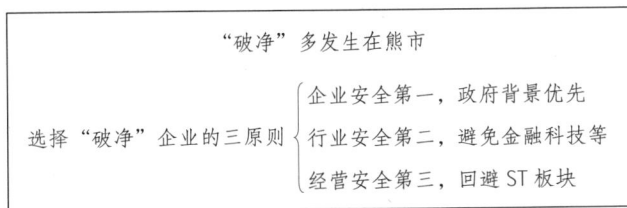

图 3-7 选择"破净"企业的三原则

【学习温馨小提示】

关于"破净"的机会，在"吴国平操盘论道五部曲系列丛书"中也有详细论述。

看透成长股因子的几大奥秘

面对成长性的大牛股，我们需要清楚的是其本身价值是动态指标，变动带来前瞻性与战略性。成长性是内在的能量，无法估算，但能对比具体企业来衡量；成长性建立在实在的基础上，冷静剖析才能找到成长股。投资成长性的公司要有长远的眼光。

成长性大牛股的三大奥秘：第一，其具有资产收益率高增长的持续性；第二，不低于 8% 的净资产增长率是适合的高增长率，持续性超过 20% 以上的高增长将带来奇迹品种；第三，流通股的年平均扩张速度介于 1 ~ 2 倍之间是比较理想的。虽然，不一定所有具备高成长性的品种都必须符合上面的标准，但只要符合上面的标准，成为成长性大牛股的概率将极大。

资本市场的一个特点就是透支未来，如果市场认同该企业十几年或几十年后的前景，那么，此时必然会产生疯狂的交易价值。本身的价值未必能达到当下的状态，但市场的想象可以让其交易价值达到未来有可能实现的价值区域。有梦就有一切，高成长性的企业就会让人产生坚定的梦。有了梦，独立行情还不简单吗？而当梦实现的时候，变得更独立、更具成长性的企业带来的绝对是良性循环。

　　成长性大牛股调整的三大规律：第一，阶段性调整极限不超过50%；第二，调整多以急跌的形式展开；第三，调整过后的新高多以慢涨的形态展开。上面三个规律也是三个特点，我们心中有了这些概念后，面对类似这样的问题时，心中至少会多一些经验，多一些智慧，多一些感觉。这在具体的操盘过程中，有时候是至关重要的，这也是形成系统的过程中必不可少的一个环节。

　　由于成长性大牛股本身的价值突出，其交易价值的减弱会比大盘滞后，但其交易价值增强则会比大盘提前。成长性大牛股不常有，一旦拥有，不妨长期配置点仓位在其中，享受那种长期的成长性带来的令人惊喜的感觉。成长性大牛股最大的魅力就在于其长期复利增长的幅度，有时候其涨幅让人难以置信。

　　成长性大牛股具有上述的奥秘与调整规律，而那些较为平庸、成长性不突出、跟随股指波动的品种的特点与成长性大牛股的特点相反，但值得注意的是，非成长性品种的特点不仅仅包含与成长性大牛股的特点相反的特点。

吴氏盈利系统理论基础的深入——把握形态系统

　　有人说投资股票要靠消息，特别是内幕消息。没有了内幕消息，投资股票就会亏钱。消息的重要性固然不可否认，但是殊不知，消息真真假假、虚虚实实，试问有几个人是靠消息真的赚到了大钱的？在我看来，投资者投资股票不一定靠消息，有消息也不见得能赚钱。因为大家都知道，消息毕竟有真假之分。真的消息不一定能让你赚钱，但是假消息一定会让你亏钱。一些消息只能作为我们的一部分研判依据，而不是全部，所以不要太纠结于消息了。那么，对广大投资者朋友来说，最为可靠的是什么？在我看来，最为可靠的就是形态了。当然，有的人会疑惑不解，会问：主力有可能会做出各种"美丽"的形态，吸引大批投资者进入，然后获利了结。这种情况下，"形态"还有意义吗？这种说法固然有其道理，但殊不知，这种在主力大肆吸筹与肆意出货阶段所出现的形态，也是形态的一种。这就要求我们灵活地变通，而不要将思维模式固定住。

众所周知，技术分析经典的三大理论依据中最为核心的就是市场行为反应。根据我多年的实战经验，可以引申出这样一个结论：任何股价的走势形态都可直接反映和包含上市公司股票的内在信息。因此，我们好好研究股价的走势形态可以在我们进行实战操作时，让我们对其整体有很好的把握。至少在我看来，只要你认真地研究、不断地总结并做出实际行动，相信当你经过由量变到质变的过程后，赢的概率极大。

那么，何为形态类技术分析？根据字面上的解读，形态类技术分析就是根据价格图表中价格在过去一段时间内走过的轨迹形态，来预测股票价格未来趋势的方法。通俗解读，形态就是股价走势运行的基本规律。简而言之，股价所蕴含的内在信息都反映在其股价运行的形态之中。

股价走势的技术形态究竟有哪几种呢？经典理论中技术形态总的来说分为五大类，看似很多，但将五类归纳起来其实只有两类：顶部形态与底部形态。

　　顶部形态的构筑时间相对较短，因为，顶部形态一般是主力派发手中筹码的阶段，当然不可能让别人有太多反应的机会。一般而言，其构造顶部形态的时间不会太长。底部形态的构筑时间相对较长，相较顶部形态的剖析，要反其道而行之。如果说，底部形态要按年线图、月线图、周线图、日线图顺序剖析的话，那么，顶部形态则需以日线图作为剖析的起点。

【学习延伸】

　　形态是市场合力的结果，越大级别的形态越具有参考价值。

　　形态（包括量价、流畅性等）越标准，说明市场内在的合力越强，这样的个股更容易得到其他新进资金的认可。

头肩顶形态

　　从图 3-8 中我们可以清楚地看到这是一个典型的头肩顶形态。一般来说，头肩顶形态出现在一波上涨行情的末端，是一个较为可信的看跌形态。从图 3-8 中我们清楚地看到，其头部形成的时间相对较短，这跟头肩底是有区别的（头肩底形态会在下文中做重点介绍）。另外，从图中我们可以看到其形态是由左右两个肩共同扛起了一个头部形成的。有一点需要我们注意的是，头肩顶形态中，左肩顶部的成交量一般情况下是较大的，而其后两个顶部的成交量呈逐步递减趋势。这对于我们研判头肩顶形态是一个重要参考。当然，有的时候成交量也并非会完全按照这样的趋势逐步减少，只是大的趋势相似，我们没必要太纠结于此。而且，任何形态形成前的大环境都很关键。在分析头肩顶形态时，我们要注意以下几点：

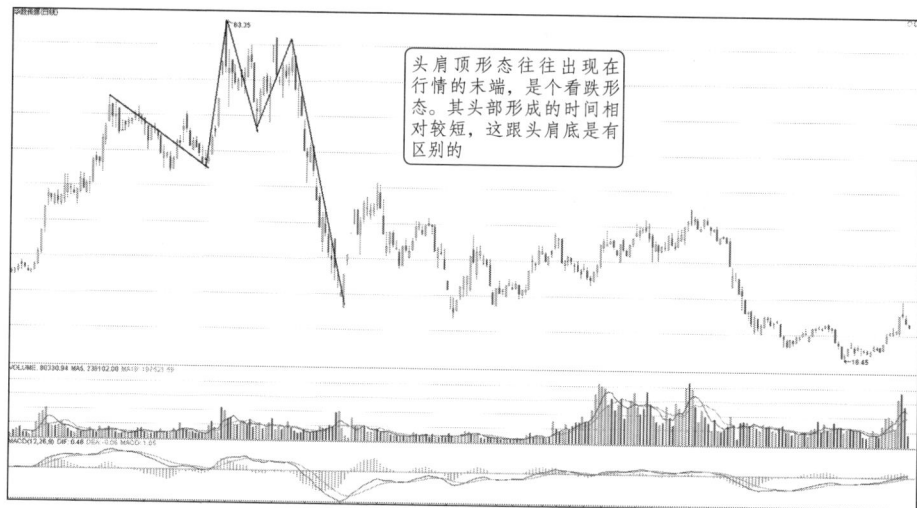

图 3-8　头肩顶形态走势图

①注意突破的成交量，有时头肩顶在突破过程中并不一定需要成交量。

②头肩顶反抽就是垂死挣扎，此时将成为最后认输走人阶段。

③在头肩顶形态中，大周期图大多数时候起到配角作用。

头肩底形态

从图 3-9 中我们可以清楚地看出，头肩底的底部形态形成时，中线的空间是非常广阔的。从图中我们还可以看到，左肩的成交量相比底部和右肩的成交量小，右肩之所以要有成交量配合，是因为在右肩

放量有效突破关键的颈线位时，如果能得到有效量能的配合，头肩顶
形态形成后的主升浪将异常喜人。

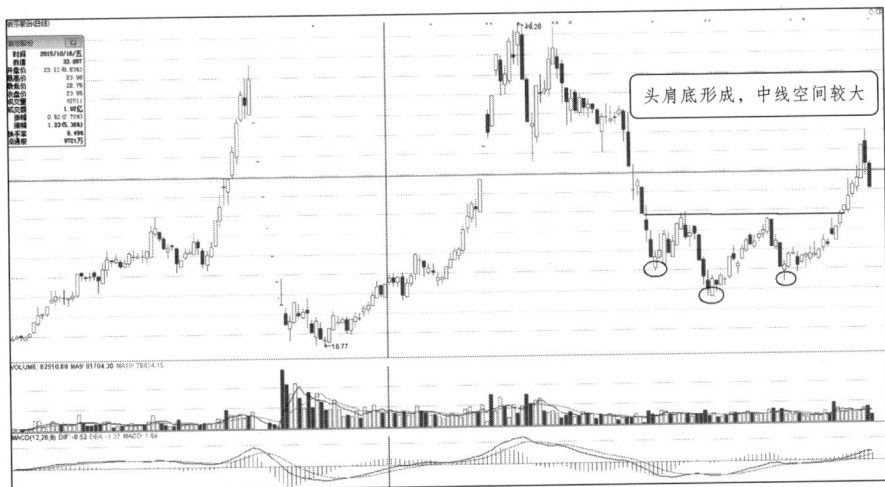

图 3-9　头肩底形态走势图

从图 3-10 中，我们不难总结出这样几点：

①头肩底时间跨度够大，威力绝对惊人。

②头肩底的成交量对突破后的威力影响也很大。

③从周线图上去发现大的形态，拒绝迷惑。

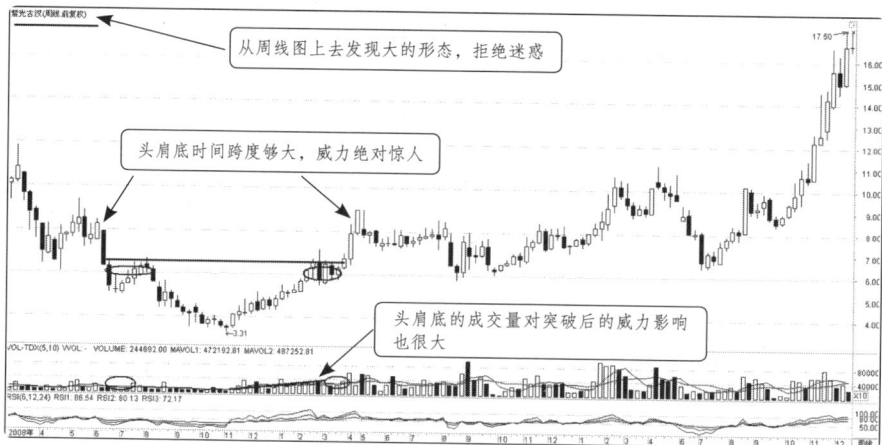

图 3-10　紫光古汉头肩底形态走势图

注：自 2015 年 5 月 4 日，该公司股票简称由"紫光古流"变更为"*ST 古汉"。自 2016 年 4 月 12 日起，该公司股票简称由"*ST 古汉"变更为"启迪古汉"。

【学习温馨小提示】

头肩底是比较常见的底部形态，这种走势会带来比较高的成功率，值得深入研究。内容详见《操盘论道深入曲：抓住形态》。

圆弧底形态

我们可以将圆弧底看成两大部分：圆弧的左半部分与圆弧的右半部分。左半部分是跌的过程，右半部分是涨的过程，一个比较流畅，一个比较曲折。涨的过程，尤其是在面临突破时，会不可避免地出现反复。只要能保持相对强势，成交量也能出现明显放大，但最终一旦突破上去，上涨的空间就会更广阔。

圆弧底的最小量度测量方法是：最小量度涨幅为底到颈线位的

垂直距离。同时要记住，判断圆弧底形态是否有效形成的两点经验（即技术原则）：一是突破颈线位置超过3%；二是站上颈线位超过3个交易日。最后务必明白，圆弧底形态是建造摩天大厦最好的基石之一。

但是，不论出现哪个周期的圆弧底，我们都会面临是否提前潜伏与是否突破后大胆跟随的问题。把握好这两点，不仅需要耐心，也需要勇气。当然，最重要的是对圆弧底形态有信心。只要清楚自己在干什么，有充足的理由支持自己，就没有必要犹豫了。

圆弧底看起来挺简单，但要想真正把握住、把握好，大格局的视野是必不可少的。如果眼光短浅，就算看到圆弧底，也肯定会在具体的波动过程中被三振出局。圆弧底并不适合频繁的操作，最好的策略就是，一旦股价按照自己预期的方向波动了，就坚定信心，耐心吃完大波段，这样带来的收益才是最大的。

从图3-11中我们可以清晰地看出，一个大的底部圆弧底形态为后面波澜壮阔的行情奠定了坚实的基础，上证指数最终达到6124点。这当然不全是该圆弧底的威力，还有其他因素在施加影响，但至少可以说明圆弧底形成带来的连锁反应的威力相当恐怖。圆弧底形态一旦确认，我们做多的大好时机就到了。在确认是否属于真正的圆弧底时，我们需要切记的一点是，一定要有成交量的配合，量能是研判圆弧底形态的一个非常重要的参考因素。图3-12也反映了这一情况。

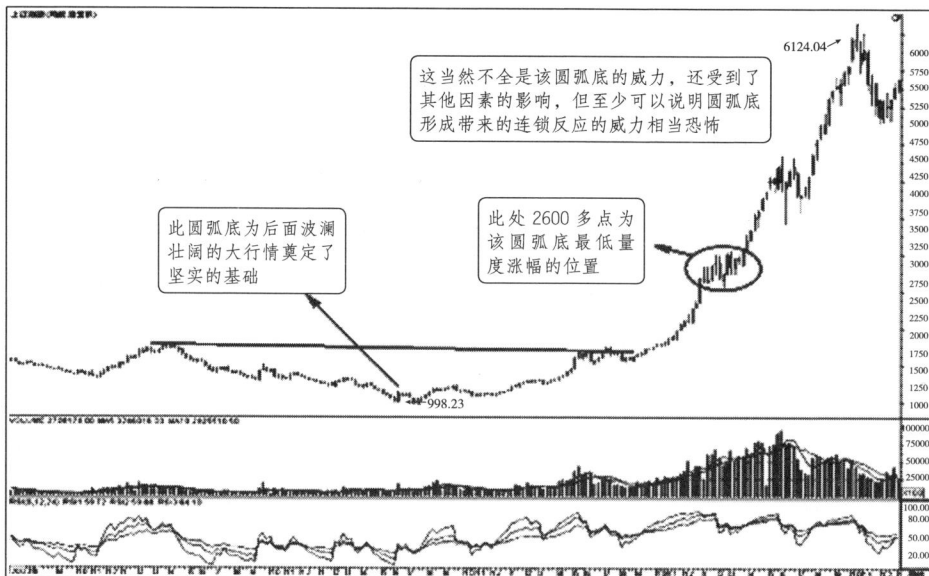

这当然不全是该圆弧底的威力，还受到了
其他因素的影响，但至少可以说明圆弧底
形成带来的连锁反应的威力相当恐怖

此圆弧底为后面波澜
壮阔的大行情奠定了
坚实的基础

此处 2600 多点为
该圆弧底最低量
度涨幅的位置

6124.04

-998.23

图 3-11　上证指数圆弧底形态走势图

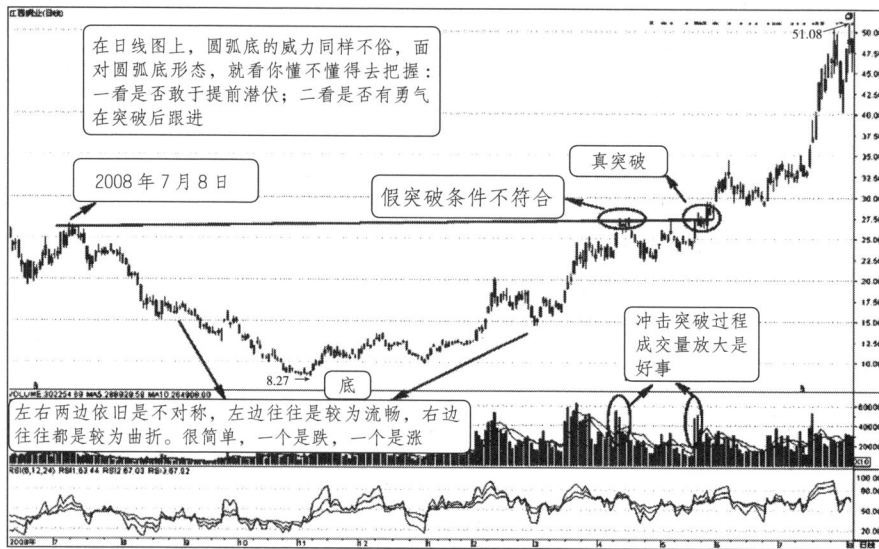

在日线图上，圆弧底的威力同样不俗，面
对圆弧底形态，就看你懂不懂得去把握：
一看是否敢于提前潜伏；二看是否有勇气
在突破后跟进

2008 年 7 月 8 日

假突破条件不符合

真突破

51.08

冲击突破过程
成交量放大是
好事

8.27　底

左右两边依旧是不对称，左边往往是较为流畅，右边
往往都是较为曲折。很简单，一个是跌，一个是涨

图 3-12　江西铜业圆弧底形态走势图

【学习温馨小提示】

圆弧底是最有威力的底部形态之一，一旦形成，往往就是"吃肉"的机会。

圆弧底的级别越大，带来的机会级别也就越大。

持续形态（中续形态）

中续形态是由三角形演变而来的，要充分理解三角形的本质及其演变的形态。中续形态的最终方向跟前期趋势方向是一致的（见图3-13）。

我们需要做好五点，来把握好三角形及其演变形态的运用：第一，看清楚大的趋势；第二，看清细分三角形态；第三，多种三角形态都适用时，心中要知道最极端的结果；第四，防范假突破，一旦有效突破，就顺应趋势；第五，中续形态是三角形特点时，追涨要有勇气，杀跌要有决心。

中续形态虽然看起来挺多，但旗形是绝对的主角。在分析时，要注意形态第一，成交量第二，要看透成交量的本质。

从图3-14中我们可以清楚地看到，非常具有杀伤力的岛型反转形态的形成，往往就是大转折的信号，疯狂、天量、假突破是其三大特征。我们需要切记的是，一旦岛型反转确立，应该毫不犹豫地出局。

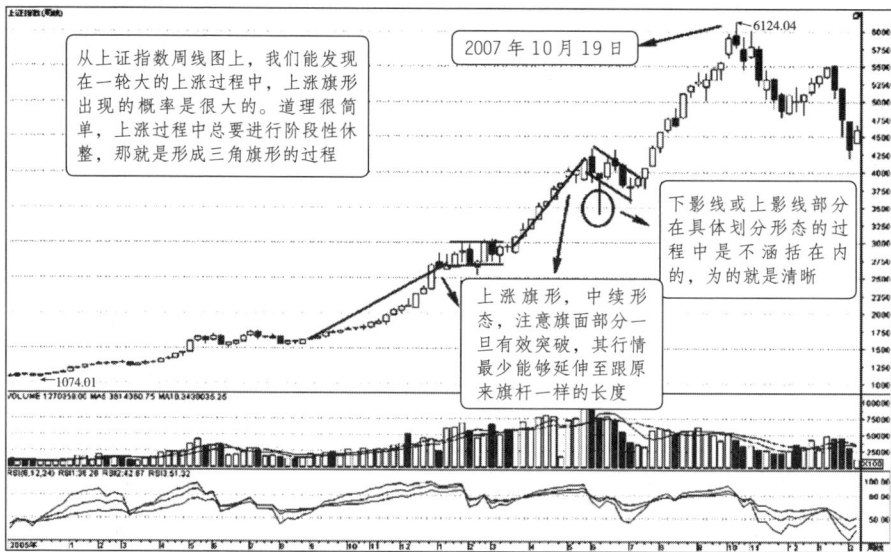

从上证指数周线图上，我们能发现在一轮大的上涨过程中，上涨旗形出现的概率是很大的。道理很简单，上涨过程中总要进行阶段性休整，那就是形成三角旗形的过程

2007 年 10 月 19 日

下影线或上影线部分在具体划分形态的过程中是不涵括在内的，为的就是清晰

上涨旗形，中续形态，注意旗面部分一旦有效突破，其行情最少能够延伸至跟原来旗杆一样的长度

图 3-13　上证指数 2006 年 1 月至 2008 年 2 月持续形态走势图

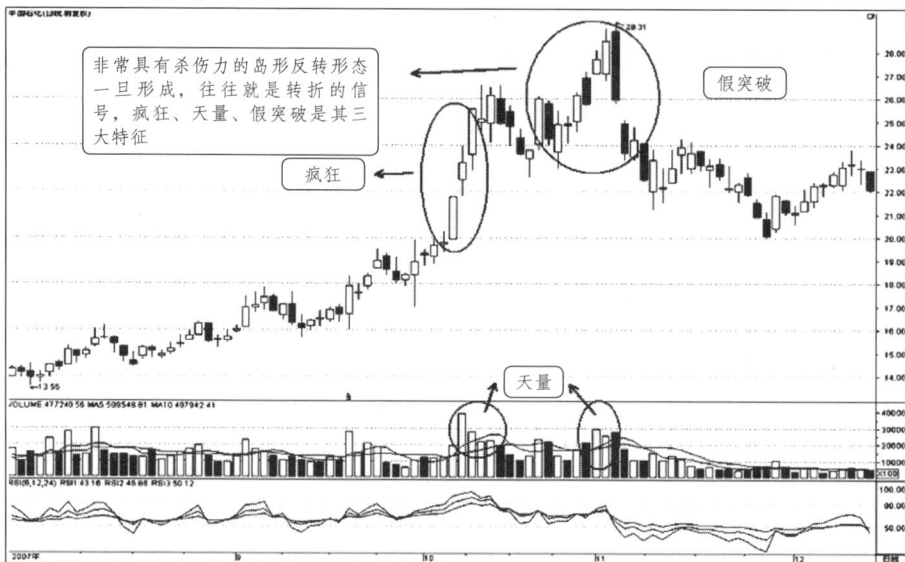

非常具有杀伤力的岛形反转形态一旦形成，往往就是转折的信号，疯狂、天量、假突破是其三大特征

疯狂

假突破

天量

图 3-14　中国石化 2007 年 9 月至 2007 年 12 月岛型反转形态走势图

顶部岛形反转的三个特征——疯狂、天量、假突破，务必要记住。学会综合之前的状况来判断，过于独立的判断是错误的。当然，向下突破缺口是不可或缺的，或者说是一个突出的具体表现。判断岛型反转其实并不难，然而当局者迷。切记，越疯狂越要跳出来看市场，透过顶部想到底部。

【学习温馨小提示】

中继形态，本身已经有趋势做支撑了。在上涨趋势中，出现中继的形态，大概率会延续原来的趋势。这就是趋势的力量。

当然，中继形态对形态的标准性、量能等细节的要求相对严格，这样才会让成功率更高。

吴氏盈利系统理论基础的升华——看穿盘面

盘面的内容虽然包罗万象，但归根结底反映的还是具体市场或具体品种的波动。透过盘面波动去看透其本质，这不仅需要长期经验的累积，更需要系统地去剖析波动背后的真相。盘面上的功夫是要落到实处的，容不得半点虚假。

关于看穿盘面的总结具体如下：

① "盘面的基本交易思路"，这里通过如何把握好市场的感觉及市场的脉络等内容，建立起对盘面系统的基础认识。把握好对市场的感觉与脉络是盘面分析的基本要素，具体的策略与心得则是把握好盘面

的辅助功夫。这一点重在理解，其意义是建立盘面系统的地基。

②"盘面系统逐个击破"，这点展现的是我过去积累总结出的如何看大盘及把握强势股等看具体盘面特征的心得，再结合案例深入剖析所显示出来的成果。其中每一小节内容在具体实战过程中都具有很高的价值，需要读者用心体会和感悟。

③"避风港"及强势品种中的操盘思路，掌握好这些就会对市场盘面的理解有更高的认识。

④"盘面运用的三把宝剑"，内容涉及上下影线、缺口及时间窗口三大领域。研究上下影线是我认为研究 K 线过程中最为关键的环节。在这一环节上攻破一条 K 线，其他 K 线就能触类旁通了。因此，要把这里作为系统中一个重要武器来对待。缺口很普遍，但很多人却不太明白缺口背后的具体含义，有些在特定环境下出现的缺口对研判和把握市场常常能够起到奇效。因此，我也把它列为系统中一个重要武器对待。时间窗口带有相当的神秘色彩。在这块上较大一部分投资者要么是钻牛角尖，走进死胡同；要么就是只知其一，不知其二，认识肤浅。通过对长期操盘经验的总结，我在这里尝试着为读者揭开其神秘的面纱，让它也成为盘面系统中一种不可或缺的重要武器。

下文是"看穿盘面"最为精华的部分：直击盘面的三剑客。

所谓盘面三剑客，相信看过我的书的朋友，应该都知道三剑客依次为：带长上下影的 K 线、缺口、神奇的时间窗口。虽然只有几点，却是我从多年来的实战操作经验中总结而来的。虽不敢说你掌握了就会百分之百盈利，但是，至少在我看来，你只要用心吸收、不断总结，经历过一个由量变到质变的过程后，对盘面的把握就会有质的飞跃。这也就是三剑客直击盘面的魅力与价值所在。

带长上下影的 K 线

带长上影的小阳线：多方试探性上攻但被空方反扑，收获有限，最终仅以微弱优势取得胜利。

带长上影的中阳线：多方试探性上攻，虽然空方反扑较为厉害，但多方整体依然取得一定优势，并获得最后胜利。

带长上影的小阴线：多方试探上攻，但空方反扑较为厉害，多方无功而返，最终空方反而以微弱优势取得了最后胜利。

带长上影的中大阴线：多方试探上攻，但空方猛烈反扑，多方最后不仅无功而返，而且还节节败退，最终空方以占据明显或绝对优势取得胜利。

带长上影的十字星：虽然多空双方最终打成平手，但多方在这个过程中上探的空间较大。

带长下影的小阴线：空方试探性出击，但多方反攻，收获有限，最终仅以微弱优势取得胜利。

带长下影的中阴线：空方试探性出击，虽然多方反攻较为凶悍，但空方整体依然取得一定优势，并取得最后胜利。

带长下影的小阳线：空方试探性出击，受到多方积极反攻，空方无功而返，最终多方以微弱优势取得了最后胜利。

带长下影的中大阳线：空方试探性出击，受到多方的猛烈反攻，空方不仅无功而返；而且还节节败退，最终多方以占据明显或绝对优势取得胜利。

带长下影的十字星：虽然多空双方最终打成平手，但空方在这个过程中下杀的空间较大。

缺口

何为缺口？缺口意味着价格跳过了一段范围，在这个范围内没有任何交易。显示在股价趋势图上是买方和卖方的绝对真空区域。市场上涨时出现缺口，说明缺口内没有卖方，这意味着上升趋势可以全速前进。反之，如果是下跌时出现的缺口，说明缺口内没有买方，这有可能是加速下跌的信号。

◇ 简单阐述几种常见缺口

按照比较经典的缺口种类划分方式，缺口分为四种：普通缺口、突破缺口、持续缺口及衰竭缺口。为何要如此划分，这跟缺口出现在不同的波动阶段带来的影响有关。

普通缺口，往往是在震荡过程中出现的，很常见，没有太大的力量倾斜特征。

突破缺口，顾名思义就是在一些形态突破过程中出现的缺口，它带来比较强烈的方向性选择意义，也就是有比较强烈的力量倾斜特征。

中续缺口，就是发生在中续阶段，跟持续性形态紧密联系在一起的缺口。这种缺口具有明显的中间意味，带有比较强烈的力量倾斜特征。

衰竭缺口，按照字面意思也能大概理解清楚。衰竭缺口就是快到尾声的缺口。这样的缺口往往发生在行情的反转阶段，也就是在中续阶段快结束时出现，它的到来表明一个趋势的力量可能已经到了最后尾声的状态，难以为继，后面将面临随时逆转的可能。

上文对四种缺口进行了简单的阐述，我们还可以将其分为两类，那就是短期回补性缺口及短期不回补性缺口。但是，这样的分类会让人难以具体区分不同状态下的缺口，看起来仅是对四种缺口的简单总结。所以，自己理解即可。在具体研判的过程中，当然是用四种缺口的分类方式为妥。

◇辩证看待"缺口必补"理论

有一种所谓的"缺口理论"中谈到"缺口必补"的原则，意思就是不论是什么缺口，只要其存在，即便短期没有完全回补，长期必然可以回补。围绕这种思路展开的理论与实战的研究解读，确实有一定的道理。但具体实战中，没有绝对，只有相对。有些极端不成熟的市场中出现的缺口是绝对不可能回补的。比如，上证指数100多点出现的跳空向上缺口，就是几乎不可能回补的历史缺口。在我的理解中，"缺口必补"这种说法虽不一定完全准确，也确实有例外，但能够补回来却是常态。为何这样说？一些特定的历史情况会造就特殊的缺口，那些缺口很难回补，或者说不可能回补。不过，长期而言，虽然不敢说所有缺口都绝对会回补，但在正常的市场波动状态下出现的缺口都将回补才是大概率事件。这就是我对"缺口必补"的辩证看法。

道理很简单，市场总有一个周期，有起落，有牛熊交替。若牛市存在没有回补的缺口，一旦回到熊市，在众多空军的打压下，历史的记忆就会浮现出过去交易的真空地带，而那个地带就成了极大的向下牵引力，这种引力就如地心引力一般，会逐渐把落地运动吸引到缺口地带，最终完成回补动作。相反，如果是熊市留下的缺口没有回补，一旦到了牛市，具体向上的牵引力必然能够使其回到交易真空地带，从而最终完成缺口回补动作。

因此，长期而言，上升过程的缺口是必然会回补的。因为，长期的格局就是螺旋式的上涨过程，社会具有这样的规律，资本市场也必然是如此。最终，真正无法回补的缺口，绝对是在相对低位形成的缺口，而不可能是相对高位形成的缺口，只有低的才有可能永远无法回补，高的则不可能无法回补。当然，这里的前提是指市场，而不是指具体个股。毕竟，个股需要考虑到破产、退市、收购、兼并等这些特殊事件带来的永远无法回补的缺口的影响。对于几种缺口，我们需要记住的是：在趋势中第一种缺口几乎不可能是衰竭缺口。相对而言，牛市中的衰竭缺口比熊市中更为常见。

在把握缺口时，我们需要注意以下三点：

①缺口大小与能量大小成正比。

②同一时间段内，时间周期大小跟缺口数量成反比。

③寻找有价值的缺口，即市场博弈形成的缺口。

神奇的时间窗口

◇时间窗口的共振

①跨时间周期带来的共振。在研究时间窗口的时候，要高度注意大周期的时间窗口与小周期时间窗口的重叠。一般情况下，不同时间周期的时间窗口重叠越多，共振能量往往就会越大，由此产生的转折

也就越可靠。比如，月线时间窗口开启、周线时间窗口开启、日线时间窗口开启，三种不同时间周期的时间窗口发生了重叠，那么，出现共振的概率将很大，能量往往也会比较大。

②跨波动周期带来的共振。除了要注意跨时间周期的共振现象带来的转折外，我们也要注意在同一时间周期内不同波动周期的时间窗口重叠带来的共振。如何理解？比如，一只品种最高点的34个交易日与其次高点的13个交易日发生重叠现象，两者的时间窗口都已经开启，就形成了共振，重叠的数量越多，能量往往也就越大，大转折的可能性也就越大。

在面对神奇的时间窗口时，稍微懂点技术分析的人都知道这些"神奇数字"，但要运用好却并非一日之功。这是一门看似简单实则奥秘无穷的武功，就好像武侠中常谈到的"无招胜有招"一样，想要达到那种境界，必须有个反复修炼的过程。面对市场，研究思路上的原则为：大盘第一，个股第二。这是我一直以来谈到的原则，在这里也不例外。

当然，在实战过程中，我们并不能否认在市场进入大转折阶段时，依然会有一些走出独立行情的品种出来，这也是市场资金避险的需要。只是，我们要客观地去面对这样的矛盾，毕竟独立的仅仅是少数而已，我们身在其中，是要抓大概率事件的机会，少数机会除非特别有把握才可为之，更多时候都只需欣赏。前文中谈到了避险资金在大转折期间的具体思路，既然学了"时间窗口"，我们在面对部分个股在大转折阶段走出的独立行情时，又多了一个技术上的"确认"工具。

学习，其实就是学会从部分到最后综合的融会贯通的过程，体系也就是这样完成的。就好像做股票一样，要有单兵作战的能力，更要有把握综合战役的本领，这样才能成为常胜大将军，而不仅仅是一个高级散户。

大盘是个综合体，众多关键个股不可或缺，而每一个关键个股就是大盘的关键组成部分。当大多数关键个股的转折都发生在一个特定时期时，市场的转折也就随之产生了。我们研究市场的转折，其实就是研究这些关键个股的转折。关键个股的转折一旦发生群体现象，市场也就随之发生微妙的变化，从而影响到更多的个股，最终全面传导开去。当然，此时也有一些顽强的抵抗者，这其实就是多空双方能量的抗衡，市场总是有多方才有空方，失去任何一方都会少很多精彩，只有双方充分博弈，市场的精彩才能够不断上演。

"时间窗口"有时候犹如冲锋号一样，一旦开启，博弈就将进入白热化的阶段性高潮。没有神奇的"时间窗口"，市场的魅力也很难保持下去。这世界也是如此。只有不断地上演令人惊讶的变化（转折），带来精彩的表演，市场才会不断地进步与发展，投资者的所有付出才有意义。吴氏盈利系统理论基础，也是我自身盈利系统的入门篇，上文所述是我从五部曲中提炼出的精华。只要你真正学习并融会贯通，不断地总结并运用到实战中，相信你盈利的概率是极大的。

【学习小总结】

吴氏盈利系统由四个部分构成：F10、把握价值、把握形态、看穿盘面。相关的详细内容都在"吴国平操盘论道五部曲系列丛书"里。

实战综合操作

上海汽车综合实战操作

◇操盘论道深入曲——抓住形态

1. 基础认识

（1）认清大盘股、中盘股和小盘股。

首先要分清什么是大盘股、中盘股和小盘股。前文说过，市场按流通盘的大小，往往会将股票分成 3 种类型：大盘股、中盘股及小盘股。每个人心中都有一套标准，国内 A 股在全流通的背景下倾向于将 8 亿以上的流通盘称为大盘股，3 亿到 8 亿的流通盘为中盘股，3 亿以下的流通盘为小盘股。

（2）什么叫复杂形态。

形态分为中续形态和反转形态，复杂形态就是一种形态包含着另一种形态，一种形态又连接着另一种形态。在复杂形态中，众多形态相互干扰、又相互影响。

（3）形态等于能量体。

要想理解形态，最重要的就是清楚相互干扰、相互影响的原理。把握能量大小的一般原理为：首先中续形态能量小于反转形态能量，并且小周期形态能量小于大周期形态能量。

能量的叠加与抵消就是形态相互影响、相互干扰的过程。为什么市场不按单一形态波动，而又比单一形态的威力大很多？本质原因就是能量会叠加与抵消。能量守恒，大中有小，大外还有大，没有绝对相同的能量体，只有相似的而已。

2. 实战运作解读

（1）完整周期的组成部分：反转形态与中续形态。

分析周线图让我们的思路简单清晰，让我们的视野更具有全局性。面对形态，我们不妨先从大周期如月线、周线上着眼，再从小处入手。

一个完整的周期包括上涨阶段和下跌阶段两部分，上涨阶段由底部反转形态和上涨中续形态组成，下跌阶段由顶部反转形态和下跌中续形态组成。如图3-15、图3-16所示，简单来说，一个完整的周期就是由反转形态和中续形态组成的。

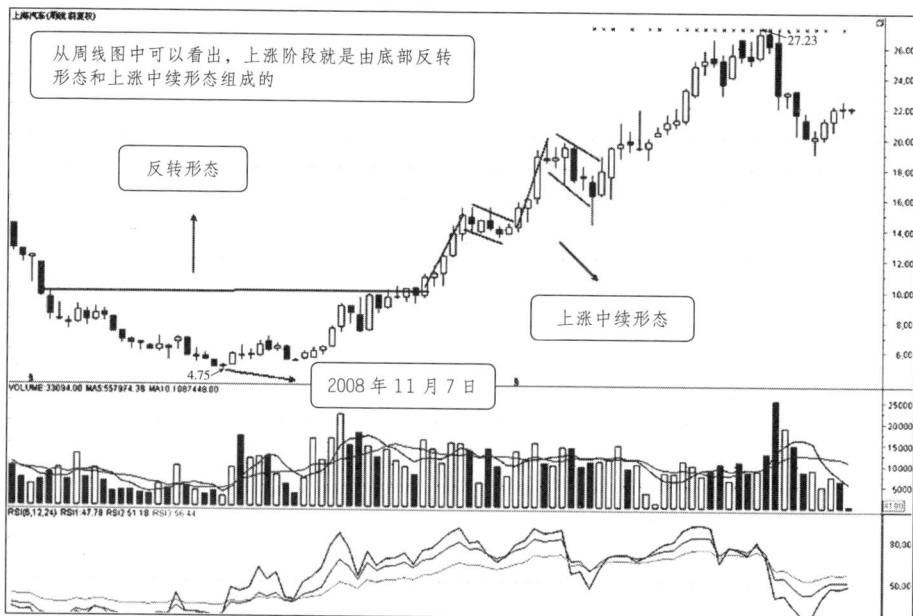

图 3-15　上海汽车周 K 线走势图

注：自 2012 年 1 月 9 日起，该公司股票简称由"上海汽车"变更为"上汽集团"。

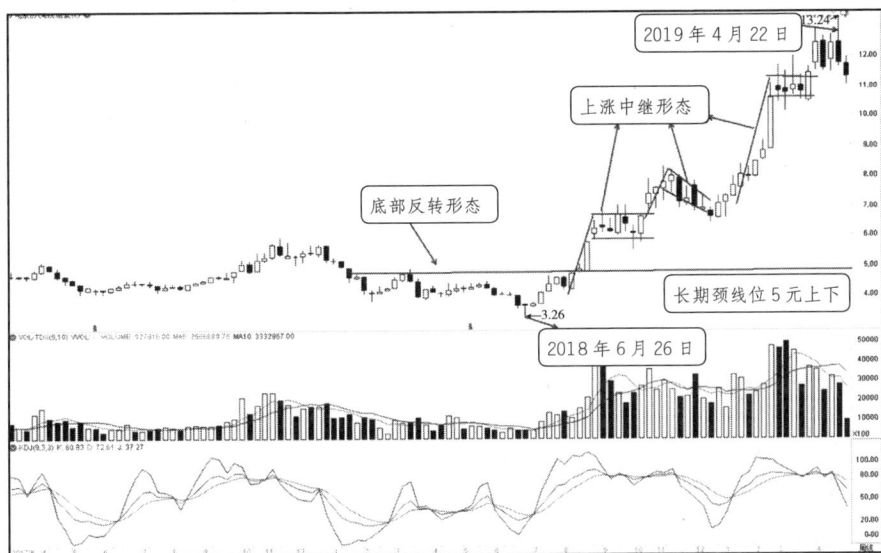

图 3-16　沪电股份 2018 年 6 月 26 日至 2019 年 4 月 22 日周 K 线图

（2）上涨阶段。

从周 K 线图来看，图 3-15、图 3-16 的形态并不复杂。每个上涨阶段都是由一个圆弧底形态和上涨旗形中续形态组成。在周线上，形态清晰可见，同时我们对大势的判断也比较简单。从大的周期着眼，明确思路后，我们不妨再进一步看一看几个日 K 线图的走势，把握细节上的东西，如图 3-17、图 3-18、图 3-19、图 3-20、图 3-21、图 3-22、图 3-23、图 3-24 所示。

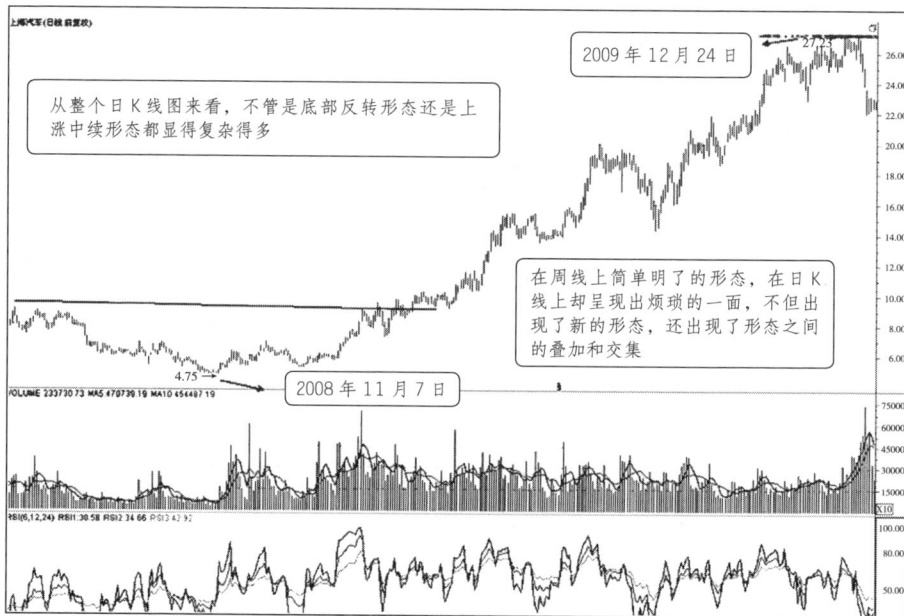

2009 年 12 月 24 日

从整个日 K 线图来看，不管是底部反转形态还是上涨中续形态都显得复杂得多

在周线上简单明了的形态，在日 K 线上却呈现出烦琐的一面，不但出现了新的形态，还出现了形态之间的叠加和交集

2008 年 11 月 7 日

图 3-17　上海汽车 2008 年 11 月 7 日至 2009 年 12 月 24 日日 K 线走势图

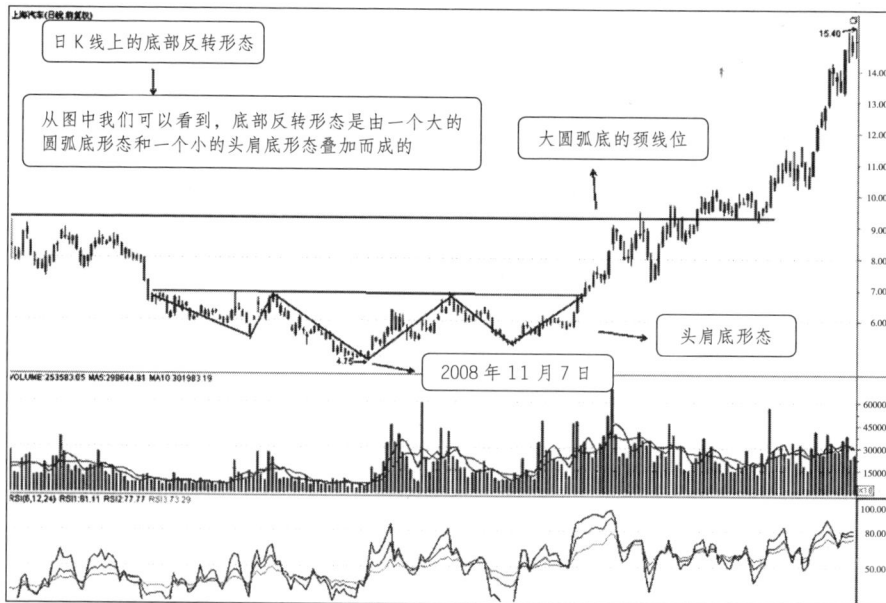

日 K 线上的底部反转形态

从图中我们可以看到，底部反转形态是由一个大的圆弧底形态和一个小的头肩底形态叠加而成的

大圆弧底的颈线位

头肩底形态

2008 年 11 月 7 日

图 3-18　上海汽车 2008 年 11 月 7 日前后日 K 线走势图（一）

【2.主营构成分析】
【2009年中期概况】

项目名称	营业收入（万元）	营业利润（万元）	毛利率（%）	占主营业务收入比例（%）
汽车制造业（行业）	6126513.52	786070.93	12.83	100.00
金融业（行业）	32005.65	18478.76	67.74	0.52
合计（行业）	6158519.17	804549.68	13.06	100.52
中国（地区）	6158519.17			100.52
合计（地区）	6158519.17			100.52

【2008年度概况】

项目名称	营业收入（万元）	营业利润（万元）	毛利率（%）	占主营业务收入比例（%）
汽车制造业（行业）	10540559.40	1217040.47	11.55	100.00
金融业（行业）	48666.10	17973.46	36.93	0.46
合计（行业）	10589225.50	1235013.93	11.66	100.46
中国（地区）	8951040.57	–	–	84.92
海外（地区）	1638184.94	–	–	15.54
合计（地区）	10589225.50			100.46

公司主业是汽车制造，而从表中我们可以看出汽车制造占主营业务收入的100%，说明公司的主营业务很集中，公司的业务重心非常明确，这样更有利于今后的发展

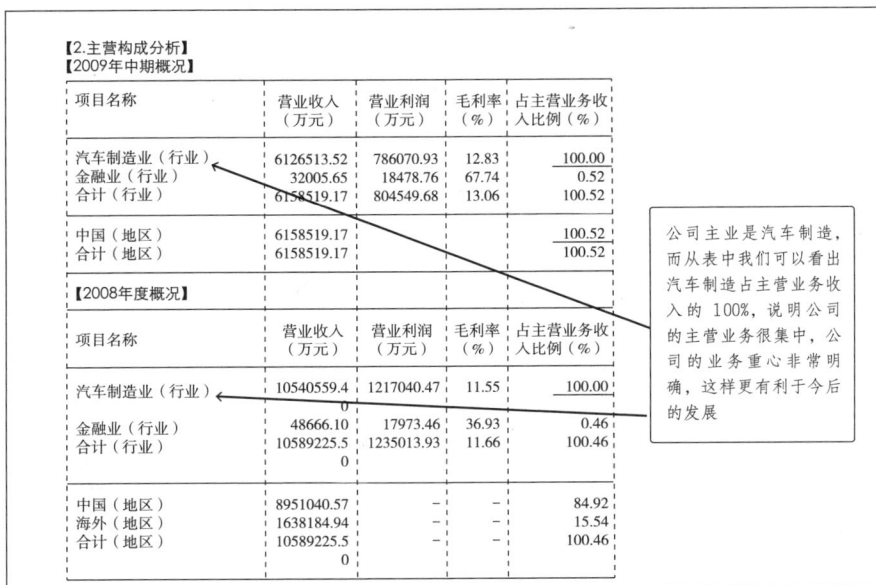

图 3-19　上海汽车主营构成分析图

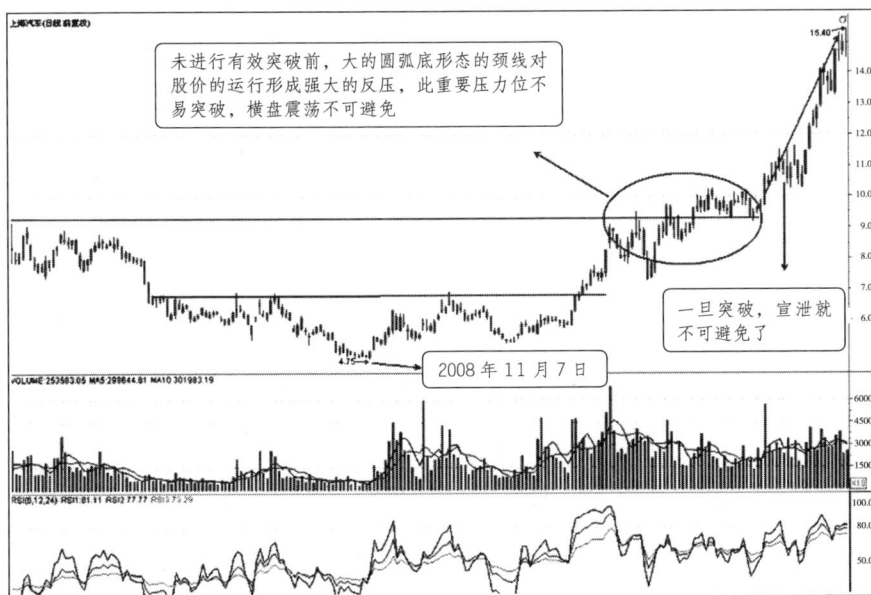

未进行有效突破前，大的圆弧底形态的颈线对股价的运行形成强大的反压，此重要压力位不易突破，横盘震荡不可避免

一旦突破，宣泄就不可避免了

2008 年 11 月 7 日

图 3-20　上海汽车 2008 年 11 月 7 日前后日 K 线走势图（二）

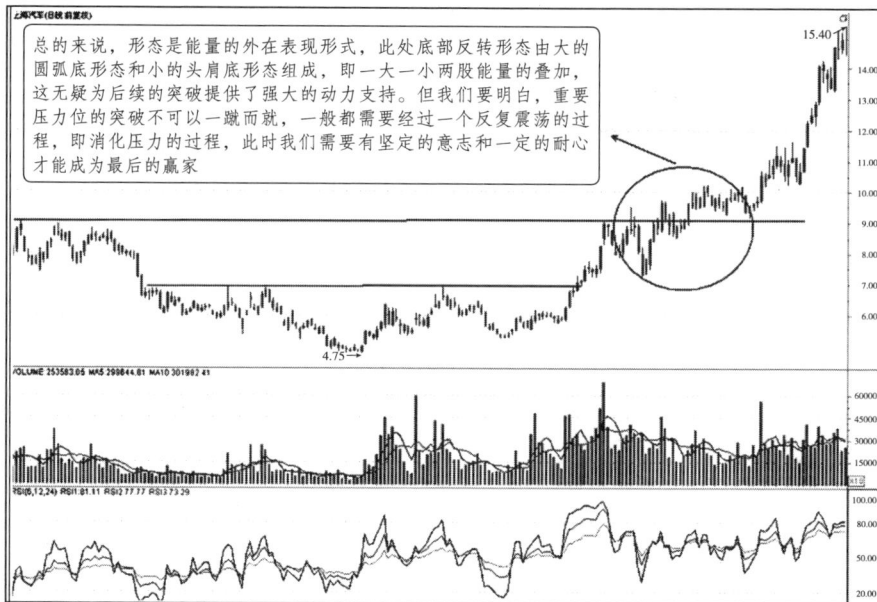

总的来说，形态是能量的外在表现形式，此处底部反转形态由大的圆弧底形态和小的头肩底形态组成，即一大一小两股能量的叠加，这无疑为后续的突破提供了强大的动力支持。但我们要明白，重要压力位的突破不可以一蹴而就，一般都需要经过一个反复震荡的过程，即消化压力的过程，此时我们需要有坚定的意志和一定的耐心才能成为最后的赢家

图 3-21　上海汽车 2008 年 11 月 7 日前后日 K 线走势图（三）

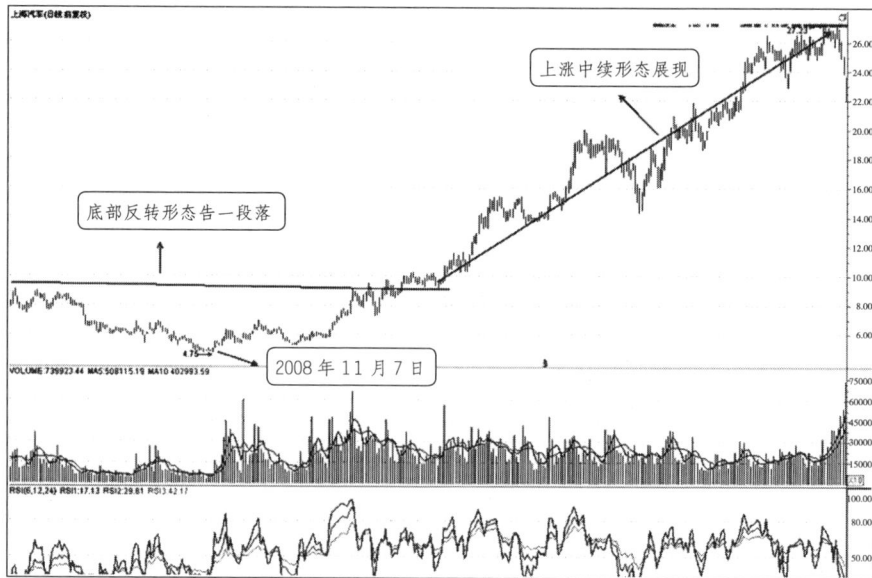

上涨中续形态展现

底部反转形态告一段落

2008 年 11 月 7 日

图 3-22　上海汽车 2008 年 11 月 7 日前后日 K 线走势图（四）

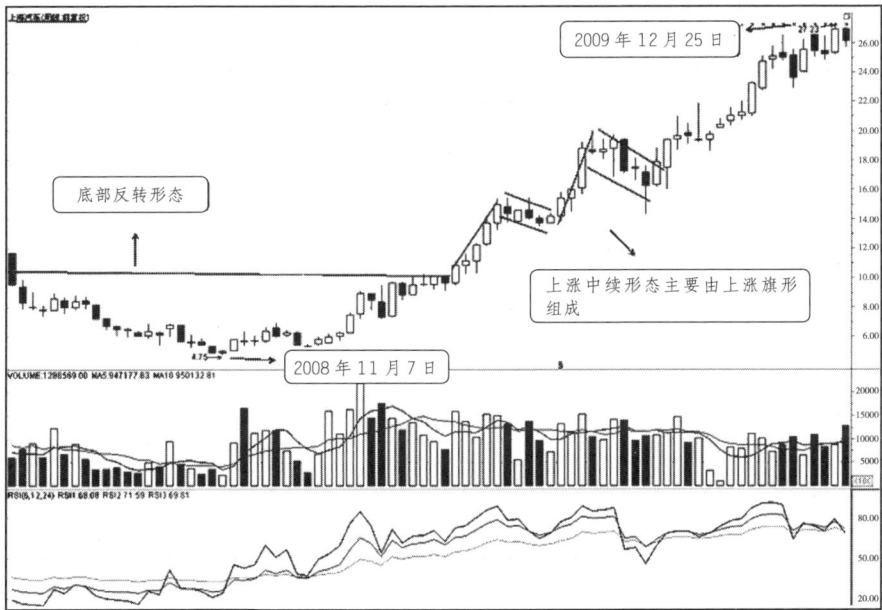

底部反转形态

2009 年 12 月 25 日

上涨中续形态主要由上涨旗形组成

2008 年 11 月 7 日

图 3-23　上海汽车 2008 年 11 月 7 日前后日 K 线走势图（五）

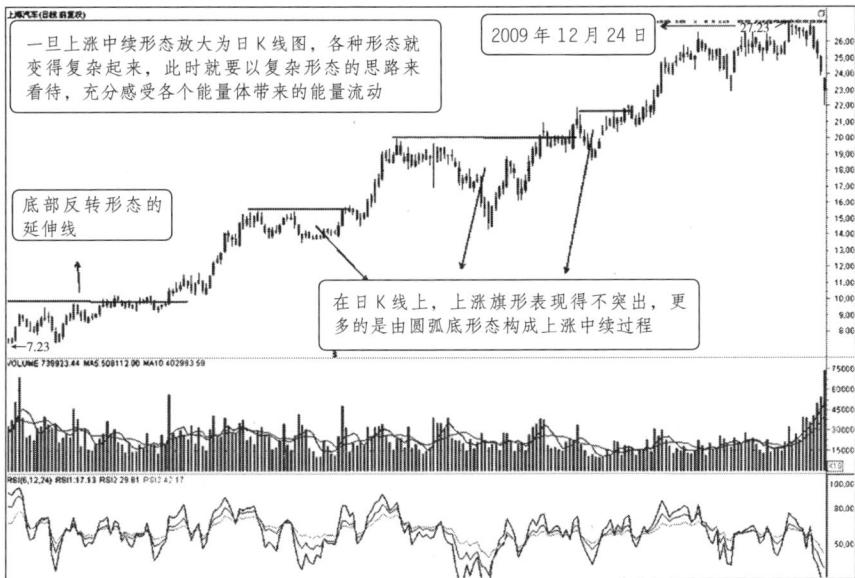

一旦上涨中续形态放大为日 K 线图，各种形态就变得复杂起来，此时就要以复杂形态的思路来看待，充分感受各个能量体带来的能量流动

2009 年 12 月 24 日

底部反转形态的延伸线

在日 K 线上，上涨旗形表现得不突出，更多的是由圆弧底形态构成上涨中续过程

图 3-24　上海汽车 2008 年 11 月 7 日前后日 K 线走势图（六）

　　底部反转阶段的分析告一段落，接下来我们要做的就是耐心潜伏，吃大波段。

最新案例回顾

　　与上海汽车的案例类似，我们根据图 3-25、图 3-26、图 3-27、图 3-28、图 3-29、图 3-30、图 3-31 来分析沪电股份从底部阶段到大波段出现的过程。

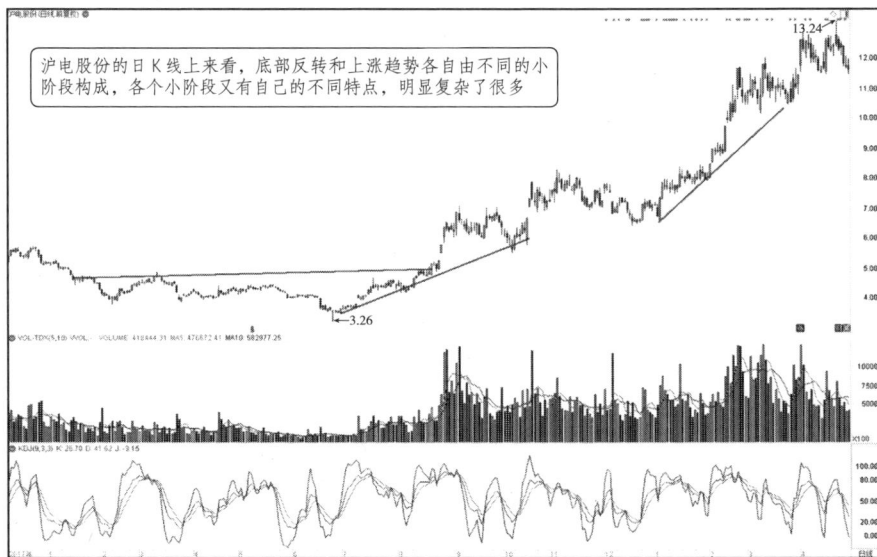

图 3-25　沪电股份 2018 年 6 月 26 日至 2019 年 4 月 22 日底部阶段和拉升阶段 K 线走势图

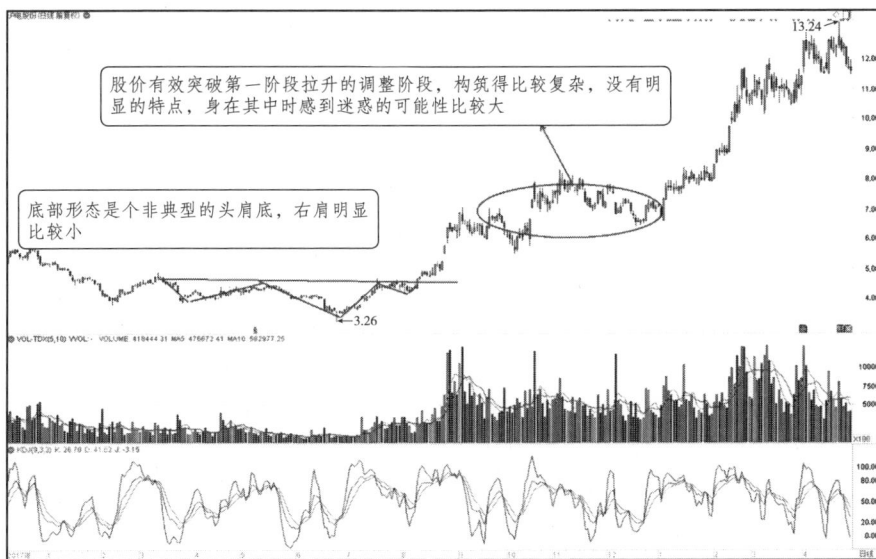

图 3-26 沪电股份的头肩底和初步拉升后调整阶段 K 线走势图

图中标注：
- 股价有效突破第一阶段拉升的调整阶段，构筑得比较复杂，没有明显的特点，身在其中时感到迷惑的可能性比较大
- 底部形态是个非典型的头肩底，右肩明显比较小

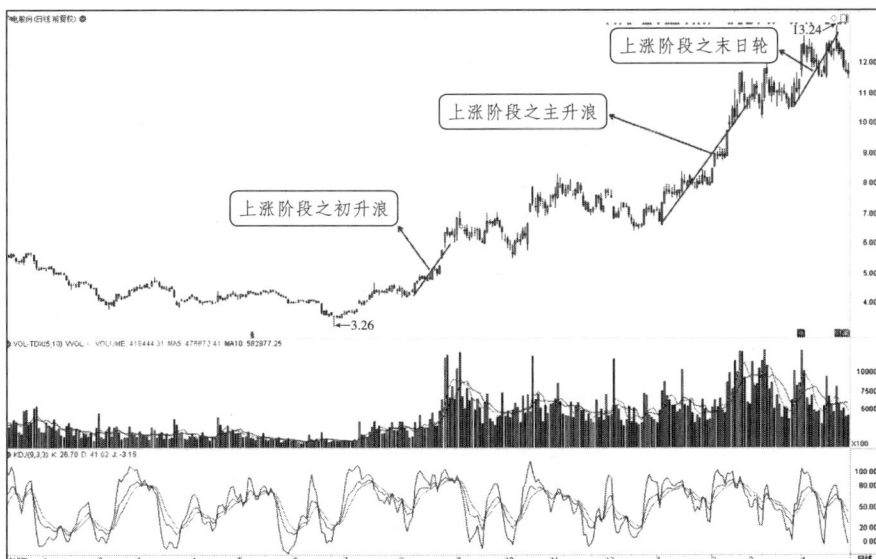

图 3-27 沪电股份的初升浪、主升浪、末日轮三大阶段 K 线走势图

图中标注：
- 上涨阶段之末日轮
- 上涨阶段之主升浪
- 上涨阶段之初升浪

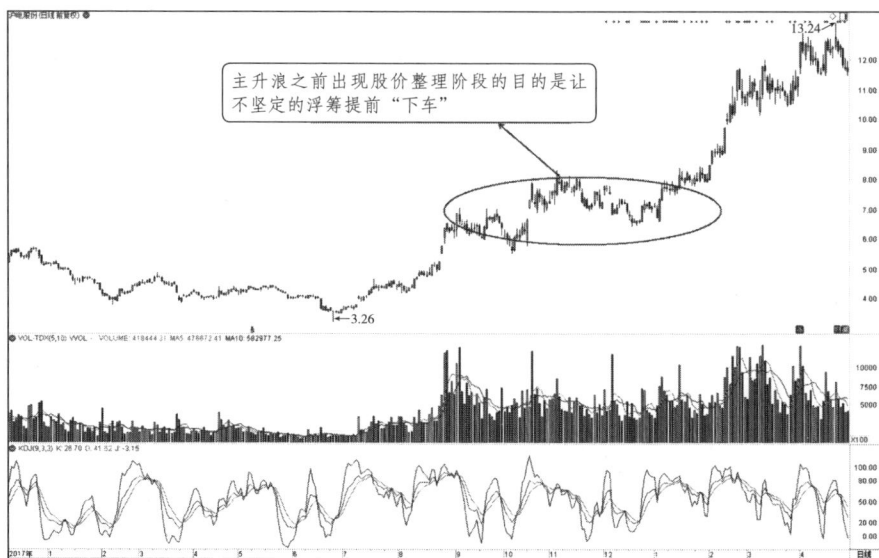

图 3-28　沪电股份主升浪之前的调整阶段 K 线走势图

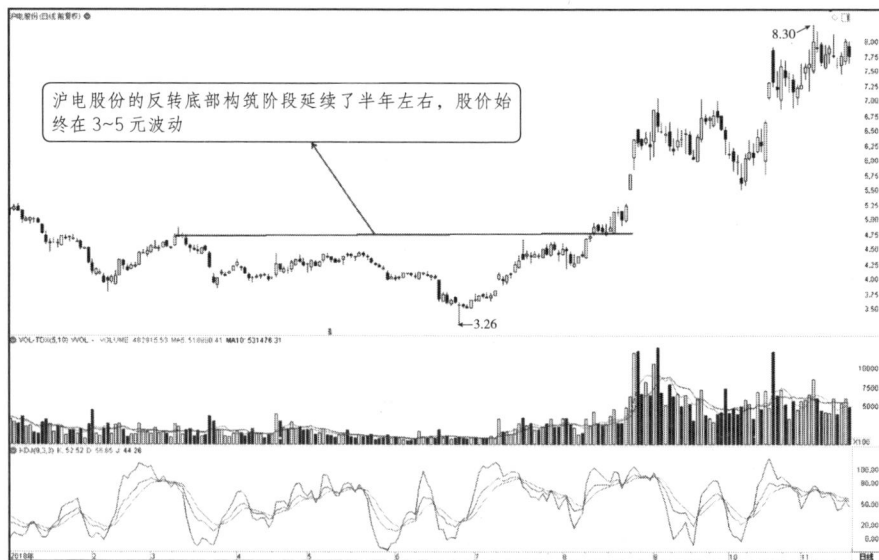

图 3-29　沪电股份底部阶段股价走势图

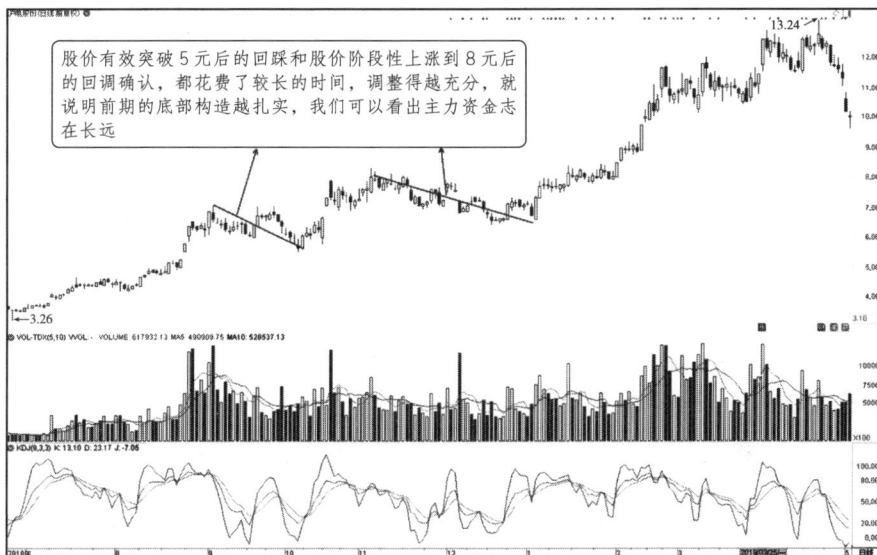

股价有效突破5元后的回踩和股价阶段性上涨到8元后的回调确认，都花费了较长的时间，调整得越充分，就说明前期的底部构造越扎实，我们可以看出主力资金志在长远

图 3-30　沪电股份股价整理阶段股价走势图

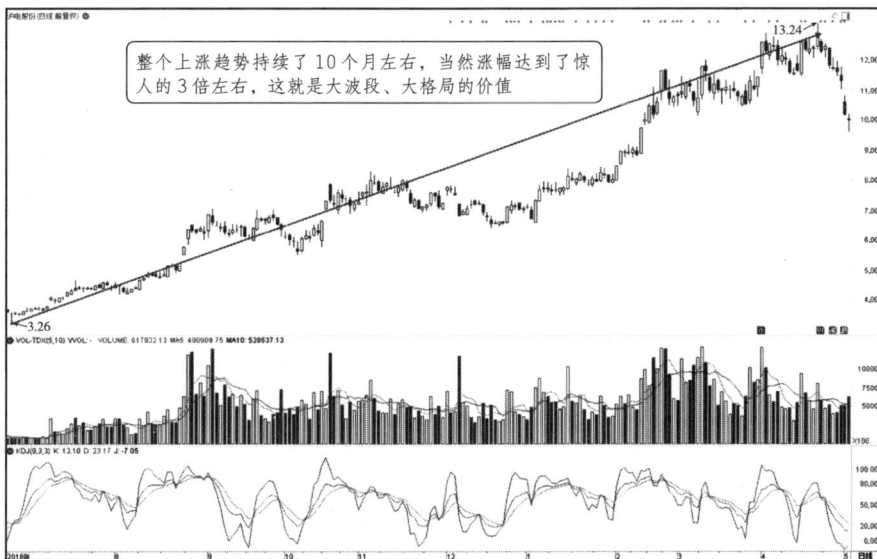

整个上涨趋势持续了10个月左右，当然涨幅达到了惊人的3倍左右，这就是大波段、大格局的价值

图 3-31　沪电股份上涨趋势全景图

从以上图解可知：

①从大周期着眼，小周期入手，必须面对复杂的能量体。

②反转形态和中续形态可以相互转化，要透过形态去感知能量的流动，更好地感知市场。

③众多能量体叠加、股价仍举步维艰，说明前方阻力强大，此时要警惕阶段性到顶的可能。

操盘论道基本曲——把握价值

在实战中，主要通过本身价值和交易价值来解读一个大波段的始末。在具体的操盘过程中，价值分析是其中的一个重要环节，对此的清晰认识不可或缺。

◇横久必涨，敢于潜伏

以下结合上海汽车走势图来说明横久必涨，如图3-32、图3-33所示。

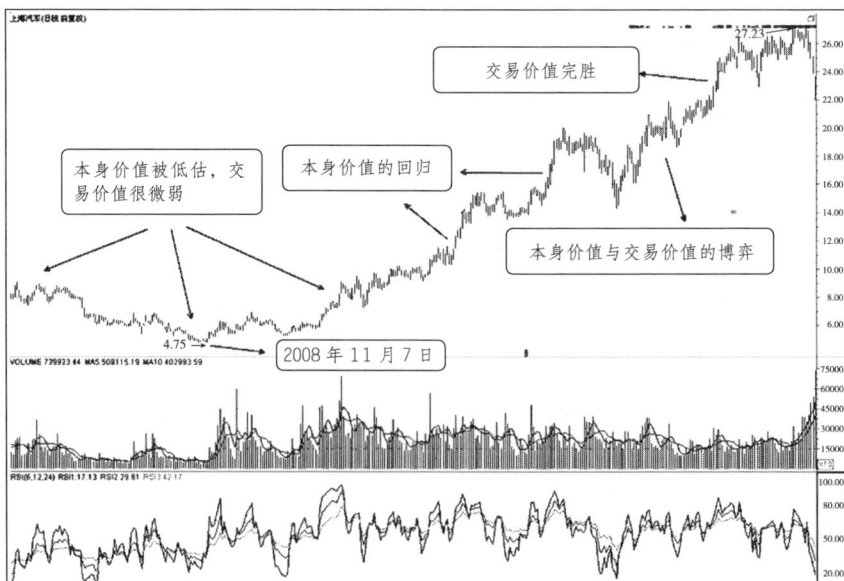

图3-32　上海汽车2008年11月7日前后日K线走势图（七）

在底部横盘时间较久，一方面是主力为了打好形态基础，另一方面是为了消磨更多人的斗志，让他们交出筹码，进而吸收更多的筹码。在此阶段，投资者需要的是耐心与坚定，因为在潜伏过程中会有更多很好的机会展现在你面前，很多人往往经不住诱惑，离场换股。

波动开始逐步脱离震荡区间，出现逼空推进，特别是出现涨停突破的信号，就说明主力资金开始运作了，接下来就"海阔凭鱼跃，天高任鸟飞"了。

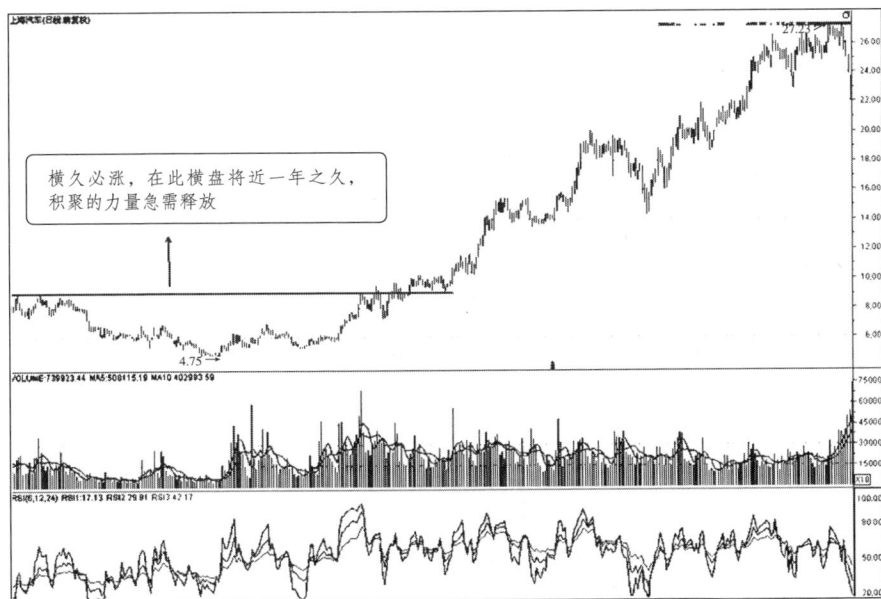

图 3-33　上海汽车 2008 年 11 月 7 日前后日 K 线走势图（八）

此时你要做的就是坚持吃大波段的想法，随着股价的上扬，把自身的收益放大到极限。

具体的操作要点是：

①敢于潜伏、有耐心和保持淡定。

②志存高远。

③别轻言见顶，在震荡中保持一颗坚定的心。

【学习温馨小提示】

之前谈到，大盘股的形态更有参考价值，因为大盘股比较难操纵，受市场合力的影响比较大。大盘股如果出现大级别底部形态，往往预示着大机会。

◇博弈激烈，选择阵营

在实盘操作中，我们需要切记以下几点：

①很多品种长期横盘后的突破并不会一骑绝尘，直入长空，往往还需要经历一段时间的震荡。如图3-34所示，其实图中的过程是为了吸收更多的筹码，清洗那些利益短浅者的筹码。

②开始突破后，其本身价值开始被更多的场外投资者发掘，同时场内资金经过小幅上涨后也积累了一些获利盘，想套利兑现。于是乎多空双方形成短期内的僵持态势，不过这种僵持不会维持很久，等浮筹清洗完毕就会重拾升势。

③如图3-35所示，交易价值开始体现，股价开始大幅度向上拉升。

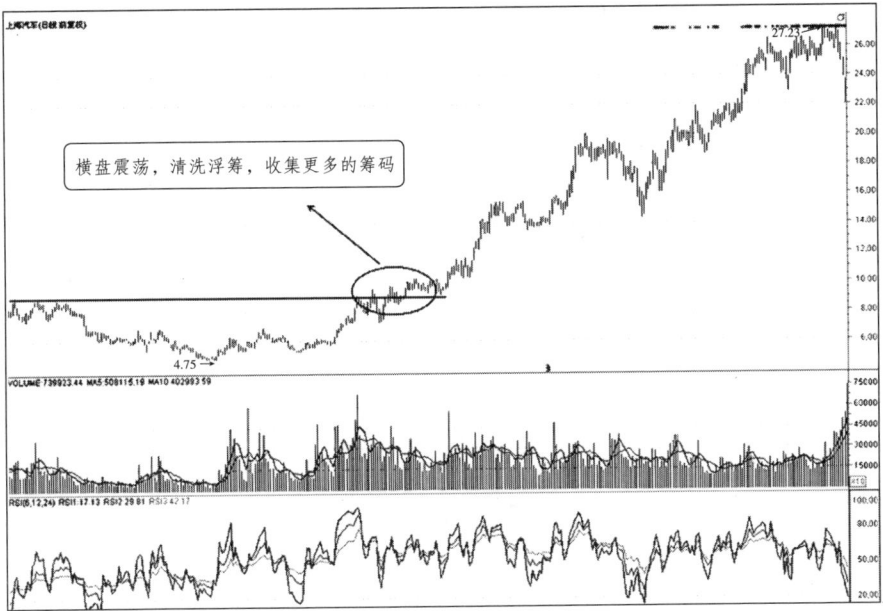

图 3-34 上海汽车 2008 年 11 月 7 日前后日 K 线走势图（九）

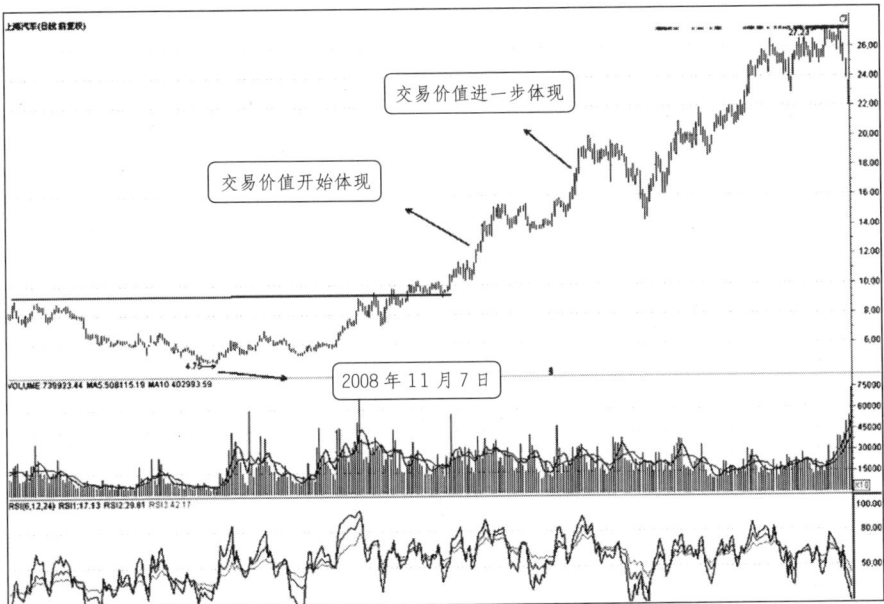

图 3-35 上海汽车 2008 年 11 月 7 日前后日 K 线走势图（十）

④交易价值开始体现后，逼空推进会慢慢成为常态。如图 3-36
所示，此时便进入一个资金为王的时段，只要资金足够充沛，可以涨
了再涨、高了再高。

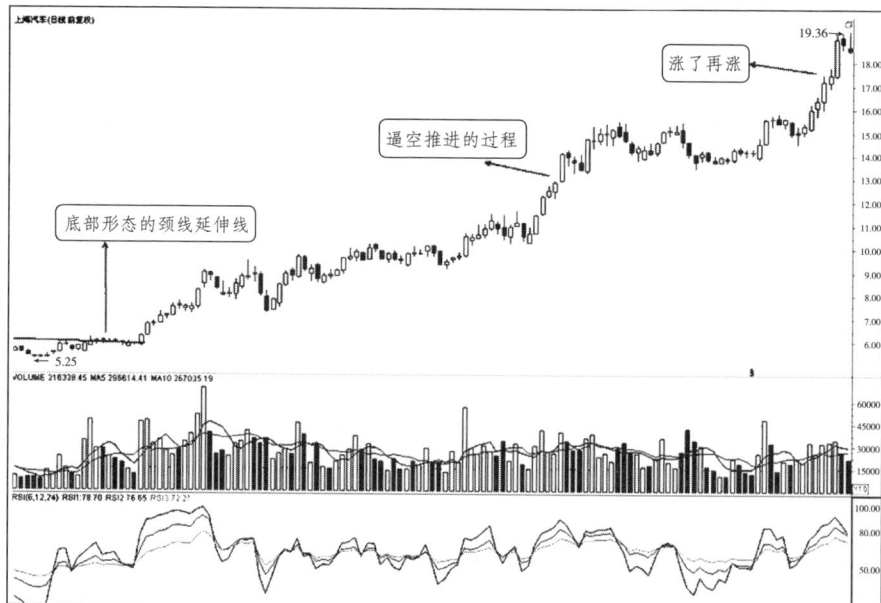

图 3-36　上海汽车逼空推进走势图

⑤交易价值被股价逼空推进向上拓展空间的过程中，奉行"本身
价值为王"理念的投资者会注意到股价有点失控地往上走，现在比起
过去价值低估时，已有 1 倍多的涨幅。此时，会有一部分谨慎的投资
者急切地想要逃离现场，因为他们并不认同交易价值。如图 3-37 所示，
此时，本身价值与交易价值两股力量就进入了激烈博弈的阶段。

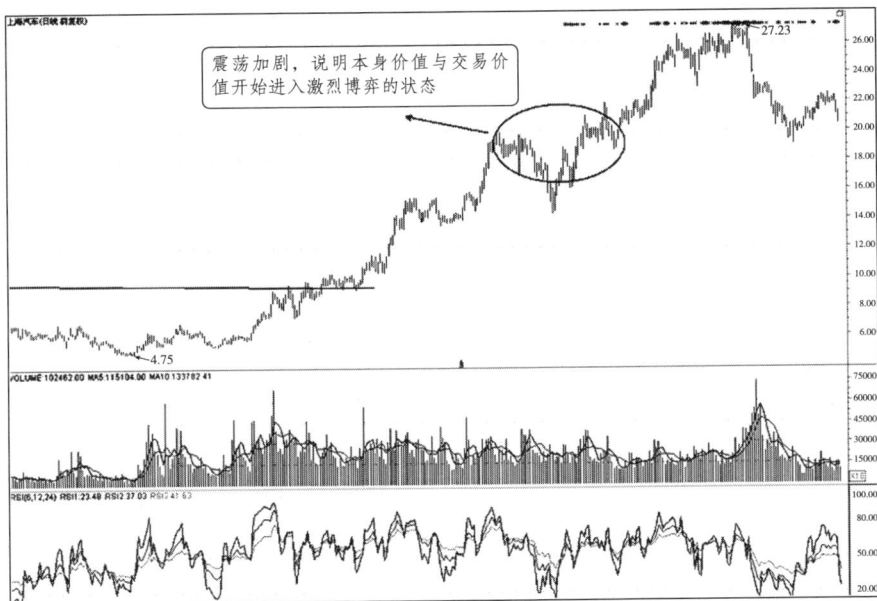

图 3-37 上海汽车震荡走势图

⑥两股力量博弈的结果肯定是只有一方取得胜利，此时要结合市场环境客观和技术分析做出反应。一旦做出决定，就要有勇气壮士断腕或者继续随大流疯狂起舞。

综上所述，我们需要记住以下要点：

第一，长期横盘突破后，往往还有最后一段时间的震荡。

第二，交易价值会在长期横盘后的突破再震荡完毕，股价连续涨顶或疯狂逼空推进时开始体现。

第三，疯狂过后本身价值与交易价值往往会有一个激烈博弈的阶段，此时要根据各方面的状况，分析哪种结果出现的概率较大。

◇胜负已分，谨防泡沫

进行运作时，我们要注意以下几点：

①横盘震荡的时候股价最终要选择方向，此时我们也得做出最后决策。结合基本面和技术面综合分析，看清楚市场的大环境是否发生了变化，中期均线系统等技术指标是否完好，都是我们必须要做的。

②图3-38显示交易价值取得了最后的胜利，上升空间被继续打开。此时，对于顺应大波段趋势的投资者而言，就要坚定持股，让资金继续跟随股价上扬而水涨船高。

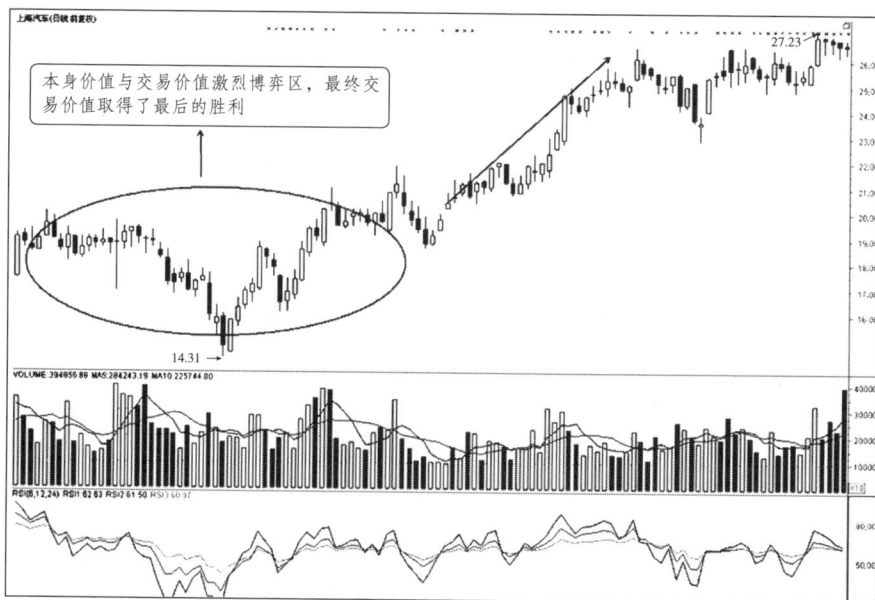

图3-38　上海汽车震荡博弈走势图

③如图3-39所示，交易价值不断提升，并逐渐疯狂的时候，你需要切记的是交易价值最终都会回归本身价值区域，交易价值带来的

最终只是泡沫。判断泡沫什么时候破灭的一个重要标准，就是看什么时候进入极度疯狂的状态。比如，交易价值进一步持续逼空推进，放量大涨时，就要警惕了，上帝使其疯狂很有可能就要使其灭亡。

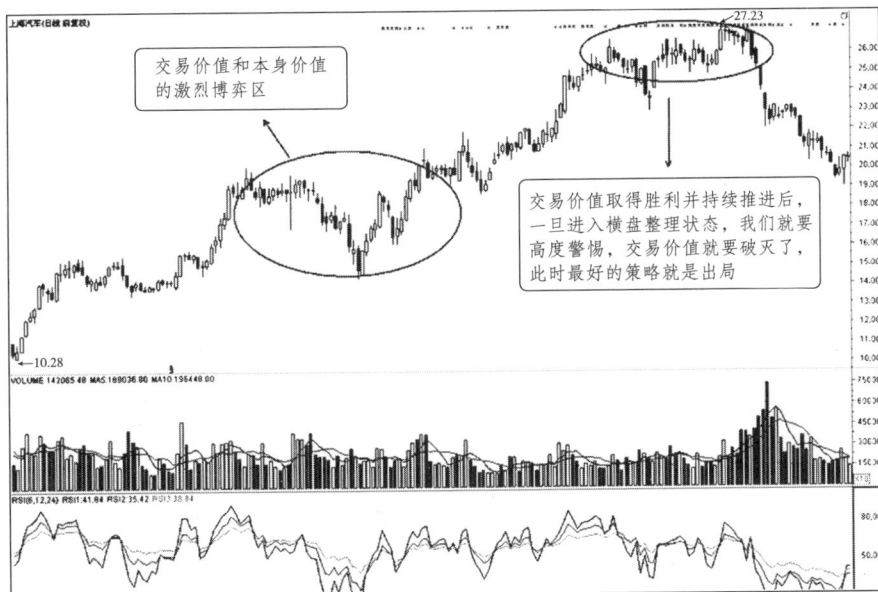

图 3-39 上海汽车横盘整理走势图（一）

④关于什么时候出局，最好的策略就是紧盯上升趋势线。如图 3-40 所示，只要上升趋势线没有被击破，就可以任由泡沫无限放大。一旦上升趋势线的下轨被击穿，就要坚决离场。

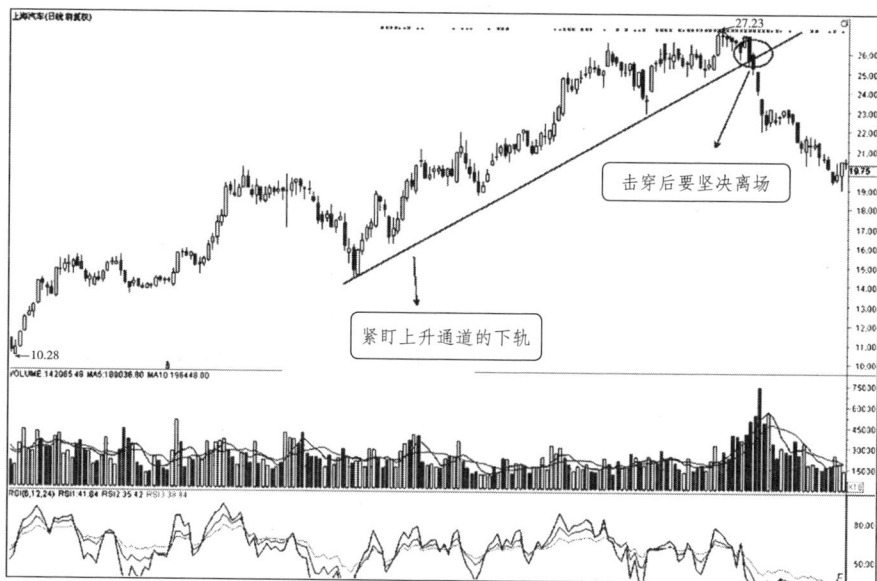

图 3-40 上海汽车横盘整理走势图（二）

最新案例回顾

如图 3-41 所示，在疯狂过后显露疲态，大级别日线量价背离特征明显时，阶段性兑现利润离场是上策。

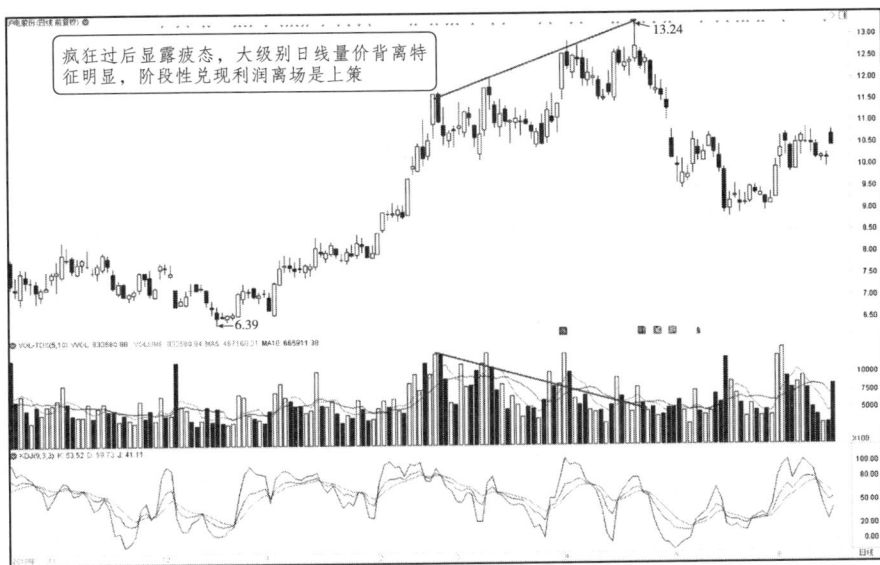

图 3-41　沪电股份阶段性调整前的股价和成交量背离走势图

我们需要记住的要点有：

①本身价值与交易价值激烈博弈的过程中，要关注大环境是否良好，大格局是否强势，大趋势有没改变等，这有助于我们判断最终的方向。

②交易价值带来的是泡沫，泡沫最终会破灭，但没破灭之前，可以好好享受泡沫放大带来的快乐。

③关注泡沫什么时候达到顶峰。切记，交易价值最终都会回归本身价值区域，此时要时刻关注上升通道的下轨。如果通道下轨被击穿，就要坚决离场，不要再心存幻想和恋战。

操盘论道升级曲——看穿盘面

◇长上下影线的运用

1. 基础认识

很多经典的分析都告诉我们：

①K线带长上影线，说明其空方能量巨大，后市调整不可避免，要注意风险。

②K线带长下影线，说明其多方取得优势，后市继续向上的机会较大。

事实真是如此吗？市场的统计及多年的操盘经验，都告诉我这个答案是错误的。大多数情况下恰恰相反。在把握个股前，最重要的就是要看清当前的环境，即处于上涨阶段还是下跌阶段。

2. 长上下影线对市场走势的影响

具备带长上影线这个条件会对未来有比较大的向上牵引力，只不过在上涨阶段，表现得更为激烈、更加突出罢了，在下跌阶段就会演变成下跌浪中的反弹。

具备带长下影线这个条件会对未来有比较大的向下牵引力，只不过在下跌阶段表现得更为激烈、更加突出罢了，上涨阶段则演变成上涨趋势中的调整。

从图3-42、图3-43、图3-44中我们不难看出，当长上影线出现后，股价大多会受其牵引，继续上扬，而不是下跌；而长下影线出现后，股价大多会需要调整几天。

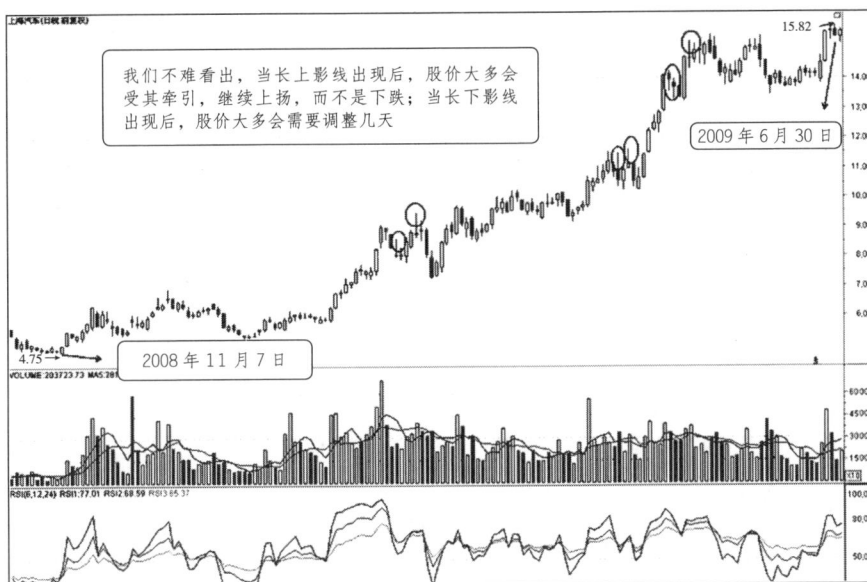

图 3-42　上海汽车 2008 年 11 月 7 日至 2009 年 6 月 30 日走势图

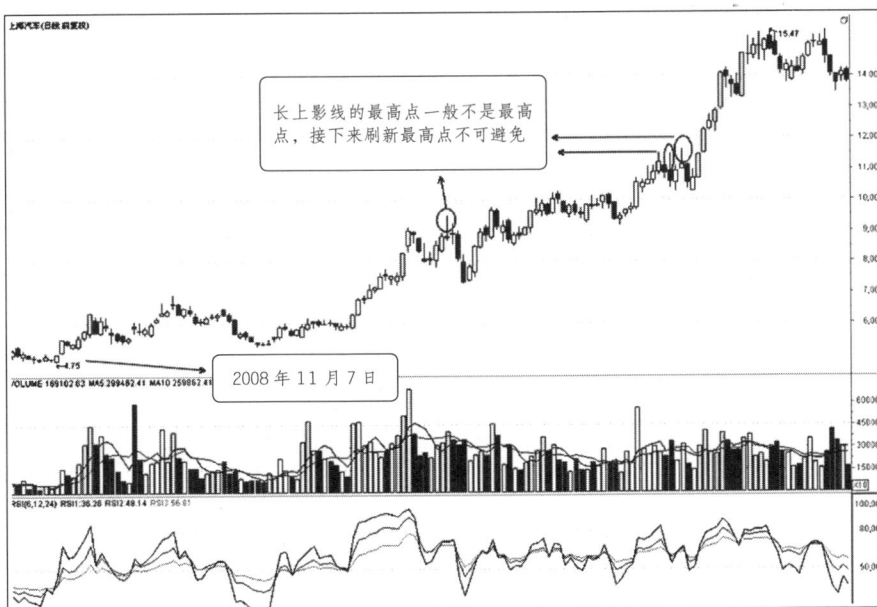

图 3-43　上海汽车 2008 年 11 月 7 日后屡创新高走势图

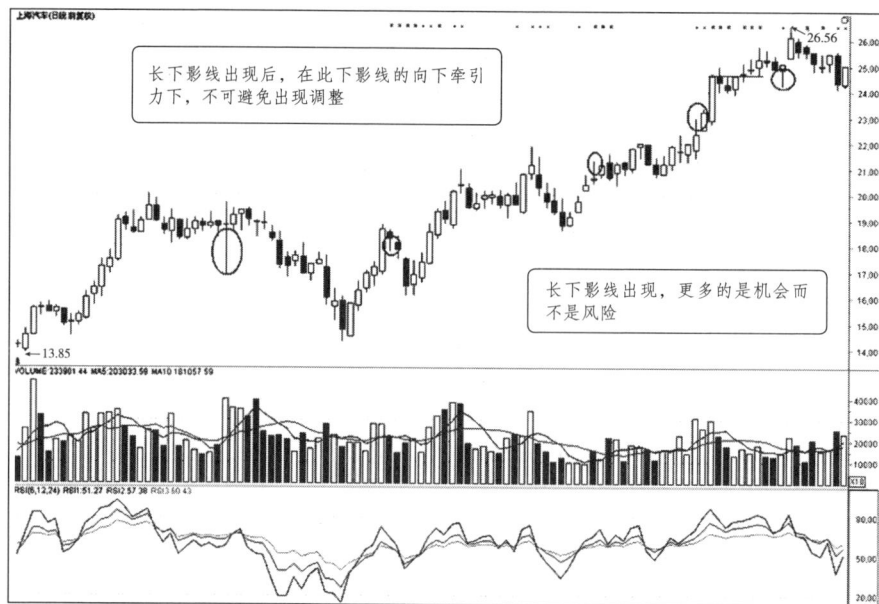

图 3-44　上海汽车长下影线牵引走势图

最新案例回顾

正如上文所述，沪电股份的股价趋势中出现了长下影线带来的股价短期调整（见图 3-45）。

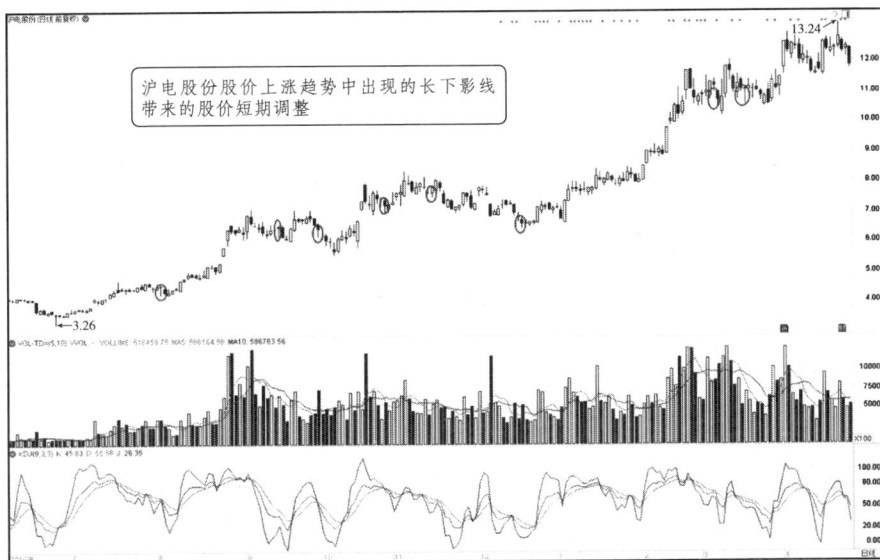

图 3-45　沪电股份股价上涨阶段的长下影线图

3. 如何判断是短期机会还是中期机会

长上影线出现后，短期内就站上长上影线的最高点会带来短期机会；而有的需要一段时间后才站上，这就是长上影线带来的中期机会（见图 3-46）。那如何判断是短期机会，还是中期机会呢？这要考察以下两点。

一是带长上影的 K 线出现前的 K 线状态。我们知道，出现带长上影 K 线之前，盘面无非是攻击形态和整理形态。攻击形态意味着势头强劲，这将极大地有利于带长上影 K 线短期内再次发动进攻。相反，如果带长上影 K 线出现前是整理形态，那么一旦出现带长上影 K 线，投资者就要小心短期内市场有延续整理的可能。

二是带长上影 K 线本身的状况，是中阳、小阳、十字星还是小阴，抑或是中大阴线。

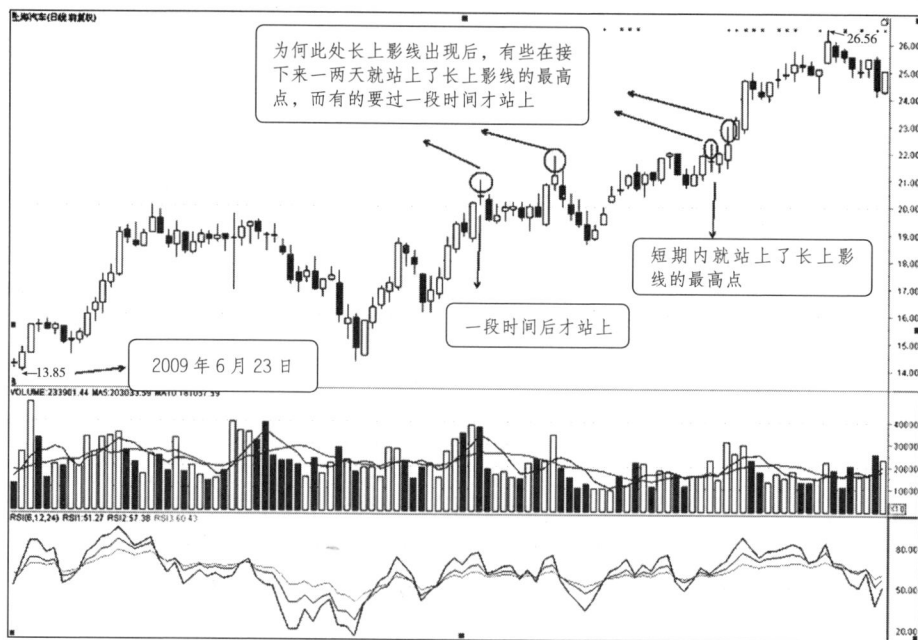

图 3-46　上海汽车 2009 年 6 月 23 日后走势图

最新案例回顾

利用上文所述规律，我们可以从图 3-47 中看出，沪电股份
上涨过程中出现的部分长上影线，对股价短期运行趋势起到了明
显的向上指明方向的作用。

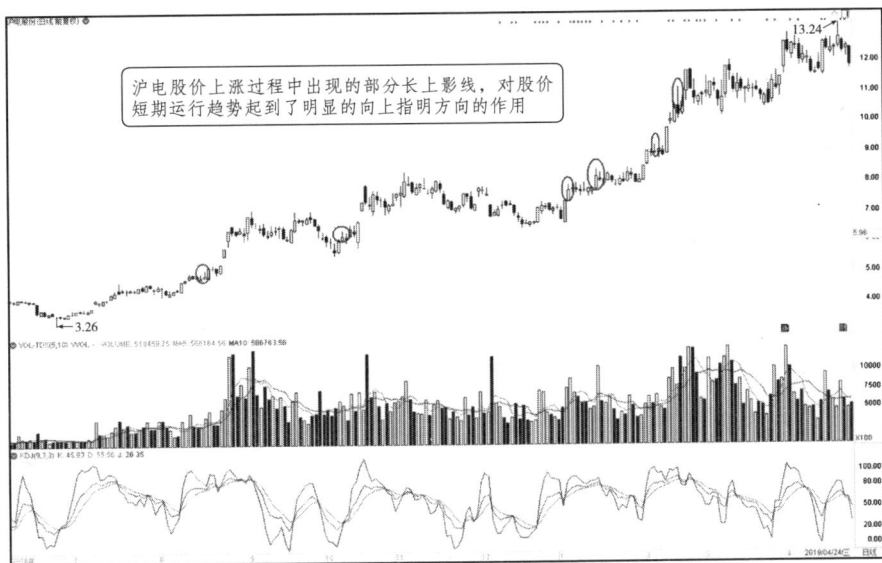

沪电股价上涨过程中出现的部分长上影线，对股价
短期运行趋势起到了明显的向上指明方向的作用

图 3-47　沪电股份股价上涨阶段的长上影线图

　　总的来说，第一环节一旦确立为攻击形态，除非第二环节处于能
量大扭转的状况，否则出现得更多的就是短线机会。

　　第一环节一旦确定为整理形态，除非第二环节处于能量充足的状
况，否则出现得更多的就是中期机会。

【学习延伸】

　　我们已经把长上、下影线编成公式，用于选股。导入行情软件后，
当天（包括盘中）符合长上、下影线定义的个股都会被快速筛选出来，
然后在优中选优，找出大概率会上涨的品种，对短线操作、波段操作
都很有指示意义。这些公式可以在微信公众号"吴国平财经"中联系
我们的小助手获取。

4. 缺口在底部反转阶段的运用

从图 3-48、图 3-49 中，我们可以看到，底部反转阶段突破后可以引发相关个股的一波趋势性行情，可见底部反转阶段的威力，而理解底部反转阶段的缺口，能够让我们识别底部反转阶段的状态，把握个股的后市。

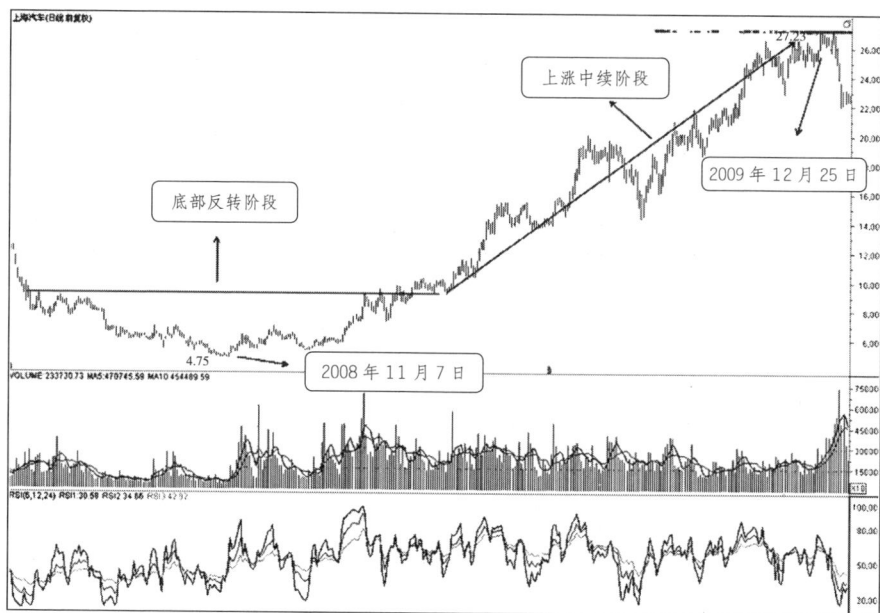

图 3-48　上海汽车 2008 年 11 月至 2009 年 12 月日 K 线走势图

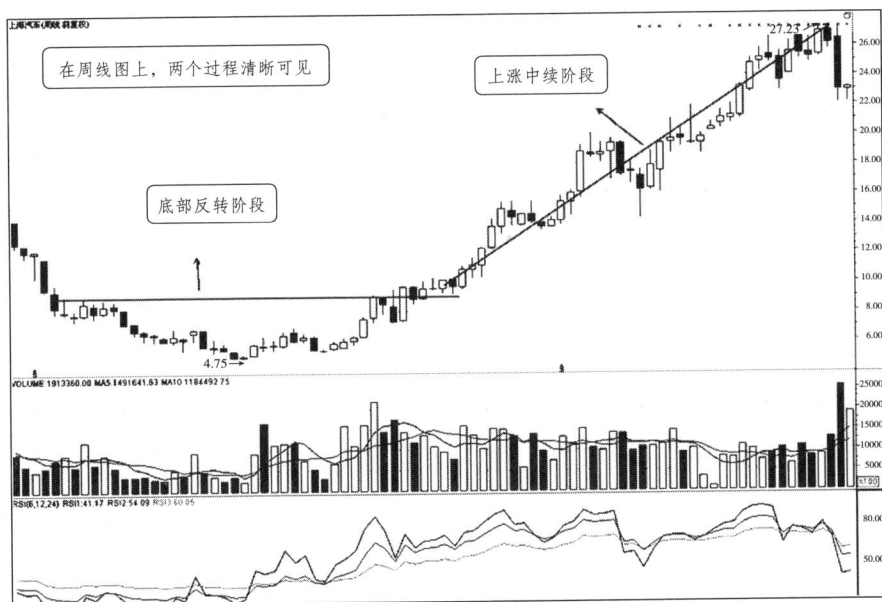

图 3-49 上海汽车 2008 年 11 月至 2009 年 12 月周 K 线走势图

◇缺口分析

1. 缺口得到回补的特征

缺口可以分为普通缺口、突破缺口、中续缺口和衰竭缺口四大类。我们已经在前文中提到过这四类缺口的概念了，这些缺品出现后在多长时间内会得到回补呢？

普通缺口往往在震荡过程中出现，衰竭缺口往往出现在中续阶段快结束的时候，这两种缺口一旦出现，短期内就会得到回补；突破缺口是在一些形态突破过程中出现的缺口，中续缺口会在中续阶段与持续形态紧密联系在一起，这两种缺口一旦出现，缺时间内一般不会得到回补。

2. 操盘论道

一个大的起落包括四个波动阶段：底部反转阶段、上涨中续阶段、顶部反转阶段和下跌中续阶段。上述四种缺口又发生在不同的状态中，震荡期出现得更多的是普通缺口，形态突破期出现得更多的是突破缺口，中续运行期出现得更多的是中续缺口，反转运行期出现得更多的是衰竭缺口。

我们发现在周线图上少了很多缺口。其实不难解释，因为K线是构成缺口的基础，在相同的时间内，周线上的K线比日线上的K线少了很多，所以缺口自然就少了。具体如图3-50、图3-51、图3-52、图3-53所示。

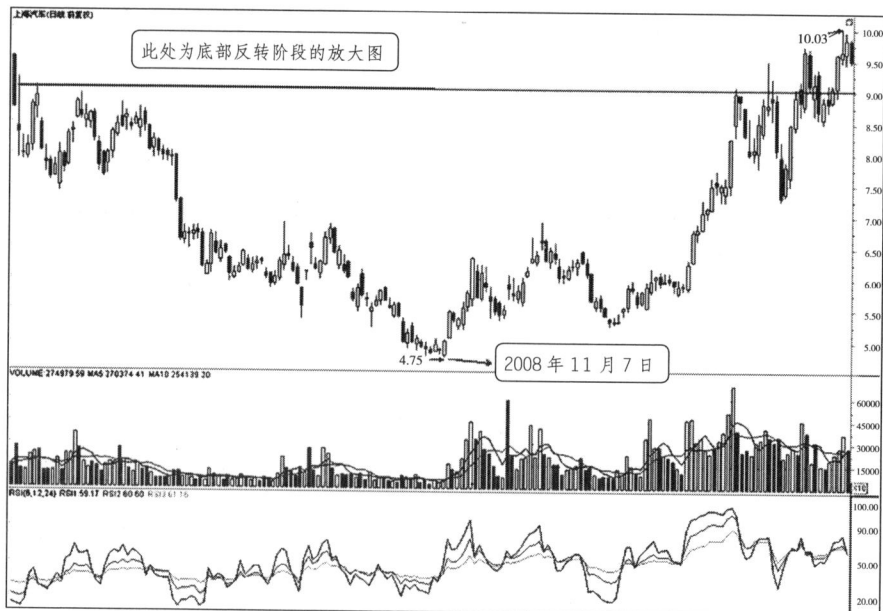

图3-50　上海汽车底部反转形态走势图

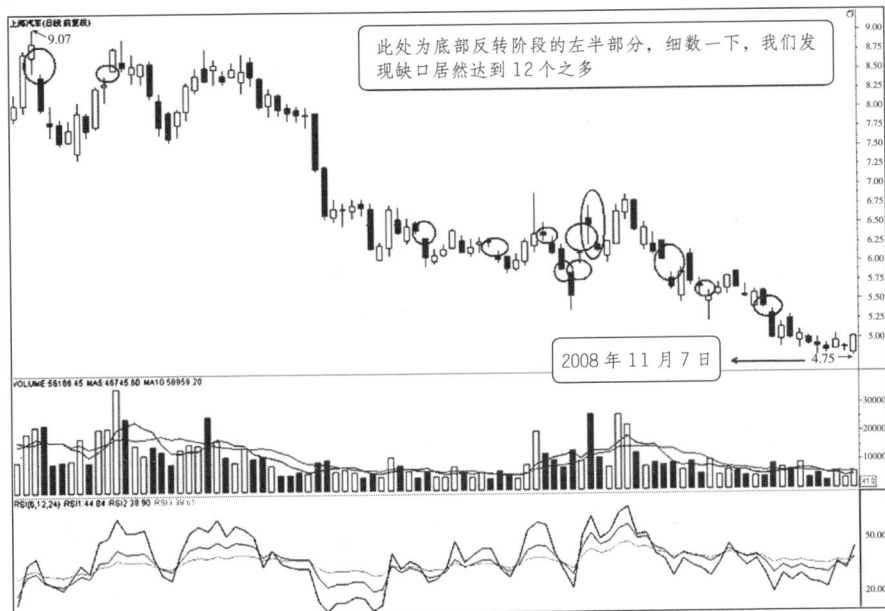

图 3-51 上海汽车底部反转阶段左半部分走势图（一）

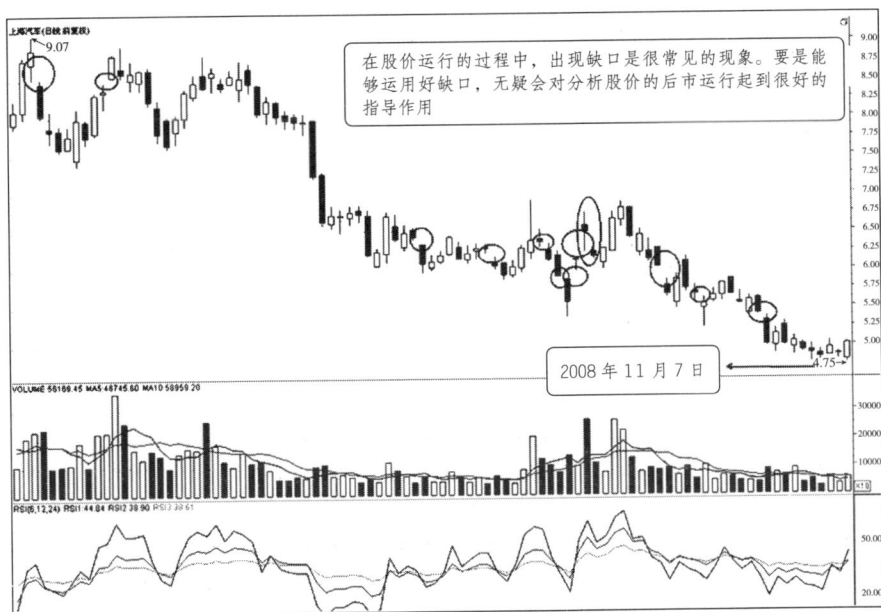

图 3-52 上海汽车底部反转阶段左半部分走势图（二）

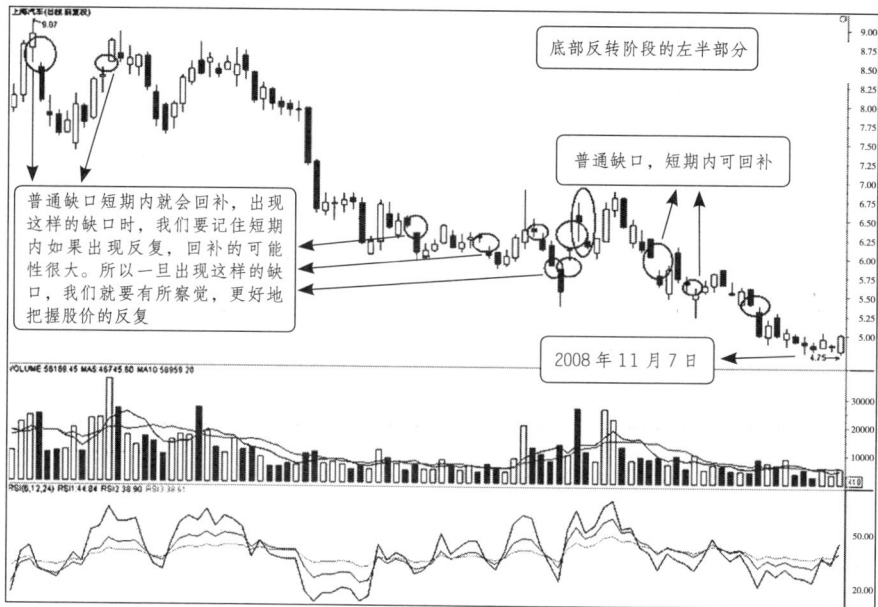

图 3-53 上海汽车底部反转阶段左半部分走势图（三）

如图 3-54、图 3-55、图 3-56、图 3-57、图 3-58 所示，把握普通缺口短期内回补的规律，这样就能更好地体会股价在震荡中的反复过程。

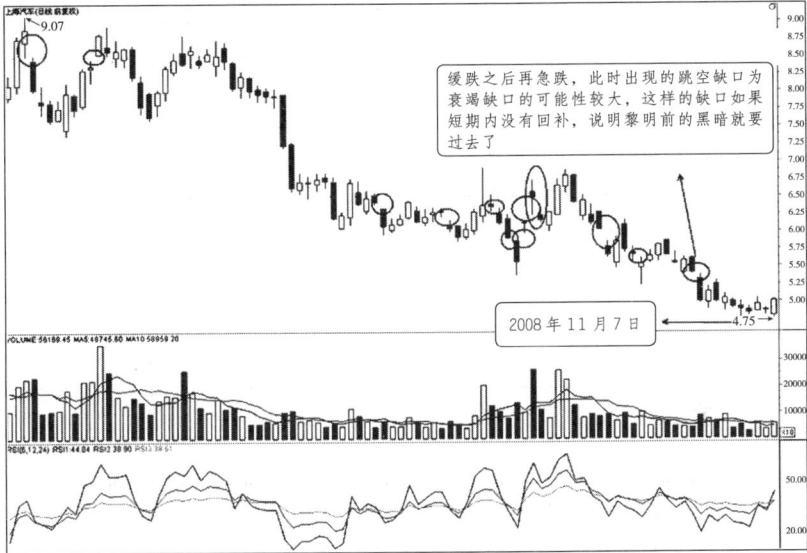

图 3-54　上海汽车底部反转阶段左半部分走势图（四）

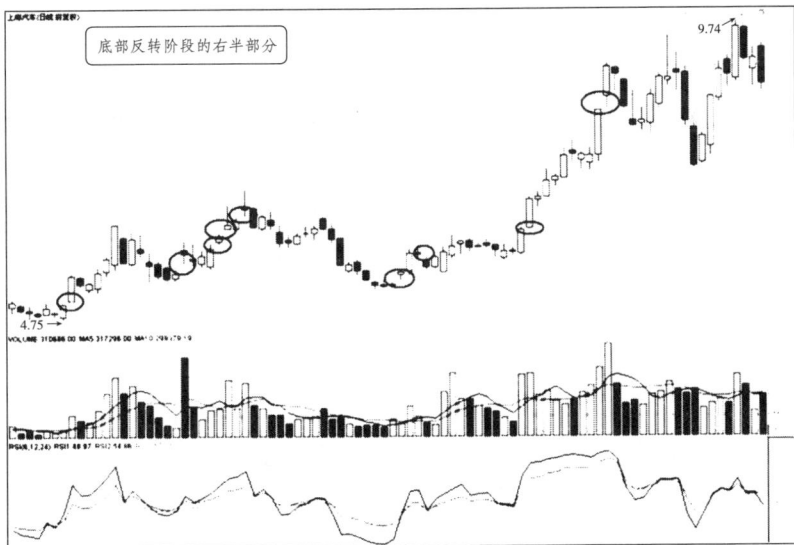

图 3-55　上海汽车底部反转阶段右半部分走势图（一）

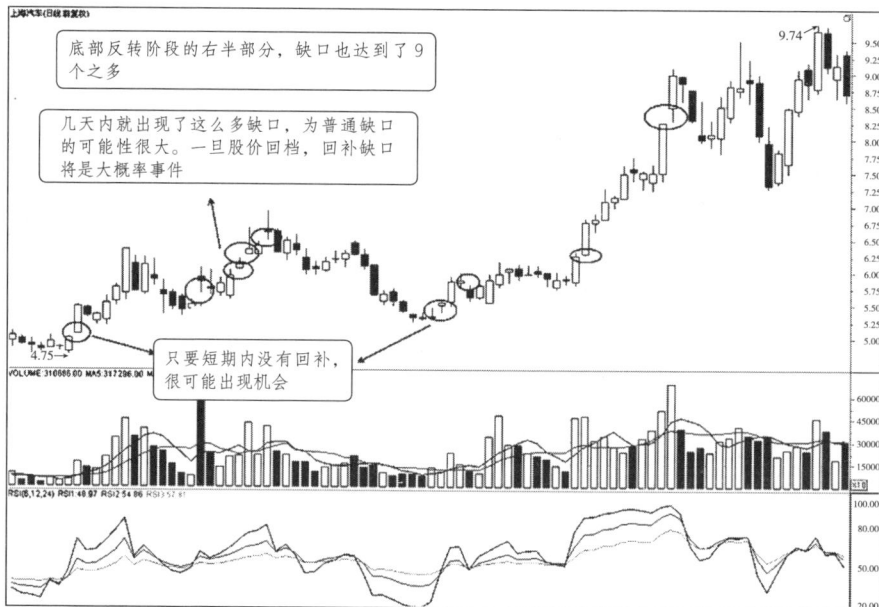

底部反转阶段的右半部分，缺口也达到了9个之多

几天内就出现了这么多缺口，为普通缺口的可能性很大。一旦股价回档，回补缺口将是大概率事件

只要短期内没有回补，很可能出现机会

图 3-56 上海汽车底部反转阶段右半部分走势图（二）

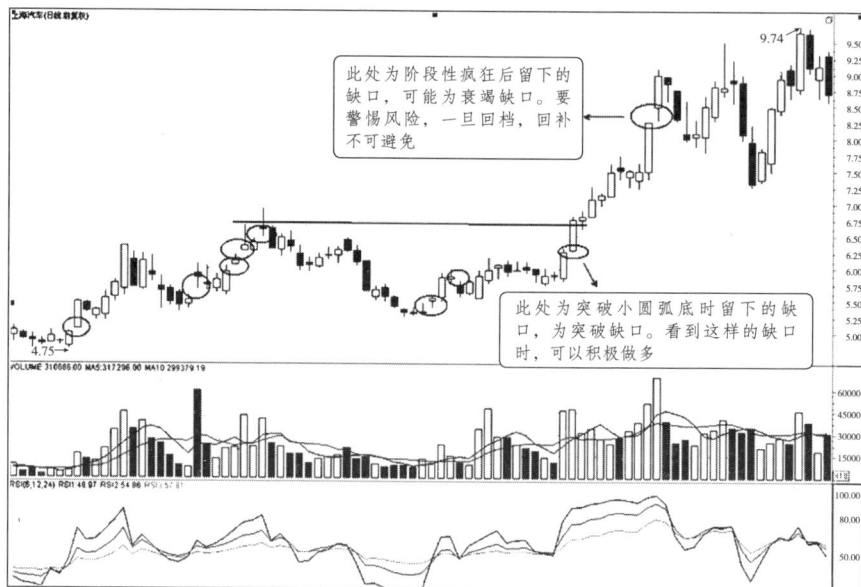

此处为阶段性疯狂后留下的缺口，可能为衰竭缺口。要警惕风险，一旦回档，回补不可避免

此处为突破小圆弧底时留下的缺口，为突破缺口。看到这样的缺口时，可以积极做多

图 3-57 上海汽车底部反转阶段右半部分走势图（三）

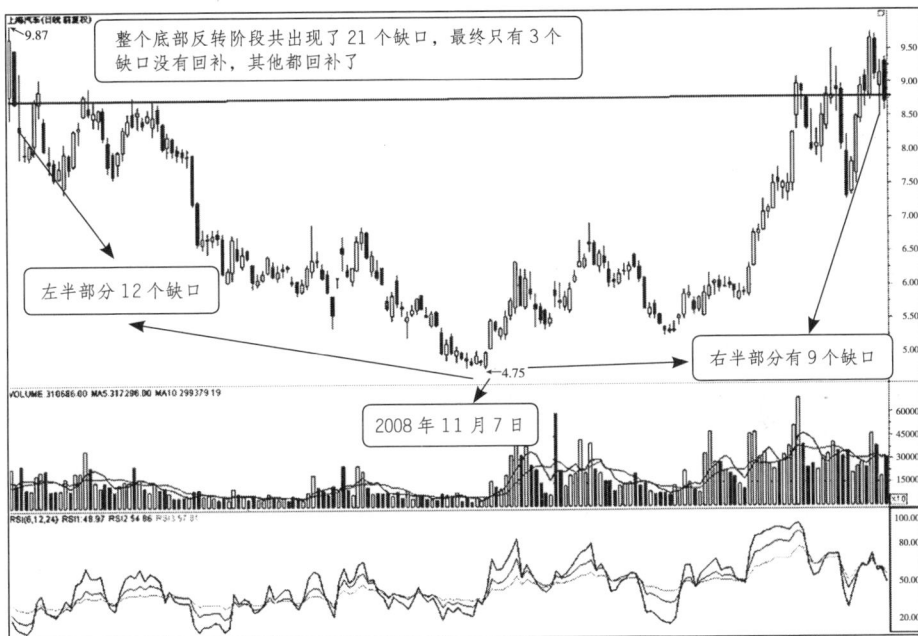

整个底部反转阶段共出现了 21 个缺口，最终只有 3 个
缺口没有回补，其他都回补了

左半部分 12 个缺口

右半部分有 9 个缺口

2008 年 11 月 7 日

图 3-58　上海汽车底部反转形态走势图

最新案例回顾

　　如图 3-59 所示，沪电股份的股价在突破 5 元阻力位时，形
成重要的突破缺口。

　　图 3-60、图 3-61 为沪电股份底部区域构筑阶段的缺口图。

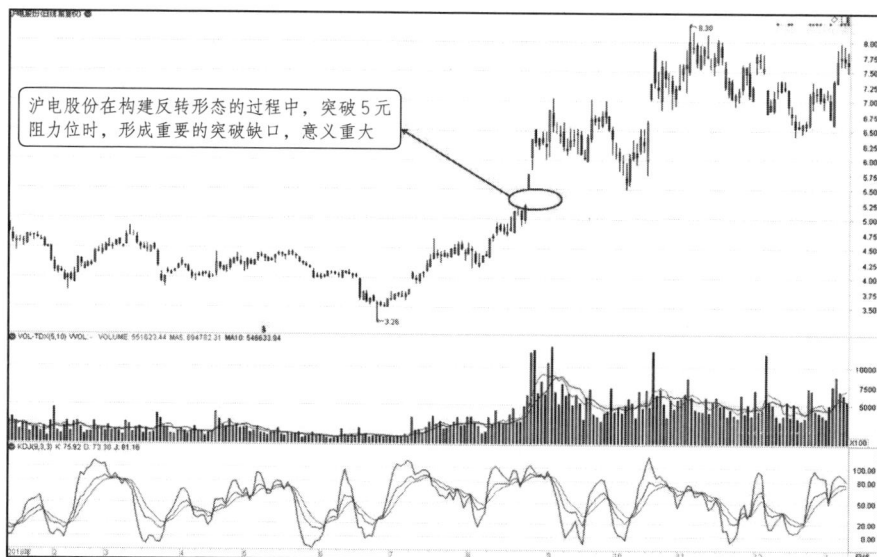

沪电股份在构建反转形态的过程中，突破5元阻力位时，形成重要的突破缺口，意义重大

图 3-59　沪电股份股价突破 5 元阻力位时的突破缺口图

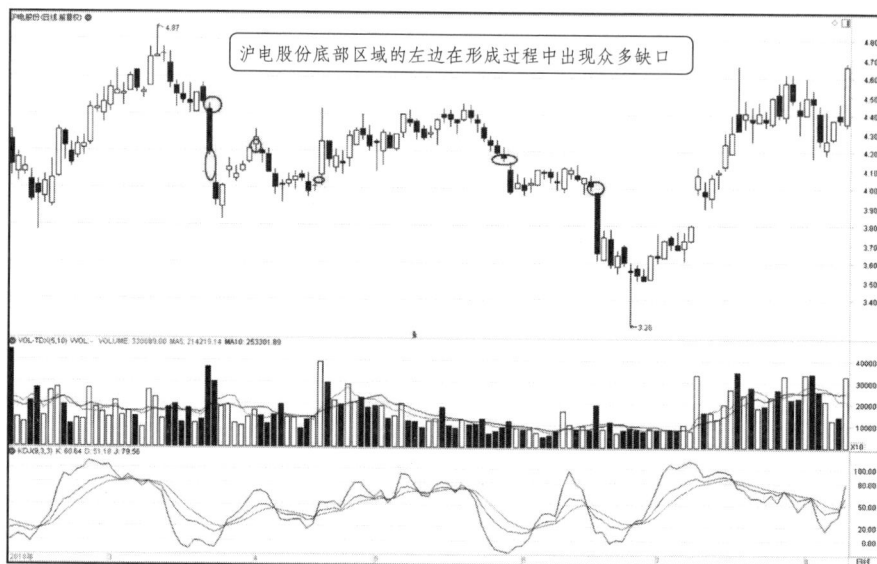

沪电股份底部区域的左边在形成过程中出现众多缺口

图 3-60　沪电股份底部区域构筑阶段左边出现缺口图

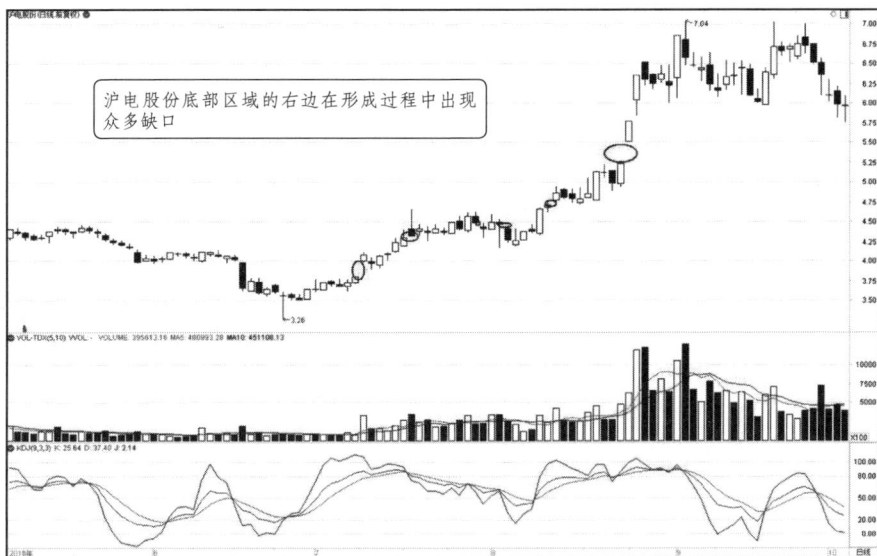

图 3-61　沪电股份底部区域构筑阶段右边出现缺口图

　　掌握缺口的具体运用，无疑能使我们更好地把握股价的运行，多一分对市场的感觉，其价值可见一斑。

　　可以说在上述整个底部反转阶段，什么缺口都有。这样的阶段包含的缺口类型可以是多样的，而不仅仅是四种缺口中的一种。当然，底部反转阶段的形成过程中，大多是震荡的走势，因此普通缺口在里面占据主流位置，这是这一阶段的一大特点。

　　通过对这一阶段的观察，我们会发现，缺口在实战中，尤其是普通缺口在实战中是非常实在且被频繁使用的，它们能够起到帮助我们提前判断的作用。这点在具体操盘过程中带来的价值无疑是巨大的。

【学习延伸】

值得注意的是，随着 A 股的成熟，上证指数也会像道琼斯指数、恒生指数等成熟市场的指数那样出现越来越多的缺口，如图 3-62、图 3-63 所示。

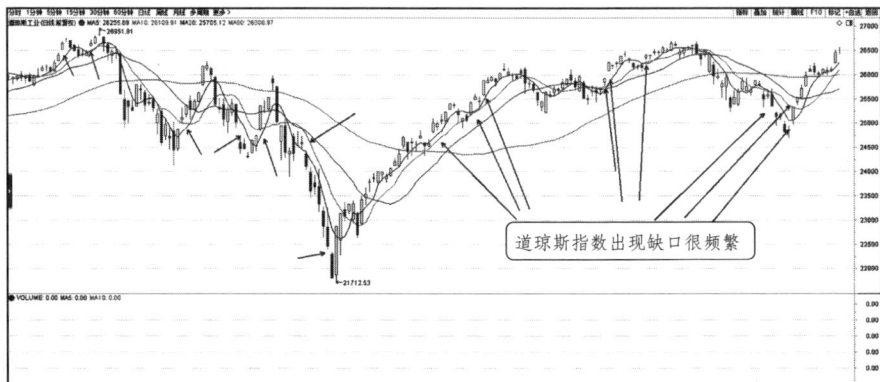

图 3-62　道琼斯指数缺口图

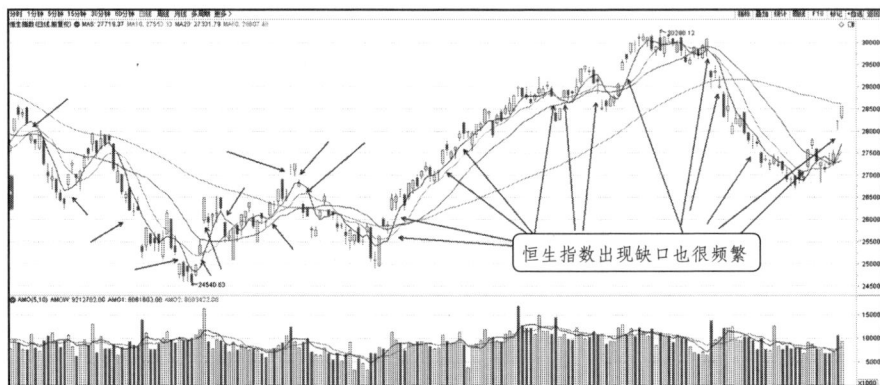

图 3-63　恒生指数缺口图

当然，个股的缺口仍是可以用理论来分析、指导实战的。

操盘论道入门——F10 研究

对比大盘综合判断走势

◇大盘自 2008 年 11 月 7 日以来的走势

在 2008 年 11 月 7 日至 2009 年 12 月 24 日间，上证指数从 1660 多点最高上涨至 3478 点，即指数出现了 1 倍左右的涨幅。图 3-64 表现了此阶段的部分走势。

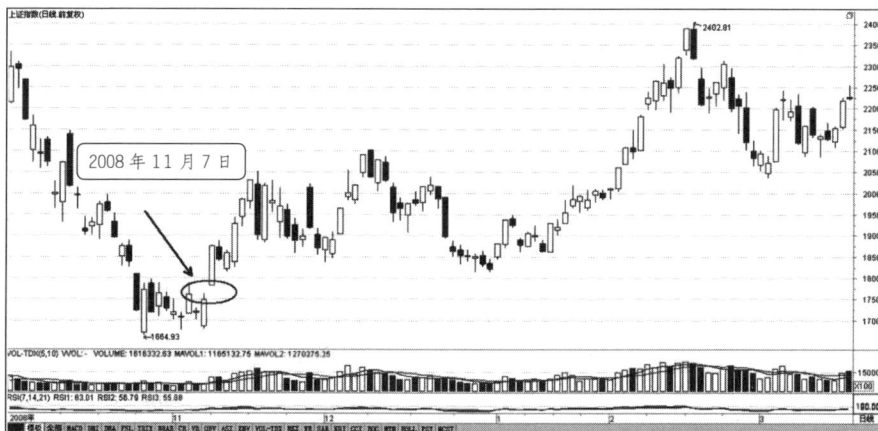

图 3-64　上证指数 2008 年 11 月至 2009 年 3 月走势图

图 3-65 为上海汽车 2009 年年初的日 K 线走势图，经过 2008 年的大跌后，此股本身价值已处于被低估的状态，在相对低位横盘震荡 5 个月后，于 2009 年 2 月 2 日放量上攻，从此便拉开了上涨的序幕。

图 3-66 为 2008 年年底至 2009 年年底上海汽车日 K 线走势图，相比大盘 1 倍多的涨幅，上海汽车在此期间有将近 5 倍的上涨幅度，远强于市场大势。

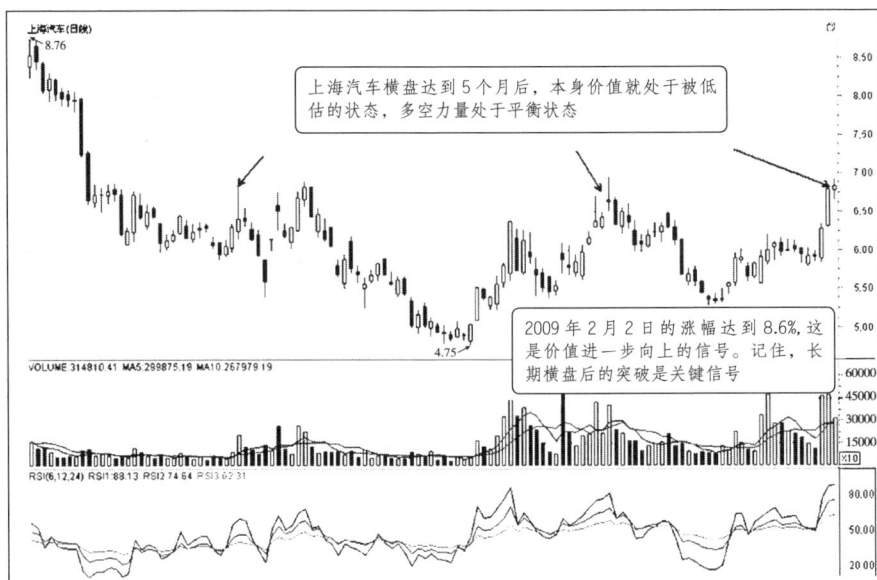

上海汽车横盘达到5个月后，本身价值就处于被低估的状态，多空力量处于平衡状态

2009年2月2日的涨幅达到8.6%，这是价值进一步向上的信号。记住，长期横盘后的突破是关键信号

图 3-65　上海汽车 2009 年年初日 K 线走势图

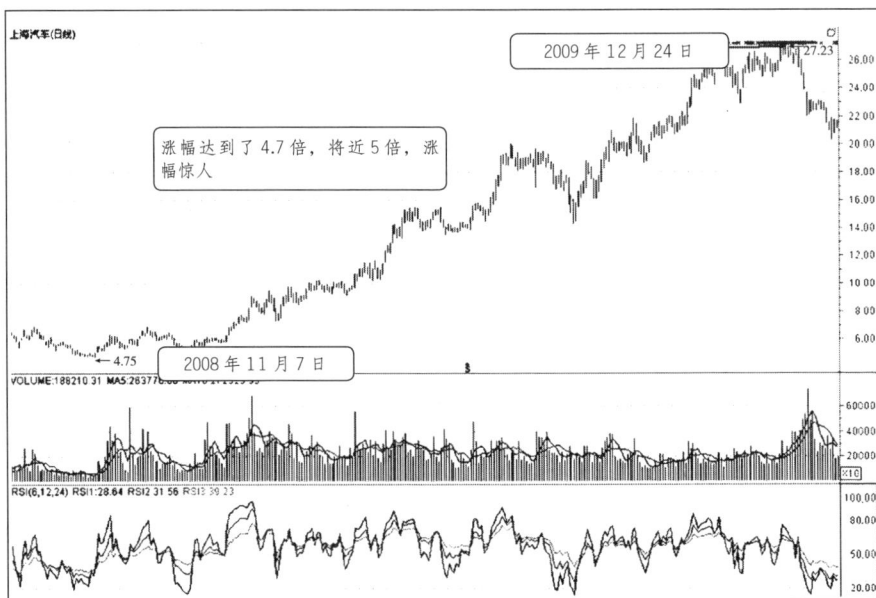

2009 年 12 月 24 日

涨幅达到了 4.7 倍，将近 5 倍，涨幅惊人

2008 年 11 月 7 日

图 3-66　上海汽车 2008 年年底至 2009 年年底日 K 线走势图

◇学会把握公司重要的卖点

在研究任何品种之前，都要知道其主要的卖点。这样，它本身的主要价值才会更突出，以上海汽车为例。

①上海汽车最主要的卖点——当时我国最大的汽车生产企业。

②汽车属于大消费板块，在国家大力拉动内需的大政策影响下，作为国内居民大宗消费重点的汽车是国家政策扶持的首选。上海汽车公司得益于国家政策的大力扶植，所以出现了如此大的涨幅。

◇最新提示和公司概括——第一印象

从图 3-67、图 3-68 中，我们可以得知上海汽车公司的一些基本信息，对公司有初步的了解。虽然你只能从这里得到一些基本信息，得不到太多有价值的东西，但是不要紧，继续往下看，毕竟这里的信息主要是为了让你建立第一印象。

```
☆最新提示☆ ◇600104 上海汽车 更新日期：2010-03-10◇ 港澳资讯 灵通V5.0
★本栏包括【1.最新提醒】【2.最新报道】【3.最新异动】【4.最新运作】
【1.最新提醒】
【港澳资讯 股票市场关注度】
  统计时间：2010-03-10
600104上海汽车 在所有A股(1715支)中市场关注度排名第103位
  较前日上升16位     关注度等级：★★★★★
  说明：关注度是基于机构研究报告以及各大财经网站个股关注数据经过计算得出。

【最新简要】   ★2009年报预约披露时间：2010-04-02
```

★最新主要指标★	10-01-07	09-09-30	09-06-30	08-12-31	08-09-30
每股收益(元)	-	0.6070	0.2210	0.1000	0.3400
每股净资产(元)	-	6.0700	5.6870	5.6870	5.5800
净资产收益率(%)	-	9.9900	3.8800	1.8900	6.0900
总股本(亿股)	65.5495	65.5103	65.5103	65.5103	65.5103
实际流通A股(亿股)	65.5495	16.4455	16.4455	16.4455	16.4455
限售流通A股(亿股)	-	32.7503	32.7503	32.7503	49.0648
暂锁定人民币普通股(亿股)	-	16.3145	16.3145	16.3145	-
最新指标变动原因	认股权证行权				

> 2009年的每股收益比保持增长趋势，每股净资产从第一季度到第三季度都是稳步增长，尤其是净资产收益率，从2008年至2009年都是大幅上升，在2008年全世界爆发经济危机的情况下，能取得这样的成绩是难能可贵的，这也是上海汽车的一个亮点

```
★最新公告：03-09刊登2010年2月份产销快报  (详见后)
★最新报道：03-05上海汽车(600104)控股股东无偿划转股份获批(详见后)

★最新分红扩股和未来事项：
【分红】2009中期 中期利润不分配(实施)
【分红】2008年度 10派0.26(含税)(实施) 股权登记日：2009-06-19 除权除息
日：2009-06-22
```

图 3-67　上海汽车基本资料图（一）

【1.基本资料】

公司名称	上海汽车集团股份有限公司		
英文名称	SAIC Motor Corporation Limited		
证券简称	上海汽车	证券代码	600104
曾用简称	G上汽 上海汽车		
关联上市			
相关指数	上证180　上证50　沪深300指数　中证100指数　巨潮100指数　道中指数　道中88指数　道沪指数		
行业类别	汽车制造业		
证券类别	上海A股	上市日期	1997-11-25
法人代表	胡茂元	总经理	陈虹
公司董秘	王剑璋	独立董事	段祺华,尤建新,邵瑞庆,林忠钦
联系电话	(021)50803757	传真	(021)50803780
公司网址	http://www.saicmotor.com		
电子信箱	saicmotor@saicmotor.com		
注册地址	上海市张江高科技园区松涛路563号1号楼508室		

从相关指数就可以了解公司属于什么概念股，这点应引起我们的重视

我们可以通过公司的网站去了解更多的信息

图3-68　上海汽车基本资料图（二）

注：更新日期为2010年3月10日。

在公司概括栏中，重要的还是关联企业部分，透过这里的信息往往能够发现潜在的题材，更清楚地认识公司的现状，如图3-69所示。

【3.关联企业】

关联方名称	关联关系	所占权益(万元)	比例(%)	是否控制
上汽依维柯商用车投资有限公司	合营公司	–	–	否
上海采埃孚变速器有限公司	合营公司	–	–	否
上海大众汽车有限公司	合营公司	–	–	否
上汽通用汽车金融有限责任公司	合营公司	–	–	否
上海通用汽车有限公司	合营公司	–	–	否
南海坤图汽车装饰有限公司	合营公司	–	–	否
联合汽车电子有限公司	合营公司	–	–	否
上海申沃客车有限公司	合营公司	–	–	否
南京依维柯汽车有限公司	合营公司	–	–	否
泛亚汽车技术中心有限公司	合营公司	–	–	否
上海汽车工业（集团）总公司	控股股东	517154.95	78.94	是
南京凯迪专用车有限公司	控股子公司	–	–	是
南京南亚汽车有限公司	控股子公司	–	–	是
上海汽车集团财务有限责任公司	控股子公司	–	98.59	是
山东上汽汽车变速器有限公司	控股子公司	–	90.00	是
Ssangyong European Parts Center B.V.	控股子公司	–	–	是
上海东风柴油机销售公司	控股子公司	–	–	是
上海汇众汽车制造有限公司	控股子公司	–	100.00	是
Ssangyong Motor Company	控股子公司	–	51.33	是
上海汽车齿轮一厂	控股子公司	–	91.50	是
上汽汽车变速器有限公司	控股子公司	–	100.00	是
双龙（仪征）汽车配件制造有限公司	控股子公司	–	–	是
上海万众汽车零部件有限公司	控股子公司	–	100.00	是
沈阳上汽金杯汽车变速器有限公司	控股子公司	–	51.40	是

观察公司的关联企业，我们不难发现，和公司合营的企业绝大部分都是国内知名的大公司，这有利于公司综合实力的提升；大部分子公司都是汽车生产工业的上游行业，这大大降低了公司的生产成本

图3-69　2010年上海汽车关联企业图

注：更新日期为2010年3月10日。

最新案例回顾

图3-70为沪电股份的一些基本信息，图3-71为沪电股份的关联企业分析图。

```
☆最新提示☆ 〈◇002463 沪电股份〉更新日期:2019-06-27◇港澳资讯 灵通V7.0
☆〈港澳资讯〉所载文章、数据仅供参考，使用前务请仔细核查，风险自负。☆
★本栏包括【1.最新提醒】【2.机构持股变化】【3.股东户数变化】
         【4.风险提示】★

关注度等级:★★★★(2019-06-23)市场关注度排名第1406位,较前日↑18位
★年报季报披露进行时,聪明资金、实力机构、私募牛散相比上季报
★新进增持哪些股票?请到港澳F10网站 www.gaf10.com 查一查!

【1.最新提醒】

┌────────────┬────────┬────────┬────────┬────────┬────────┐
│★最新主要指标★│19-06-26│19-03-31│18-12-31│18-09-30│18-06-30│
├────────────┼────────┼────────┼────────┼────────┼────────┤
│每股收益(元)  │   -    │ 0.0970 │ 0.3407 │ 0.2289 │ 0.1174 │
│每股净资产(元) │   -    │ 2.4273 │ 2.3322 │ 2.2147 │ 2.0977 │
│净资产收益率(%)│   -    │ 3.9700 │15.3400 │10.5500 │ 5.5200 │
│总股本(亿股)  │17.2512 │17.2512 │17.1912 │17.1912 │17.1887 │
│流通A股(亿股) │16.8829 │16.7371 │16.7364 │16.7364 │16.7364 │
│限售条件股份(亿股)│ 0.3683│ 0.5142 │ 0.4548 │ 0.4548 │ 0.4523 │
│最新指标变动●│股权激励  │
│            │限售流通  │
└────────────┴────────┴────────┴────────┴────────┴────────┘

2019-03-31  每股资本公积:0.168 营业收入(万元):136327.80 同比增16.61%
2019-03-31  每股未分利(元):1.129 净利润(万元):16245.11 同比增131.47%

★最新公告:2019-06-27沪电股份(002463)2019年半年度业绩预告(详见
 大事)
★最新报道:2019-06-27沪电股份(002463)2019年上半年净利5亿 较上年同期增
 长154%(详见业内点评)
★资本运作:【公告日期】2014-04-18 【类别】股权质押(详见资本运作)

★最新分红扩股和未来事项:
 【分红】:2018年度 10派1.0元(含税)(实施) 股权登记日: 2019-05-10 除权除
 息日: 2019-05-13
 【分红】2018年度 利润不分配(决案)
 【未来事项】2019-07-12召开股东大会

★特别提醒:
 【业绩预告】:预计2019年1月至6月归属于上市公司股东的净利润盈利: 44,000
 万元~50,000万元,比上年同期增长: 123.86%-154.39%。(信息来源:2019-06-2
 7 临时公告)
 ★股权激励:2018-05-23 授予4471.09万股
 ★股权激励限售流通(2019-06-26):1462.15万股(详见股本结构)
 ★投资互动:2019-06-04有3条关于沪电股份公司投资者互动内容(详见公司大事)
 ★股东户数变化:截止2019-03-31,公司股东数96124,比上期(2019-02-28)减少16
 67户,幅度-1.7%(详见主力追踪)
```

> 沪电股份最新提示中披露公司2019年上半年的净利润比上年同期增长了123.86%~154.39%，这是比较明显的亮点

图 3-70 沪电股份 F10 最新提示中的亮点

```
【4.关联企业】

┌──────────────────┬────────┬────────┬──────────────────┐
│    关联方名称      │ 关联关系 │所占比例│   主营业务        │
│                  │        │ (%)   │                  │
├──────────────────┼────────┼────────┼──────────────────┤
│碧景(英属维尔京群岛)│公司控股股东│ 19.66 │投资业务            │
│控股有限公司        │        │        │                  │
│黄石沪士电子有限公司│子公司   │100.00 │生产型企业          │
│昆山易惠贸易有限公司│子公司   │100.00 │商贸企业            │
│昆山先创利电子有限公司│子公司 │100.00 │生产型企业          │
│沪士国际有限公司    │子公司   │100.00 │商贸企业            │
│昆山沪利微电有限公司│子公司   │100.00 │生产型企业          │
│黄石沪士供应链管理有限│子公司 │   -   │供应链管理及相关配套服│
│公司               │        │        │务                 │
│Wus Irvine Inc.   │子公司   │   -   │商贸企业            │
│黄石邻里物业服务有限公│子公司 │   -   │物业管理及房屋经纪服务│
│司                 │        │        │                  │
│Schweizer Electronic A│联营企业│  -   │-                 │
│G.                │        │        │                  │
└──────────────────┴────────┴────────┴──────────────────┘
```

> 关联企业中以生产和销售类公司为主

图 3-71 沪电股份 F10 中关联企业分析图

股东研究

用过去的筹码流向对比来分析当下的状况。在研究十大流通股东占比的过程中，我们分析主力占比时，要把具有央企背景的大股东流通股进行锁仓，这一点很重要。图 3-72 为上海汽车股东研究情况。

截止日期:2009-09-30 十大流通股东情况 股东总户数:132495 户均流通股:24725

股东名称	持股数(万股)	占流通股比(%)	股东性质	增减情况(万股)
上海汽车工业（集团）总公司	189651.95	57.89 A股	公司	未变
跃进汽车集团公司	32000.00	9.77 A股	公司	未变
中国建设银行一银华核心价值优选股票型证券投资基金	7400.48	2.26 A股	基金	899.83
中国建设银行一博时主题行业股票证券投资基金	4719.38	1.44 A股	基金	1219.38
全国社保基金一零八组合	3300.00	1.01 A股	社保基金	未变
华夏成长证券投资基金	2444.00	0.75 A股	基金	100.00
中国建设银行一博时价值增长贰号证券投资基金	2400.62	0.73 A股	基金	未变
中国工商银行一汇添富均衡增长股票型证券投资基金	1884.69	0.58 A股	基金	1781.27
全国社保基金一零三组合	1699.77	0.52 A股	社保基金	新进
中国银行一银华优质增长股票型证券投资基金	1666.30	0.51 A股	基金	253.93

合计持有247167.18万流通A股,分别占总股本37.73%，流通A股75.45%

从股东研究中，我们可以看到股东的性质绝大部分都是基金，这说明公司的价值得到了主力机构的认可

图 3-72　上海汽车股东情况分析图（一）

主力身影众多，说明公司得到主力的认可，这是好事，这也是股价能大幅上扬的原因。再看一下变化的情况，如图 3-73 所示。

从图 3-74 中我们可以看到，不管是第二季度还是第三季度，公司的价值都得到了基金的追捧，这无疑是推动股价上扬的直接原因。只要大环境较好，受到众多基金的青睐无疑是好事。但我们要记住的是，当市场出现转折的时候，众多基金再次扎堆，博弈到最后阶段时，如果分歧加大，最终局面就会失控，这是需要警惕的。

截止日期:2009-09-30 十大流通股东情况 股东总户数:132495 户均流通股:24725				
股东名称	持股数 （万股）	占流通股比 （%）	股东性质	增减情况 （万股）
上海汽车工业（集团）总公司	189651.95	57.89 A股	公司	未变
跃进汽车集团公司	32000.00	9.77 A股	公司	未变
中国建设银行－银华核心价值优 选股票型证券投资基金	7400.48	2.26 A股	基金	899.83
中国建设银行－博时主题行业股 票证券投资基金	4719.38	1.44 A股	基金	1219.38
全国社保基金一零八组合	3300.00	1.01 A股	社保基金	未变
华夏成长证券投资基金	2444.00	0.75 A股	基金	100.00
中国建设银行－博时价值增长贰 号证券投资基金	2400.62	0.73 A股	基金	未变
中国工商银行－汇添富均衡增长 股票型证券投资基金	1884.69	0.58 A股	基金	1781.27
全国社保基金一零三组合	1699.77	0.52 A股	社保基金	新进
中国银行－银华优质增长股票型 证券投资基金	1666.30	0.51 A股	基金	253.93
合计持有247167.18万流通A股,分别占总股本37.73%,流通A股75.45%				

图 3-73　上海汽车股东情况分析图（二）

截止日期:2009-06-30 十大股东情况 股东总户数:18971 户均流通股:17268				
股东名称	持股数 （万股）	占总股 本比%	股份性质	增减情况 （万股）
上海汽车工业（集团）总公司	517154.95	78.94	国有法人股, 流通A股	未变
跃进汽车集团公司	32000.00	4.88	流通A股	未变
中国建设银行－银华核心价值优 选股票型证券投资基金	6500.64	0.99	流通A股	5824.03
中国建设银行－博时主题行业股 票证券投资基金	3500.00	0.53	流通A股	-799.99
全国社保基金一零八组合	3300.00	0.50	流通A股	1900.00
中国建设银行－博时价值增长贰 号证券投资基金	2400.62	0.37	流通A股	未变
华夏成长证券投资基金	2344.00	0.30	流通A股	-200.00
中国建设银行－泰达荷银市值优 选股票型证券投资基金	2030.80	0.31	流通A股	-291.97
中国农业银行－益民创新优势混 合型证券投资基金	1962.34	0.30	流通A股	1825.38
交通银行－华夏蓝筹核心混合型 证券投资基金(LOF)	1815.42	0.28	流通A股	1785.50

从第二季度到第三季度的股东情况中，我们可以看出，机构开始吸收到流通户的股票，筹码进一步集中，股价出现大幅度的攀升

图 3-74　上海汽车股东情况分析图（三）

如图 3-75 所示，随着研究的深入，更多的信息自然会变得慢慢清晰起来，我们对该上市公司的了解就会越来越深入，最后就能透过现象看到本质。

基金名称	持股数量（万股）	持有市值（万元）
中国建设银行－银华核心价值优选股票型证券投资基金	7400.48	未披露
中国建设银行－博时主题行业股票证券投资基金	4719.38	未披露
华夏成长证券投资基金	2444.00	未披露
中国建设银行－博时价值增长贰号证券投资基金	2400.62	未披露
中国工商银行－汇添富均衡增长股票型证券投资基金	1844.69	未披露
中国银行－银华优质增长股票型证券投资基金	1666.30	未披露
银华富裕主题股票型证券投资基金	1500.60	29636.76
泰达荷银市值优选股票型证券投资基金	1500.00	29625.00
益民创新优势混合型证券投资基金	1456.15	28758.89
上证红利交易型开放式指数证券投资基金	1215.92	24014.39
工银瑞信精选平衡混合型证券投资基金	1029.96	20342.14
易方达科讯股票型证券投资基金	1000.02	19750.36
融通行业景气证券投资基金	788.01	15563.12
宝康消费品证券投资基金	660.00	13035.00
银华内需精选股票型证券投资基金	641.99	12679.27
申万巴黎新经济混合型证券投资基金	585.18	11557.24
易方达平稳增长证券投资基金	500.01	9875.11
银华优势企业证券投资基金	500.00	9874.97
嘉实成长收益证券投资基金	499.97	9874.31
大成积极成长股票型证券投资基金	400.00	7900.00

> 这里基金的参与情况更加明朗化，除了前面公布的十大流通股基金，其他的基金也开始显现出来了

图 3-75　上海汽车基金参与情况分析图

注：更新日期为 2010 年 3 月 10 日。

最新案例回顾

如图 3-76 所示，我们可以看到沪电股份的十大流通股东明显以国家队资金和指明公募基金持股为主导。

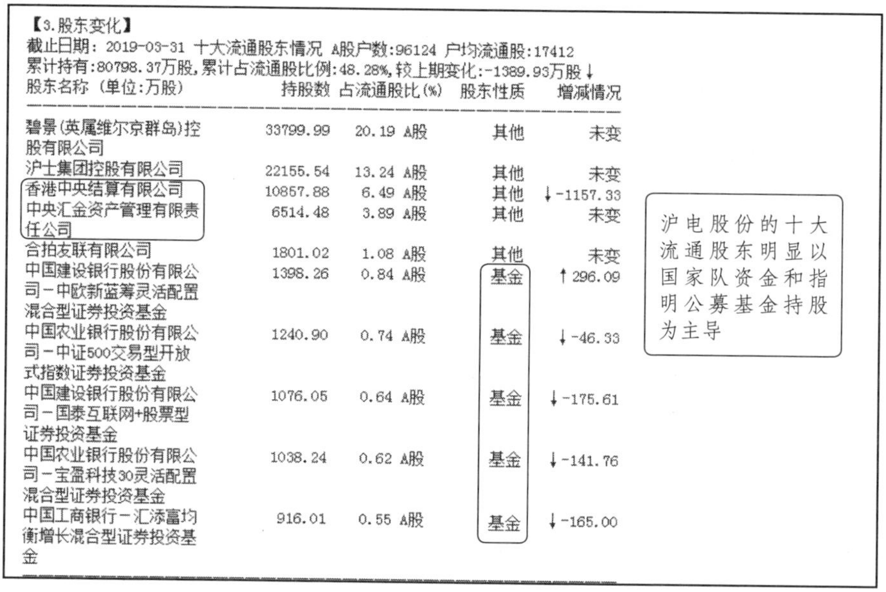

```
【3.股东变化】
截止日期：2019-03-31  十大流通股东情况  A股户数：96124  户均流通股：17412
累计持有：80798.37万股,累计占流通股比例：48.28%,较上期变化：-1389.93万股↓
股东名称（单位：万股）          持股数  占流通股比(%)  股东性质    增减情况

碧景(英属维尔京群岛)控       33799.99    20.19  A股      其他       未变
股有限公司
沪士集团控股有限公司         22155.54    13.24  A股      其他       未变
香港中央结算有限公司         10857.88     6.49  A股      其他     ↓-1157.33
中央汇金资产管理有限责        6514.48     3.89  A股      其他       未变
任公司
合拍友联有限公司             1801.02     1.08  A股      其他       未变
中国建设银行股份有限公        1398.26     0.84  A股      基金     ↑296.09
司－中欧新蓝筹灵活配置
混合型证券投资基金
中国农业银行股份有限公        1240.90     0.74  A股      基金     ↓-46.33
司－中证500交易型开放
式指数证券投资基金
中国建设银行股份有限公        1076.05     0.64  A股      基金     ↓-175.61
司－国泰互联网+股票型
证券投资基金
中国农业银行股份有限公        1038.24     0.62  A股      基金     ↓-141.76
司－宝盈科技30灵活配置
混合型证券投资基金
中国工商银行－汇添富均         916.01     0.55  A股      基金     ↓-165.00
衡增长混合型证券投资基
金
```

> 沪电股份的十大流通股东明显以国家队资金和指明公募基金持股为主导

图 3-76　沪电股份 F10 中股东研究分析图

公司大事和行业分析——继续深入

公司大事栏目里都是一些公告之类的信息，可以快速阅读但并不具有重大价值。同时，这里也是年报、半年报的公布场所，可以看到公司的业绩信息。

从图 3-77、图 3-78 所示的行业分析来看，上海汽车在同行业中属于行业的龙头企业，公司无论在总资产还是主营业务收入上都有明显的优势。

【1.行业地位】
【所属行业】汽车制造业
【行业地位】
【截止日期】2009-09-30

代码	简称	总股本(亿股)	实际流通A股	总资产(亿元)	排名	主营收入(亿元)	排名	净利润增长率	排名
000625	长安汽车	23.34	9.00	201.87	2	174.00	4	144.93	1
600166	福田汽车	9.15	6.03	176.70	3	321.14	2	83.56	2
600104	上海汽车	65.51	16.45	1199.7	①	989.77	①	78.52	3
002284	亚太股份	0.96	0.19	16.37	18	9.12	15	64.61	4
600303	曙光股份	2.22	1.83	51.30	14	30.83	15	50.63	5
000868	安凯客车	3.07	1.77	20.88	17	13.41	16	42.69	6
000550	江铃汽车	8.63	5.16	74.38	10	74.99	9	20.50	7
600418	江淮汽车	12.89	8.81	161.30	5	148.66	6	18.66	8
000800	一汽轿车	16.28	14.12	147.26	7	191.20	3	5.78	9
600066	宇通客车	5.20	4.02	57.83	13	58.33	11	-15.20	10
600006	东风汽车	20.00	7.98	148.22	6	103.56	7	-31.77	11
000951	中国重汽	4.19	1.52	170.41	4	156.49	5	-34.31	12
600991	广汽长丰	5.21	2.58	67.16	12	35.71	13	-40.85	13
000927	一汽夏利	15.95	15.95	81.17	9	63.22	10	-49.61	14
000957	中通客车	2.39	2.26	15.97	19	10.04	17	-59.54	15
600686	金龙汽车	4.43	4.42	85.39	8	79.60	8	-60.54	16
600565	迪马股份	7.20	4.75	39.92	16	4.80	19	-60.93	17
600988	ST宝龙	1.00	0.34	1.12	21	0.06	21	-74.28	18
600609	金杯汽车	10.93	10.93	45.41	15	33.04	14	-417.4	19
								0	

从总资产与主营业务收入分析图中看,当时上海汽车的主营收入在同行业上市公司中排第一,这无疑巩固了公司在行业中的龙头地位

图 3-77 上海汽车行业地位分析图(一)

与行业指标对比

上海汽车	65.51	16.45	1199.7	①	989.77	①	78.52	③
行业平均	11.01	5.94	135.45		121.07		350.8 4	
该股相对平均值%	495.03	176.83	785.72		717.49		-121.7 -6	

龙头地位显而易见

图 3-78 上海汽车行业地位分析图(二)

最新案例回顾

图 3-79 为沪电股份所在行业的分析图。

【截止日期】2019-06-26 市值数据					
排名	股票名称	股价(元)	流通A股 (亿股)	总股数 (亿股)	流通市值 (亿元)	总市值 (亿元)
1	海康威视	26.43	80.74	93.48	2134.14	2470.80
2	工业富联	12.11	16.09	198.44	194.82	2403.17
3	中兴通讯	31.48	34.34	41.93	1080.89	1319.85
4	京东方A	3.42	338.60	347.98	1158.00	1190.11
5	立讯精密	23.60	41.10	41.15	970.08	971.05
6	鹏鼎控股	28.75	2.31	23.11	66.45	664.54
7	汇顶科技	128.42	2.32	4.57	297.42	586.59
8	紫光股份	27.30	8.33	20.43	227.46	557.72
9	三安光电	11.46	40.78	40.78	467.39	467.39
47	沪电股份	11.25	16.88	17.25	189.93	194.08

> 行业市值对比中，沪电股份明显比较靠后，未来成长潜力较大

图 3-79　沪电股份 F10 中行业分析的市值对比分析图

股本股改——回归现实

从图 3-80 中，我们可以看出公司股本扩张的速度，以及公司股本变化情况和具体原因。

【1.股本结构】				
单位（万股）	2009-12-31	2008-12-31	2007-12-31	2006-12-31
总股本	655102.91	655102.91	655102.91	655102.91
流通A股	655102.91	655102.91	655102.91	655102.91
实际流通A股	655102.91	164455.15	164455.15	148075.16
限售的流通股	-	327503.00	490647.75	507027.75
暂锁定人民币普通股	-	163144.75	-	-

> 从股本结构中我们可以看出这三年公司的总股本几乎没有变动

图 3-80　上海汽车股本结构分析图

图 3-81 为沪电股份的股本变化图。

【2.股本变化】					
变更日期	2019-06-26	2019-01-30	2018-08-31	2018-06-25	
总股本(万股)	172512.07	172512.07	171912.07	171887.07	从近几个季度
流通A股(万股)	168828.65	167370.50	167364.25	167364.25	来看,沪电股
实际流通A股(万股)	168828.65	167370.50	167364.25	167364.25	份的总股本和
股本较上期变化(%)	0.0	0.35	0.01	2.67	流通股本基本
					上变化不大
截止当天总市值(亿元)	192.18	138.18	108.65	63.60	
总市值较上期变化(%)	39.08	27.18	70.84	22.15	
变更原因	股权激励限售流通	股权激励实施	股权激励实施	股权激励实施	

图 3-81 沪电股份 F10 中股东股改特点分析图

高层治理——接触"家长"

要想办法了解不熟悉的高管,如通过网站、朋友等渠道尽量去了解。

我们也可以通过上海某公司的薪酬制度和股权激励制度等,看看该公司对人才的吸引程度,如图 3-82 所示。高管的学历大部分是博士、硕士研究生级别,说明该公司在"软件"方面起点较高,这一点对公司发展无疑是有利的。同时,董事长任职起始日也是很重要的。如图 3-83 所示,某公司董事长任职起始时间是 2004 年 4 月 21 日,相对来说任职时间还是较久的,截至 2010 年 3 月 9 日,公司一直未换董事长,说明公司内部高层相对稳定。

☆高层治理 ☆ ◇ 600104 上海汽车 更新日期：2010-03-09 ◇港澳资讯 灵通 V5.0
★本栏包括【1.高管买卖本公司股票情况】【2.高管列表】【3.高管兼职】【4.高管简介】
【1. 高管买卖本公司股票情况】
最近一年（统计日期：2010-03-09）：无数据。

【2. 高管列表】

姓名	性别	公司职务	学历	年薪（万元）	持股数（万股）
×××	男	董事长	博士	64.00	3.14
××	男	总裁，副董事长，董事	本科	64.00	0.64
×××	女	董秘	博士	49.00	—
×××	男	独立董事	硕士	5.00	—
×××	男	独立董事	博士	5.00	—
×××	男	独立董事	博士	5.00	—
×××	男	独立董事	博士	5.00	—
×××	男	监事会主席	硕士	—	—
××	男	董事	博士	—	—
×××	男	董事	博士	—	—
×××	男	董事	硕士	—	—
×××	男	董事，副总裁	博士	55.00	—

从这里，我们可以看出公司高管的薪酬相对而言还是合理的，并且公司的董事长与副董事长持有一定的股数，说明公司的薪酬激励与股权激励制度都是较为合理的，这样有利于激发高管的积极性

图 3-82 上海某公司高管情况

【4. 高管简介】

姓名	×××	性别	男	学历	博士
职位名称	董事长	任职起始日	2004-04-21	年薪	640000
持股数	31356				
简历	××年××月出生，中共党员，研究生学历，博士学位，高级经济师，高级工程师。				

董事长是我们需要重点关注的职务。作为公司的掌舵者，董事长能力的高低很大程度上决定公司的发展前途

图 3-83 上海某公司董事长情况

如图 3-84 所示，沪电股份的高管也有不少亮点。

姓名：吴礼淦	职务：董事长		任职起始日：2009-06-29	
性别：男	学历：大学	持股数：-		薪酬：-
简介：吴礼淦先生；中国台湾地区省籍（已取得香港永久性居民身份），1941年出生，毕业于中国台湾地区东海大学化学系，本公司创始人，现任本公司董事长，公司控股股东碧景（英属维尔京群岛）控股有限公司（BIGGERING(BVI) HOLDINGS CO., LTD.）董事。				

姓名：陈梅芳	职务：副董事长		任职起始日：2009-06-29	
性别：女	学历：大学	持股数：-		薪酬：360000
简介：陈梅芳女士；中国香港永久性居民身份（已取得中国台湾地区省籍），1946年出生，毕业于中国台湾地区台湾大学化工系，现任本公司副董事长，公司控股股东碧景（英属维尔京群岛）控股有限公司（BIGGERING(BVI HOLDINGS CO., LTD.）董事。				

沪电股份的董事长是台湾籍、副董事长和总经理是香港籍，高管主要来自电路板行业中技术发展领先的地区

姓名：吴传彬	职务：董事、总经理		任职起始日：2009-06-29	
性别：男	学历：硕士	持股数：-		薪酬：936000
简介：吴传彬先生：中国香港籍，1971年出生，毕业于美国柏克莱大学，上海交通大学EMBA硕士。1995年进入本公司，先后担任厂务制造经理、协理，现任本公司董事、总经理，公司控股股东碧景（英属维尔京群岛）控股有限公司（BIGGERING(BVI) HOLDINGS CO., LTD.）董事，公司股东合拍友联有限公司（HAPPY UNION INVESTMENT LIMITED）执行董事。				

图 3-84　沪电股份 F10 中高层治理亮点分析图

经营分析——了解家底

图 3-85、图 3-86 显示了上海汽车主营构成的具体状况与不同区域的主营收入占比情况，进一步体现上海汽车的现状和本质。

【2.主营构成分析】
【2009 年中期概况】

项目名称	营业收入（万元）	营业利润（万元）	毛利率（%）	占主营业务收入比例（%）
汽车制造业（行业）	6126513.52	786070.93	12.83	100.00
金融业（行业）	32005.65	18478.75	57.74	0.52
合计（行业）	6158519.17	804549.68	13.06	100.52
中国（地区）	6158519.17	–	–	100.52
合计（地区）	6158519.17	–	–	100.52

【2008年度概况】

项目名称	营业收入（万元）	营业利润（万元）	毛利率（%）	占主营业务收入比例（%）
汽车制造业（行业）	10540559.40	1217040.47	11.55	100.00
金融业（行业）	48666.10	17973.46	36.93	0.46
合计（行业）	10589225.50	1235013.93	11.66	100.46
中国（地区）	8951040.57	–	–	84.92
海外（地区）	1638184.94	–	–	15.54
合计（地区）	10589225.50	–	–	100.46

公司的主业是汽车制造，从表中我们可以看到，汽车制造占主营业务收入的100%，这说明公司的主营业务很集中，公司的业务重心非常明确。这样更有利于今后的发展

图 3-85　上海汽车主营构成分析图

3.【经营投资】
【公司经营情况评述】
【2009 年半年报】
董事会报告

（一）董事会讨论与分析

2009年上半年，面对形势严峻的宏观经济环境和快速变化的汽车市场，公司进一步加强对市场形势的跟踪研判，认真扎实地做好整车销售、自主品牌建设、新能源汽车发展和商用车业务等各项工作，取得了积极成效。报告期内公司销售整车 122.6 万辆，同比增长 23.7%，国内市场占有率为 20.1%，较去年同期提高 1.8 个百分点，继续保持国内市场领先地位。报告期内公司整车销量实现了同比快速增长，主要原因有四个方面：一是主要得益于国家刺激汽车消费的一系列政策出台，上半年市场出现快速恢复性增长态势；二是上半年油价相对处于低位，使得受去年油价高企抑制的部分需求得到释放；三是公司各下属企业狠抓内部精益管理，不断加快对市场的响应速度，在市场好转时抓住了机遇；四是自主品牌建设工作取得了积极成效，特别是荣威 550 实现销量突破，成为细分市场主流产品。

在报告期内，公司实现营业总收入 615.85 亿元，同比增长 6.85%；实现归属于上市公司股东的净利润 14.46 亿元，同比下降 26.43%。报告期内公司营业收入同比增长缓慢的主要原因是，从今年起公司营业收入不再含双龙汽车的营业收入。净利润同比下降的主要原因，一是因双龙汽车进入回生程序（类似破产保护），公司相应计提了减值准备，报告期内累计计提 11.82 亿元长期股权投资减值损失；二是证券投资收益大幅减少，报告期内公司证券投资收益 0.56 亿元，较去年同期下降 87.5%。剔除这些因素，公司主营业务利润同口径相比增长 57%，国内业务盈利能力增强。

分析下半年的形势，从宏观看，当前我国宏观经济正处于企稳回升的关键时期，国际国内不确定因素仍然较多，外部形势依然比较严峻，通货膨胀预期有所增强，宏观经济回升的基础还不够稳固。从国内车市看，一方面随着经济企稳回升，消费者购车信心继续回升；中央支持汽车产业发展的系列政策，近期不会出现大的调整。另一方面国际国内油价已呈现总体波动向上走势，股市波动的不确定性也会影响财富效应的显现，这些因素在一定程度上可能会影响汽车消费；同时，前期被抑制的汽车消费潜能基本释放完毕，难以给下半年车市带来更多新增量。综合对各方面因素的整体研判，公司预计年内国内汽车市场总体仍然向好，全年整车销量可达 1150 万辆，同比增幅超过 20%。

面对总体向好的汽车市场形势，公司将继续狠抓加快市场响应、严格库存控制等基础管理工作，全力推进整车销售、自主品牌管理提升、新能源汽车研发和商用车业务发展等工作，确保全面完成今年主要经济任务，实现经济运行平稳与可持续发展。

通过对年报的分析，我们可以对上海汽车当前状况和未来的发展有更为清晰的认识，从整体上较好地把握公司情况

图 3-86　上海汽车 2009 年半年报

最新案例回顾

图 3-87 为沪电股份的经营分析。

```
☆经营分析☆ ◇002463 沪电股份 更新日期：2019-03-26◇ 港澳资讯 灵通V7.0
★本栏包括【1.主营业务】【2.主营构成分析】【3.经营投资】
        【4.关联企业经营状况】★

【1.主营业务】
印制电路板的研发、生产和销售。


【2.主营构成分析】
【截止日期】2018-12-31
项目名                    营业收入      营业利润    毛利率(%)  占主营业务
                          (万元)        (万元)                 收入比例(%)

PCB（行业）               531354.87    128484.56    24.18       96.66      从经营分析中我们可
其他业务（补充）（行业）   18333.65       181.02     0.99        3.34      以发现：
合计（行业）              549688.52    128665.58    23.41      100.00
                                                                          1.主营业务为印制
企业通信市场板（产品）    348518.64     85932.98    24.66       63.40     电路板的研发、生产
办公工业设备板（产品）     51507.48     11336.80    22.01        9.37     和销售；2.产品主要
汽车板（产品）           128170.52     30773.74    24.01       23.32     在通信市场和汽车市
消费电子板（产品）         2206.60       313.56    14.21        0.40     场中流通；3.公司内
其他（电子板）              951.63       127.48    13.40        0.17     销和外销的比例基本
其他业务（补充）（产品）   18333.65       181.02     0.99        3.34     持平
合计（产品）              549688.52    128665.58    23.41      100.00

内销（地区）             227601.45     36844.34    16.19       41.41
外销（地区）             303753.42     91640.22    30.17       55.26
其他（补充）（地区）       18333.65       181.02     0.99        3.34
合计（地区）              549688.52    128665.58    23.41      100.00
```

图 3-87　沪电股份 F10 中经营分析特点分析图

财务分析——综合比较

财务分析既是重点也是非重点。所谓重点，就是它可以让我们对该公司有更全面和清晰的认识，而所谓非重点就是它属于会计师要分析的领域。我们没有必要达到会计师的水平，只要能够看懂就行了。图 3-88、图 3-89 显示了上海汽车公司的资产负债和利润构成。

【资产与负债】

财务指标（单位）	2009-12-31	2008-12-31	2007-12-31	2006-12-31
资产总额（万元）	13815835.72	10785664.86	10181548.76	8392414.24
负债总额（万元）	9139427.96	6931990.70	5880920.77	4622269.48
流动负债（万元）	7975706.87	5512036.86	4704456.88	399748204
长期负债（万元）	-	-	-	-
货币资金（万元）	3049978.95	2217420.70	1662007.58	1361178.99
应收账款（万元）	406681.62	285989.22	419656.09	223269.87
其他应收款（万元）	48435.42	43874.14	77031.54	72993.67
坏账准备（万元）	-	-	-	-
股东权益（万元）	4246245.47	3463977.27	3738476.80	3233413.14
资产负债率（%）	66.1518	64.2704	57.7605	55.0767
股东权益比率（%）	30.7346	32.1164	36.7181	38.5278
流动比率	0.9340	1.0154	1.1208	1.0056
速动比率	0.8297	0.8804	0.9595	0.8643

从公司的资产与负债表中我们不难看出，公司的资产总额是逐年增加的，说明公司的整体发展形势较好，但同时负债总额在资产中占了一定的比例，这点应该引起投资者的重视

图 3-88　上海汽车资产与负债分析图

【利润构成与盈利能力】

财务指标(单位)	2009-12-31	2008-12-31	2007-12-31	2006-12-31
主营业务收入(万元)	13887542.08	10540559.40	10408357.61	1952387.46
主营业务利润(万元)	-	-	-	-
经营费用(万元)	978929.76	718978.99	859128.85	121274.92
管理费用(万元)	475040.84	537558.43	537439.88	134972.69
财务费用(万元)	57870.36	151718.83	82710.13	9947.71
三项费用增长率(%)	7.36	-4.80	455.71	161.17
营业利润(万元)	843119.22	-96977.13	557466.36	146174.90
投资收益(万元)	834441.49	448936.90	657752.82	199724.20
补贴收入(万元)	-	-	-	-
营业外收支净额(万元)	16599.22	48942.08	27581.64	-12679.62
利润总额(万元)	859718.44	-48035.04	585048.00	133495.27
所得税(万元)	48915.90	36971.03	44224.32	-3176.95
净利润(万元)	659193.30	65616.80	463468.05	135584.63
销售毛利率(%)	12.71	11.55	13.98	12.95
主营业务利润率(%)	-	-	-	-
净资产收益率(%)	9.99	1.89	12.40	4.19

从表中我们可以看出公司近年来的经营管理与财务费用都呈下降走势，说明公司高层在节约开支上花了一定的精力，公司内部行政效率高

图 3-89　上海汽车利润构成分析图

　　通过财务分析我们得知，公司的财务指标较健康，管理能力得到了很大程度的提升。在世界金融危机持续爆发的 2009 年，公司能够维持如此稳健的运行，还能在困难中求进步，确实难能可贵，可能这也是它能够得到众多基金公司青睐的原因。

如图 3-90 所示，我们可以看到沪电股份的盈利能力在提高。

【盈利能力指标】

财务指标(%)	2019-03-31	2018-12-31	2017-12-31	2016-12-31
营业利润率	14.2313	12.1998	6.2618	0.0537
营业净利率	11.9162	10.3777	4.3987	3.4431
营业毛利率	25.9221	23.4070	17.9404	15.6709
成本费用利润率	17.5347	14.5631	7.0000	5.1669
总资产报酬率	2.7513	10.1398	4.8351	3.5065
加权净资产收益率	3.9700	15.3400	5.9700	3.9600

沪电股份的营业毛利率和营业净利率逐步提升，体现公司的盈利能力在提高

图 3-90　沪电股份 F10 中财务分析中的盈利能力分析图

分红扩股——潜在能量

看分红扩股的能力怎么样，一是看公司是否具有潜力；二是看公司是否是"铁公鸡"。

分析分红扩股的能力，要了解品种是否具有持续扩张的潜力。毕竟，资本市场对那些扩张得比较迅速的公司是比较欢迎的，因为这代表着成长快，容易被炒作。从图 3-91、图 3-92 中看，上海汽车具备这种潜能。

【1.分红扩股】
【最新分红扩股】

是否有潜在送转股能力	是	是否有潜在派现能力	是
是否有潜在配股资格	是	已连续几期未分红	1
配股次数	-	增发次数	2

三个都是"是"，说明公司潜在能力较大

图 3-91　上海汽车分红扩股能力分析图

【统计比较】

总融资额（万元）	1176600.00
总派现额（万元）	648340.66
总派现额与总融资额之比	0.55
上市公司排名	367
股本扩张倍数	8.36
上市公司排名	236

总派现额与融资额之比的比值较低，这点是有所不足，毕竟融资后还是要记得回馈投资者

图 3-92　上海汽车分红分析图

综上所述，通过进一步分析我们得知：上海汽车是一家综合实力较强、主营业务突出、经营管理能力出色的企业。金无足赤、人无完人，任何事物都存在一些瑕疵，虽然上海汽车也有一些不尽如人意的地方，但综合来说公司的发展形势还是比较乐观的，所以能够得到众多资金的追捧。

【学习延伸】

由浅入深地看透 F10，详见《操盘论道入门曲：看透 F10》。

值得注意的是，要深入了解一家公司，只看 F10 是远远不够的。要多读上市公司发布的资料，包括招股说明书、财报等，还要多读券商的研究报告，有条件的话，最好去上市公司调研一下。

投资看上去很轻松，只是在云淡风轻的背后不知隐藏了多少汗水。

操
盘
手
记

收获丰硕果实后用"无"来"归零"

在股市中战斗了一天，挺累的。很多人以为操盘是艺术，是享受，事实上，那是远看。一旦走近体验，你就会发现，操盘，尤其是在做差价波段时，注意力非达到相当高度不可；否则，一不小心就会失误，可能是买卖位置的失误，也可能是选择品种的失误。不过，话说回来，战斗完一天，带着丰硕的果实回到现实中的时候，有时不禁会感叹，原来现实这么有意思。平时忽略的现实，一下子可能会变得美丽起来，毕竟此时的心境已经不一样了。

望着窗外荡着波纹的江水，夜灯映照下，别有一番滋味。思维在不经意间就被江水牵引着，流到更远处，思绪也从室内游到外面去了，这是在胜利过后沉静下来时不经意的一种感受。

这举动的背后没有什么具体的意义，但却能反映出此时的心态就是"无"。这里的"无"是一种"有"了过后的"无"，是一种深刻体验战斗疯狂过后的"无"，很简单，却很有内涵。

其实，我何尝不是在追求这样的一个境界啊，有时候不经意做到了，心里真是喜出望外啊。思维总是控制不住四处飞翔，当"无"的状态出现后往往就是这样，总是有那么一段时间精神处于无法集中的阶段，不知道这是否也是一种放松，一种能量的释放呢？

我想是的。当"无"过后再回到现实，我会发现，自己好像又成长了。最重要的是，自己好像有了一个"归零"后的心态。

获得丰硕果实后，最怕的就是骄傲。远离骄傲的一个很不错的方法就是"归零"，用"无"来"归零"。"明天的太阳，不知道是否依然灿烂，但至少，我心中的那颗太阳，已经非常灿烂了。"这是收获丰硕果实后的人的一句自白。

从盈利系统思考开来

当要面对市场时，我们如果有了自己的盈利系统，就会多一分从容。至少，当看到道琼斯指数持续跌了近13个交易日的时候，我们会思考是否面临转折。因为13这个"神奇数字"有可能让"时间窗口"开启，引发市场转折。

再比如，当看到一根长下影线出现的时候，先不论是在上涨阶段还是在大的下跌阶段，至少我会思考，市场很有可能仍要调整一下，不妨再耐心看一会。

有时市场突然跳空低开，不过这样的低开缺口发生在区间震荡区域。此时，按照缺口理论的运用来看，这极有可能就是普通缺口。那么，这意味着什么？意味着市场有可能会在短期内发生回补，当天很可能就是低吸的机会所在。

　　当然，还有看待形态的问题。比如，如果周线上已经是个非常漂亮的圆弧底初期突破形态。那么，面对强势震荡的波动过程时，至少不会想太早出局，因为从中线的角度来看，上涨空间依然值得期待。

　　上面所述的是单一的运用，如果综合起来运用，那赢的概率是否就大大增加了呢？

　　把握市场，本质上就是把握概率的问题。这里毕竟跟赌场还是有本质区别的。赌场很多时候赌的就是运气，不过，在这里，除了运气以外，更重要的则是基本功，要有属于自己的盈利系统，这才是根本。

　　仅仅依靠运气，或许能够走一段时间的好路，但要想长久地走好，那几乎就是天方夜谭了。

　　只要每个人都有属于自己的一套盈利系统——当然，这套盈利系统必须是有一定价值的，必须是经历过实战总结出来的——那么，只要心态控制好，往往最终不赢都很难。

　　事实上，不少人都有属于自己的盈利系统，虽然不是非常完善，但至少也不会太差。不过，往往大部分人所忽略的是心态的控制。不论拥有多么好的盈利系统，在特定时候，尤其是市场波动较为剧烈、目光完全聚焦在那波动之中的时候，试问有人能保证情绪不受到影响吗？受影响是必然的。既然有影响，那么，就很可能会做出一般在冷静情况下不会做出的行为，也就是非理性行为，匆匆买进或卖出，那是常态。

　　正因为如此，我们可以发现，很多人往往输就输在盘面出现波动时，输在那牵动人心的一刻上，赢输往往就在那一线间。

　　功夫在诗外，到了最后，确实如此。如果没有比较好的性格与心态，试问，能做到从容面对市场吗？哪怕你有非常敏锐的盈利系统，也可能因情绪受市场波动影响,而将一切抛诸脑后,留下遗憾。控制好心态,虽然不一定就能赢,但至少具备了赢的基础。

乐章二：吴氏盈利系统深入——前瞻性与大格局思路剖析

【学习须知】

本堂课是以吴氏盈利系统来研判市场，由外围市场到国内市场，由股指到期指、大宗商品，系统性分析市场大势。

本堂课的内容在牛散大学堂股威宇宙的等级划分为"中学"级别。

随着股指期货与融资融券的顺利推出，中国股市与国际接轨的期望越来越强烈。就目前来看，外围市场的走势在很大程度上也影响着我国市场的走势。国际市场出现积极的信号，对我国市场也有积极的指示作用；而出现的负面消息，对我国市场也会造成消极影响。同时，我国市场对国际市场的影响也在发生着深刻的变化，正在由前期的跟随者向世界经济的领导者与股市的领航者转变。尽管这一转变还需要一定时间，但是随着我国多层次资本市场的不断完善、市场开放程度的不断提高，我国市场的影响力也将会与日俱增，不断上升到新的高度。相信在不久的将来，中国股市也可能会成为世界股市中的一个超级"权重板块"。在这样的背景之下，我们该如何把握中国资本市场的国际化进程，该如何进行研判呢？前瞻性与大格局思想是我实战思想的一种体现，它蕴含着五个重要的关键点：由外及内、由大到小、深入细微（微观）、抓住关键、融会贯通。

吴氏盈利系统研判体系

由外及内

股票分析要"由外及内"，即在世界联动的背景下，当我们研究本土资本市场的时候，是否要想到外面的市场到底如何呢？在研究国内市场之前是否可先研究国外市场，通过国外市场的状况来审视国内市场，让我们不致出现"只缘身在此山中"的盲区呢？在目前中国资本市场与全球同步接轨的大环境下，我认为这是必须要做到的。其实整个研判的剖析思路就是一个"由外及内"的过程，就是通过外部状况把握未来国内的赢面，请看图3-93。

◇国际主要证券市场轨迹透视

国际化视野，也就是国际眼光或者国际视角，是指站在全球或更为广阔的角度上观察经济的运行。

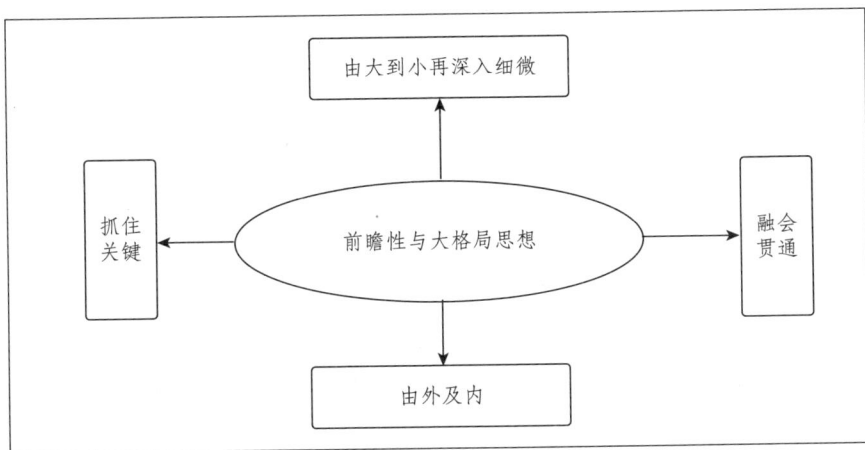

图 3-93　前瞻性与大格局思想框架图

　　如何更好地运用国际化视野来把握目前的 A 股市场呢？这是一个非常现实的问题，也是一个不可回避的问题。全球资本市场处于一种联动的状态，在目前的全球化背景下，要达到相对独立的状态是很难的。对重要的市场指数必须要清楚，如道琼斯指数、纳斯达克指数、日本东京指数、英国伦敦指数、德国法兰克福指数、印度指数、恒生指数等。

　　（1）道琼斯指数。

　　如图 3-94 所示，道琼斯指数的牛熊轮回清晰可见。2002 年 10 月至 2007 年 10 月为大的牛市格局，随后从 2007 年 10 月开始步入熊途，前 5 年的成果在短短的一年多时间内就丧失殆尽。一年时间虽短，备受煎熬的投资者却是度日如年，相信每一天都有投资者忍痛割肉，泪洒股市。经过一轮刻骨铭心的惨跌，与 2002 年 10 月相比，道琼斯指数虽然还在原地踏步，但是投资者经过熊市的洗礼，肯定成熟了不少。

金钱财富缩水了，但是精神财富却增加了。世事就是如此，鱼与熊掌不可兼得，有所收获必须有所付出。同时，你失去一些东西，也可能会不经意地得到一些东西。"塞翁失马，焉知非福"，就是这个道理。

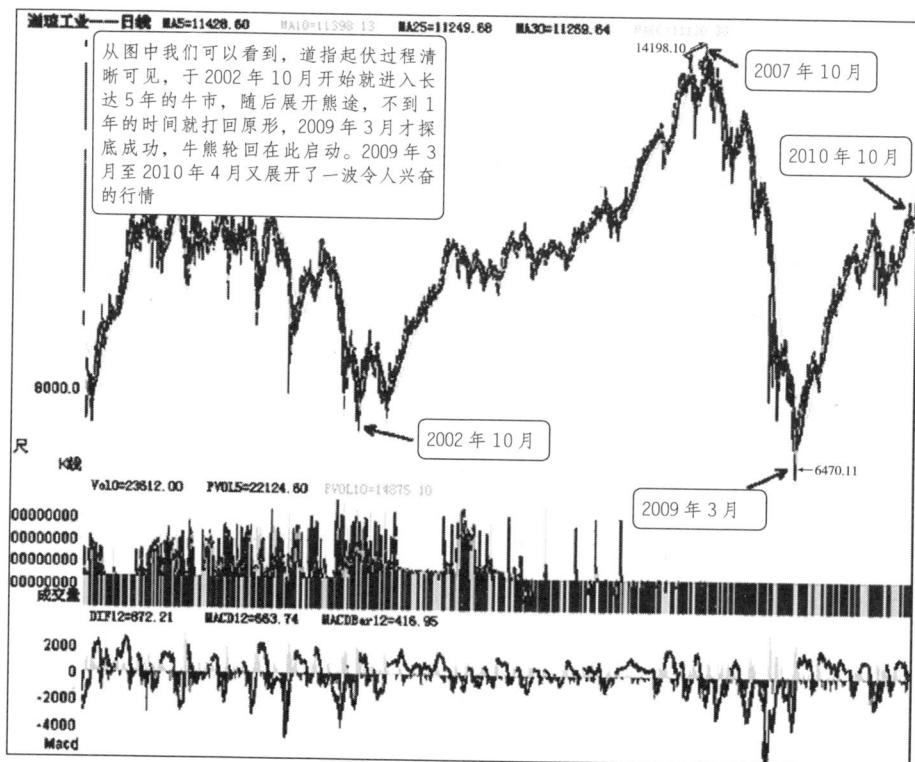

图 3-94　道琼斯指数 2002 年 10 月至 2010 年 10 月走势图

（2）纳斯达克指数。

如图 3-95 所示，纳斯达克指数与道琼斯指数由于同属美国三大指数，所处市场环境相同，所以走势也保持高度的相似性。对比 2002年 10 月至 2007 年 11 月长达 5 年的慢牛和 2007 年 11 月至 2009 年 3

月滑铁卢似的熊途，你有何感想？短短1年多的时间把5年多的积累消耗殆尽，相信有很多投资者至今还难以抹平内心的伤痛。"一朝被蛇咬，十年怕井绳"，投资者对市场的敬畏也就油然而生。相比刀光剑影的战场，暗流涌动的股海显得深不可测，更让人惊愕失色。

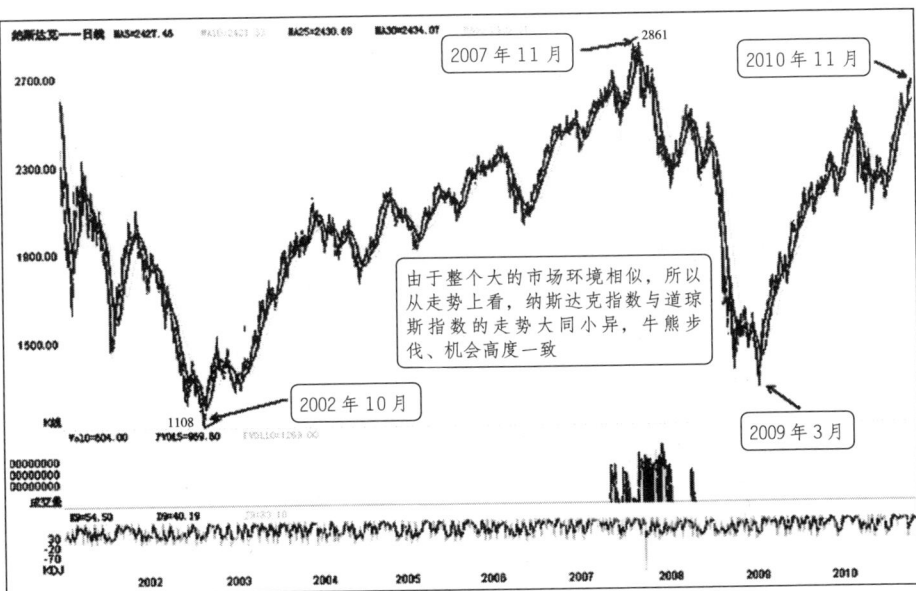

图 3-95 纳斯达克指数 2002 年 10 月至 2010 年 11 月走势图

很多人可能认为对市场的敬畏是懦弱的行为。殊不知，对市场的敬畏是成熟的表现。久经沙场的投资者，大部分人会觉得在证券市场越久，越需要有一颗敬畏市场、遵循市场之心，毕竟市场是一本客观存在的无字天书，我相信股市中没有神仙，要驾驭瞬息万变的市场几乎是不可能的。市场下一步会怎样走，我们只能根据有限的信息得出概率方面的预判。所以，只有尊敬市场规律，顺势而为，才能成为最终的胜利者；而幻想驾驭市场、凌驾于市场之上的投资者必将走向不归之路。

（3）标普500指数。

图3-96为2002年10月至2010年11月标普500指数的走势图。

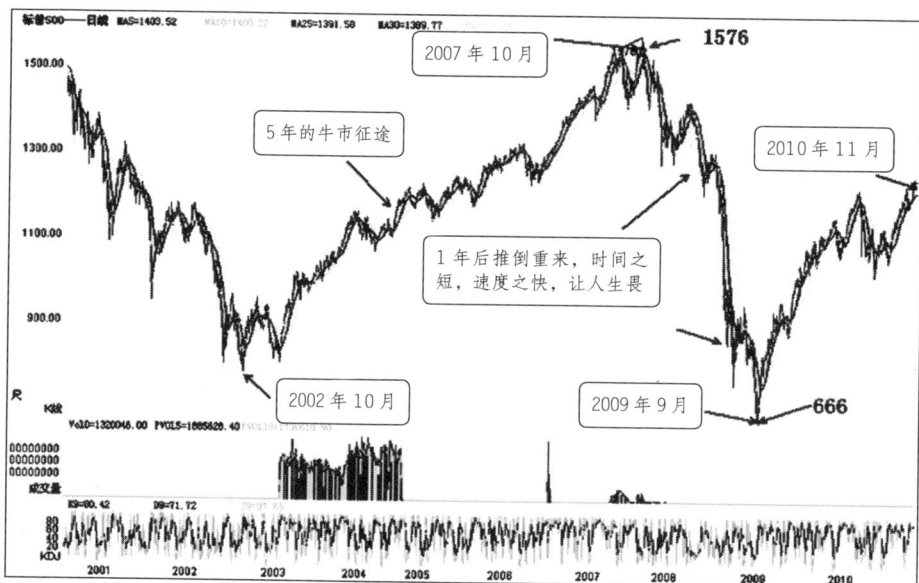

图3-96 标普500指数2002年10月至2010年11月走势图

从图中可以清晰地看到，标普500指数的走势更是让人心惊胆战。2009年3月击穿了牛市的起点，在下跌的短短1年时间里，不但把前期积蓄化为灰烬，而且还吞噬了不少成本。市场让人敬畏之处，再次显露无遗。我们需要切记的是，资本市场中没有什么是不可能的。它既是一个造梦之处，也是一个碎梦之处。高了可以再高，低了可以再低，资本市场中没有神仙。面对高了再高，谁也不能确定顶部在何方；面对低了又低，谁也不敢肯定底部已经到来。然而面对市场的摇摆不定，我们是否就束手无策了呢？答案是否定的。不可能所有的好事都发生在我们的身上，既然明知不可能、不现实，那么我们为何不坦然面对呢？我们不追求在最高点离场、最低点进场，我们只追求出在相对高点，进在相对低点。能懂得这点也足以让我们笑傲股市了。

（4）恒生指数。

图3-97为港股恒生指数走势图。对比港股与美股的走势，我们不难发现，在美股2002年踏入牛市之后不到半年，港股也回跌企稳，出现逐步走高的趋势，同样也进入了新一轮的升势，这也说明了国际化视野的重要性。看到美股由下跌到成功于2002年重拾升势，港股市场中具有国际化视野的投资者就会明白机会可能就要出现了。果然不出所料，时隔不到半年，港股就迎来了一波浩浩荡荡的牛市。

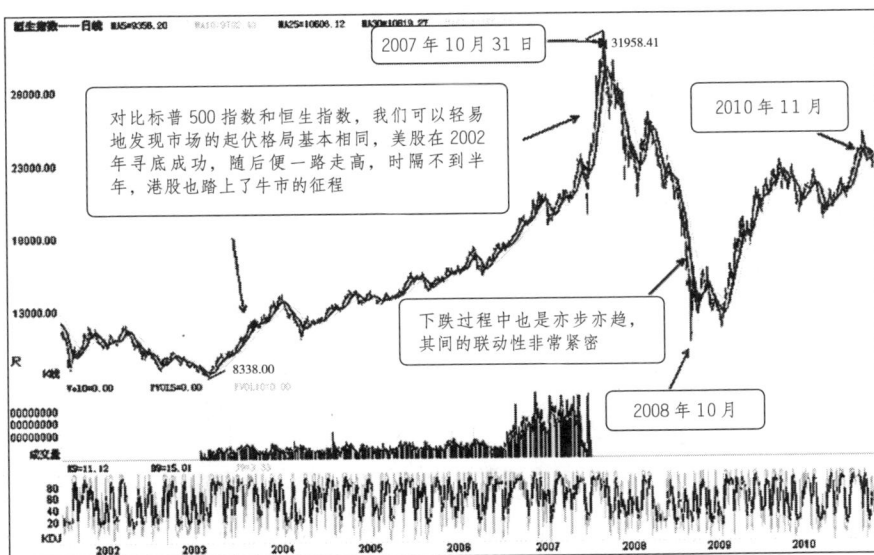

图3-97　恒生指数2007年10月至2010年11月走势图

　　这反映了世界经济的紧密联系性，作为经济晴雨表的资本市场表现出一致性，再次印证了国际化视野的重要性。当你看不懂国内市场走势时，不妨放开眼界，关注一下国外市场，或许你就会明白、清楚很多。

　　（5）上证指数。

　　从图3-98中我们可以清楚地看出，国外市场从2002年底就开始吹响了牛市的号角，而我国的股市却出现了"倒春寒"的走势，于2004年4月出现了一波幅度不小的下探。当时上证指数走出如此态势令很多投资者大惑不解，外围市场涨声一片，缘何A股市场却如此疲软？细想一下，其实不难理解，就发展时间的长短来说，我国股市还很年轻，其"叛逆"和"不成熟"的性格注定了它将上演一波让人匪

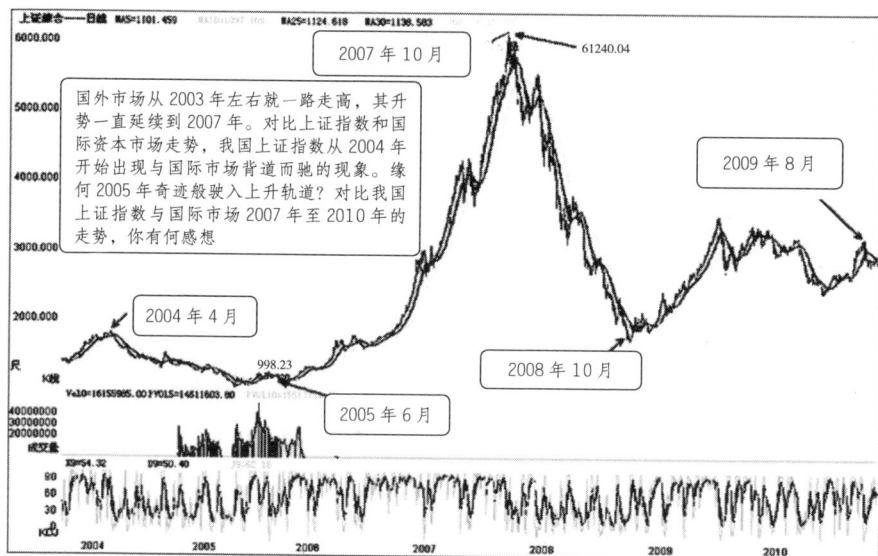

图3-98　上证指数2004年4月至2010年11月走势图

夷所思的闹剧。从当时大的环境背景来看，我国的股市正处于改革股权分置等历史遗留问题的探讨之中，前期的不成熟性很大程度上也是受历史遗留问题的影响，这大大阻碍了我国股市的稳步发展。

那么，到底何为股权分置？股权分置是指上市公司股东持向社会公开发行的股份在证券交易所上市交易，又称为流通股。而公开发行前股份暂不上市交易，称为非流通股。这种一家上市公司股份分为流通股与非流通股的股权分置状况，为中国证券市场所独有。

非流通股与流通股除了持股成本存在巨大的差异外，股东之间的权利地位也严重不平等。这种制度的安排不仅使得上市公司与大股东不关心股价的涨跌，不利于维护中小投资者的利益，也越来越影响到上市公司通过股权交易进行兼并，难以达到资产市场化配置的目的，妨碍了中国经济改革的深化。

我国证券市场在设立之初，对于国有股本流通问题总体上采取搁置的办法，这就为之后股权分置问题的形成埋下伏笔。但股权分置问题一日不解决，悬挂在头顶上的"达摩克利斯之剑"就随时有可能危及生命。2004年1月31日，国务院发布《国务院关于推动资本市场改革开放和稳定发展的若干意见》，明确提出了股权分置改革。随着股权分置改革的推进，股权分置的重要意义开始被投资者认识，同时改革方案更趋于合理，改革进程也进入快车道。随着改革的不断推进，加之外围市场也出现欣欣向荣的状况，积蓄已久的能量在内外因素的刺激下一触即发，一场轰轰烈烈的牛市从此展开。对比恒生指数与上证指数的走势，可以发现两者出现了惊人的相似，如图3-99、图3-100所示。

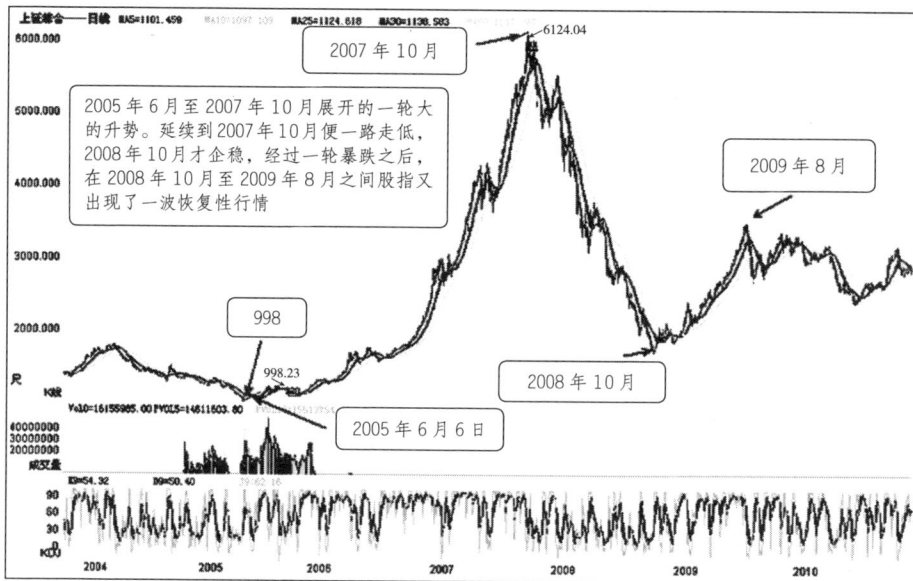

图 3-99　上证指数 2005 年 6 月至 2009 年 8 月走势图

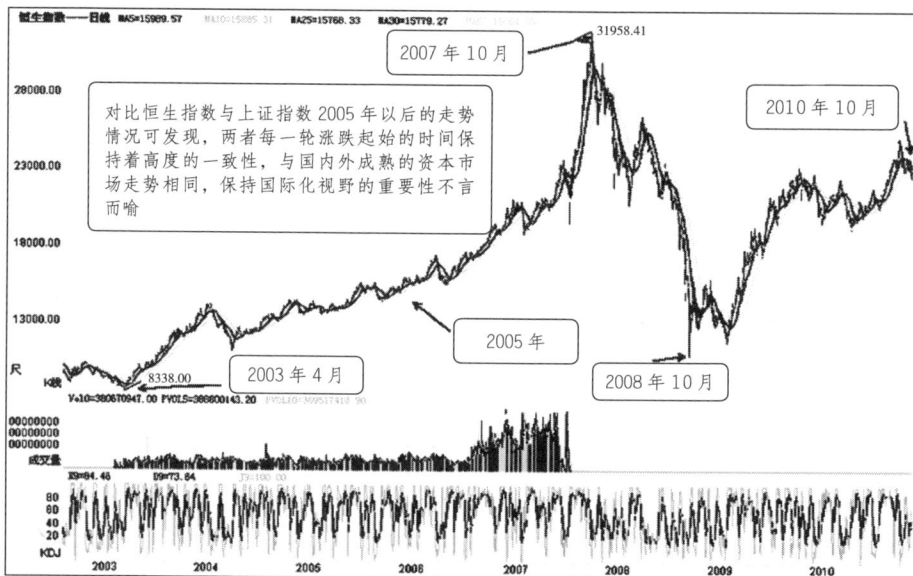

图 3-100　恒生指数 2003 年 4 月至 2010 年 10 月走势图

随着中国证券市场改革的不断深入，国际版也已提上议事日程，国内市场的开放程度将达到新的高度，其相互作用也会愈发明显，发展出国际化视野是历史的必然。

最为重要的、或者说是全球关注的焦点的，当然是道琼斯指数。美股股市的波动，是全球股市波动的影响源，很多时候也是全球资本市场的"晴雨表"。其他国家的指数往往都是跟随他动作，当然，有时候其他国家的指数也会提前做出反应。

图 3-101 为道琼斯指数的日线趋势图。

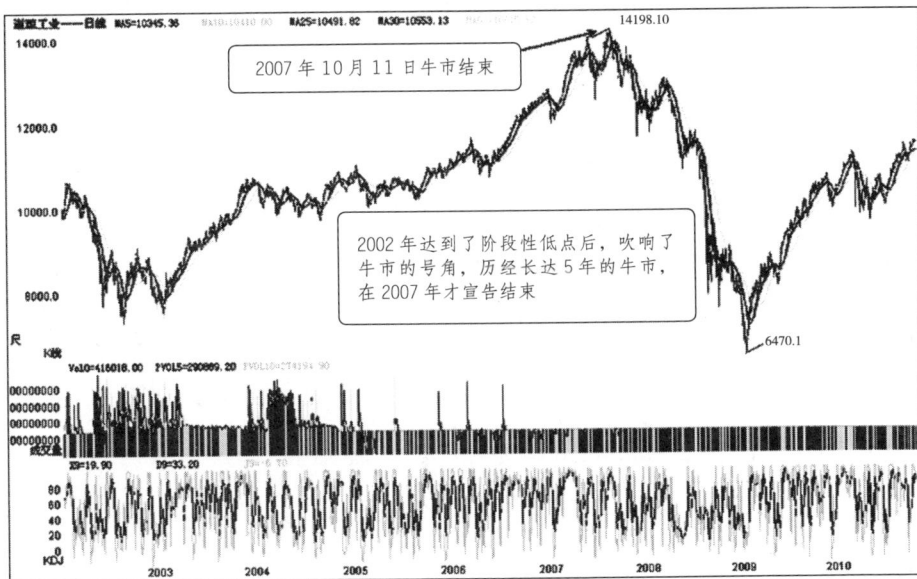

图 3-101 道琼斯指数 2002 年至 2007 年日线走势图

再看同期恒生指数的日线图，具体情况如图 3-102 所示。

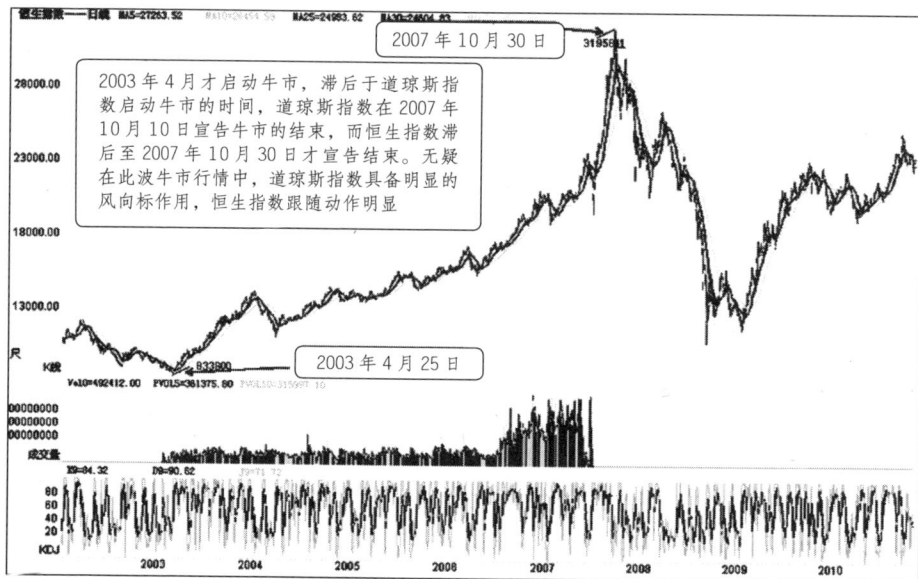

图 3-102　恒生指数 2003 年 4 月至 2007 年 10 月走势图

　　对比道琼斯指数和恒生指数的走势，我们不难发现，在此波牛市行情中，道琼斯指数发挥着明显的风向标作用，提前宣告牛市的到来，同时也预告牛市的结束。具有国际化视野的投资者将会提前发现机会的到来，在牛市后期也能够预见风险的逼近。国际化视野的价值在此体现得淋漓尽致。股市作为经济的"晴雨表"，很多时候对经济的盛衰确实发挥着很好的预见作用。2009 年经济复苏的过程中，股市的表现就很好地体现了这一点，中国在政府 4 万亿元投资政策的刺激下，领先其他国家出现经济复苏，股市的反应也领先其他市场出现反弹。

　　图 3-103 为 2008 年年末至 2009 年年初上证指数的走势情况。

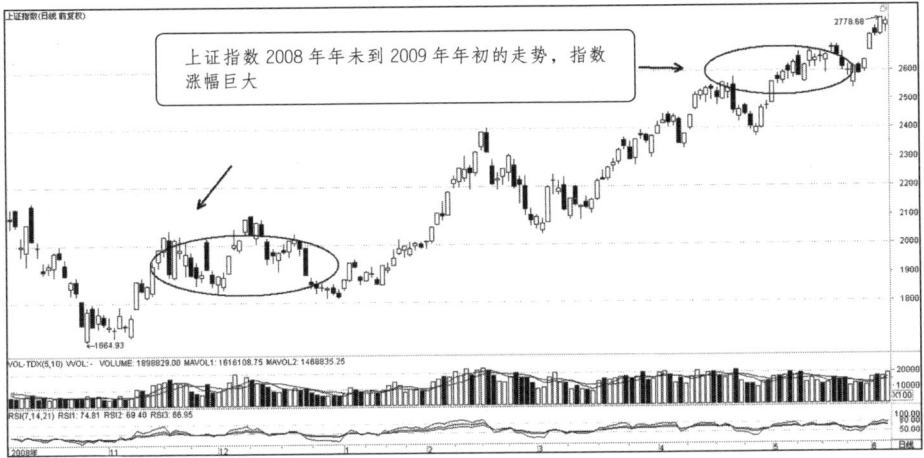

图 3-103　上证指数 2008 年年末至 2009 年年初走势图

同期道琼斯指数走势如图 3-104 所示。

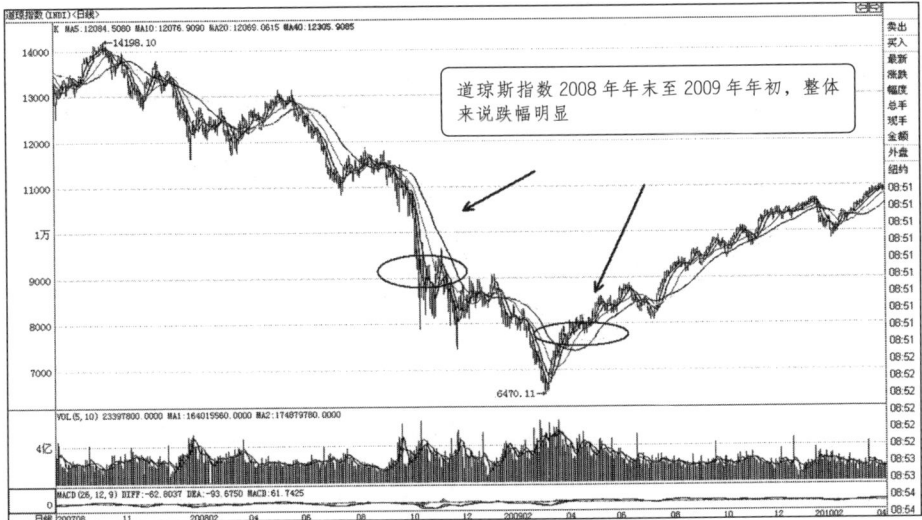

图 3-104　道琼斯指数 2008 年年末至 2009 年年初走势图

通过两者的对比我们不难看出，我国市场对国际市场的影响正在发生深刻的变化，由前期的追随者变成了世界经济的领跑者、股市的领航者。随着我国多层次资本市场的不断完善，市场的开放程度不断提高，我国市场的影响力也将与日俱增，上升到一个新的高度。

相信国内市场在中长期将会成为全球资本市场的领头羊。当然，我们在关注国际市场的同时，更要关注国内市场，因为这是具有中国特色的资本市场。

图 3-105 为恒生指数 2002 年 10 月至 2003 年 4 月走势图。

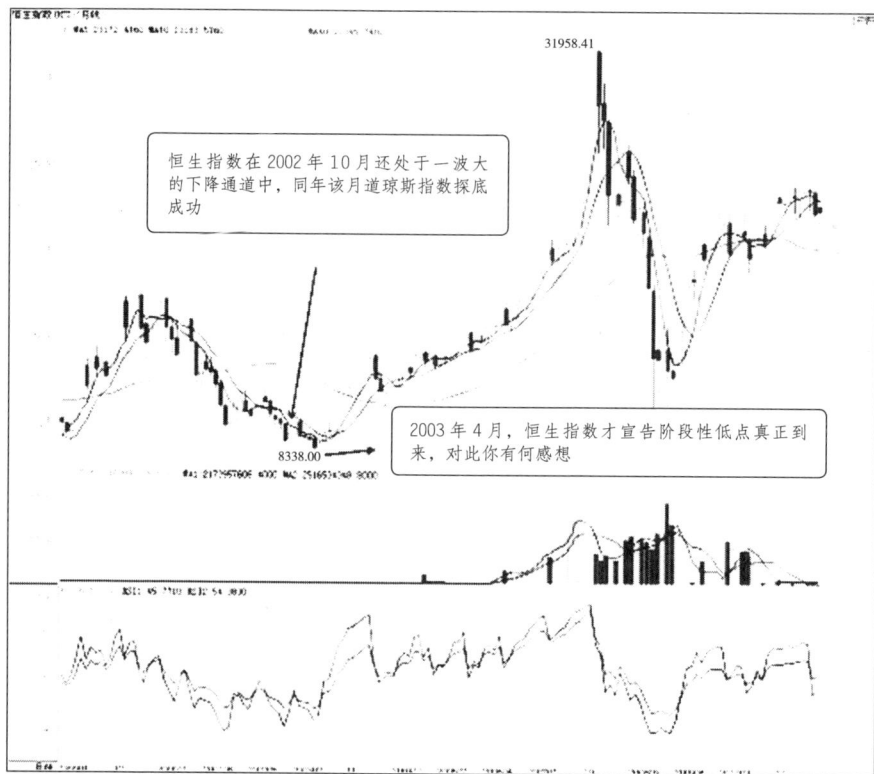

图 3-105　恒生指数 2002 年 10 月至 2003 年 4 月走势图

继道琼斯指数在 2002 年年底探底成功后，时隔半年，恒生指数止住下跌的趋势，到达阶段性的底部。对于恒生市场的投资者来说，看到道琼斯指数成功探底后，可以采取逐步跟入的策略。不过，刚开始触底反弹的时候，后市还不是十分明朗。我们在采取跟入的同时需要切实留意以下几点。

①外围市场是否真正企稳。在此以道琼斯指数走势为例。港股为其跟随者，要想在港股市场中逐渐建仓，必须判断道琼斯指数是否真正探底成功。只有认定道琼斯指数已形成了阶段性底部，才能在港股上有所行动。不然，此次行动将宣告失败。

②确认道琼斯指数成功探底后，港股出现止跌的现象，同时出现转折的信号。一般来说，这是建仓的时机。毕竟，恒生指数继道琼斯指数止跌后相隔多久才会出现止跌，在初期还很难判断，只知道会在将来出现。所以，谨慎的做法一般是在港股出现止跌企稳后，发出转折的信号时，才考虑建仓。

③仓位方面，初次建仓应采取轻仓试探性建仓的策略，随着反转信号的进一步加强，再逐步加大仓位。

以道琼斯指数和恒生指数为例，初步断定转折信号出现时，便可开始考虑建仓；随着股指的走高，逐步建仓，待外围市场道琼斯指数成功突破头肩底的颈线，再考虑加大仓位，尽快完成仓位的建立。

◇国内与国际市场联动策略

外围市场的走势在很大程度上也影响着我国市场的走势，国际市场出现的积极信号，对我们研判中国市场也有积极的指导作用。

对比道琼斯指数和上证指数的周线图，我们会发现，虽然两者的运行格局不尽相同，但是，它们在关键时期的转折点却非常接近。2004 年 4 月，经过一轮不小幅度上涨的道琼斯指数开始进入区间震荡、横盘休整时期。此时，上证指数在 2004 年 4 月则开始一轮下跌，一直到 2005 年 6 月，道琼斯指数接近休整的尾声，正酝酿着新的一轮升势，上证指数才出现了止跌企稳的走势。2005 年 6 月 6 日，下探到阶段性最低点后，道琼斯指数重拾升势，上证指数也随之上涨，进入了一轮大的上涨周期。

作为具备国际化视野的 A 股市场的投资者，我们将提前从道琼斯指数察觉到 A 股的市场机会。事实就是如此，有时候只要你比别人深入研究一点就能赢。

【学习重点提炼】

国际市场与国内市场的联动迹象会越来越明显，毕竟中国已是世界第二大经济体。随着资本市场逐渐开放和成熟，各个市场之间的联动水到渠成。

◇外汇市场分析

外汇市场的走向跟股票市场的波动也是紧密相关的，尤其是美元指数的强弱更是关注的重点。从近年来美元指数的波动和股票市场波动的情况来看，一般来说，美元汇率与美国股市和新兴市场股市表现保持负相关性（我们要结合美国和各国的货币政策和全球的经济环境具体分析和判断美元和股市的走势），而近来，这种负相关性并没有随着美元汇率的走强而减弱，反而有所加强。为何会形成美元指数与股票市场这种跷跷板关系呢？

首先，美国经济体是全球市场中最重要的经济体之一，美元作为国际结算的最重要的货币，其影响力与地位不言而喻。美元与黄金挂钩，是国际的主要避险资金。虽然近年来美元的地位有所下降，但依旧是全球最主要的货币，以至于美元指数的强弱直接影响到全球其他市场的走势。

其次，就全球的流动性来看，当国际经济的确定性增加时，美元就会走强。对于一些新兴的经济体而言，其经济高速发展时，更容易受到资金的追捧，毕竟追逐利润的国际资本都有分享新兴经济体市场高速发展带来的高额收益增长的冲动。但是，高速增长也蕴含着高风险，逐利的国际资本有强烈的避险意识，当全球经济面临不确定性甚至危机时，美元作为全球主要的避险资金也就自然成了国际避险资金的港湾，美元的需求量增加，美元指数也会随之一路走高。对于国际其他市场而言，随着资本的撤出，对其他市场的需求也会相应地减少，尤其是受流通性影响非常大的资本市场，自然面临着不景气的风险，最终也就形成了美元指数与股票市场的负相关关系。

◇大宗商品期货市场分析

大宗商品期货价格有时可以作为反映股市情况的一个先行性指标。原因很简单，众所周知，期货价格是市场对其对应的现货价格的预期，而当市场预期某种商品的价格会上升或下降时，生产这些商品或相关商品的企业预期的平均盈利水平也会跟着上涨或下跌，表现在股市上就是这些上市公司股价的波动。通常期货市场的走势领先股票市场，有时候领先的时间还会较长。所以，大宗商品期货价格大部分时候可以作为股市波动的一个先行性指标。

但有时也会出现商品期货价格滞后于股票市场的情况。股市比期货要复杂得多，也敏感得多。期货的价格主要受该类商品的供求影响，而影响这种供求关系的因素不外乎产量、消费需求、汇率、运输成本、通货膨胀率等，而且期货市场的价格大多和国际接轨，受国内政策性因素的影响相对较小。

如图 3-106 所示，为我国股市金属指数 2009 年年初至 2010 年 11 月的走势。我们若将其与同期的期货市场螺纹钢走势相比较，就会发

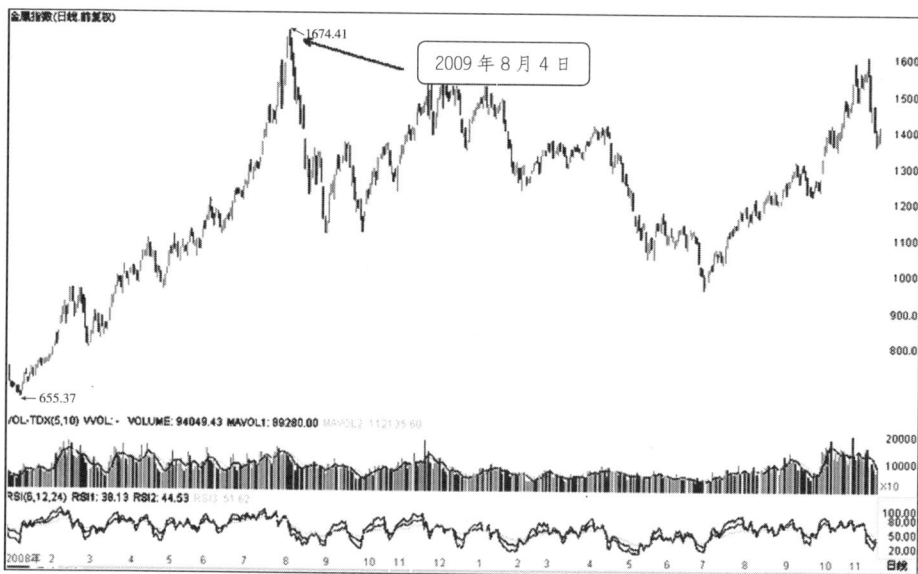

图 3-106　我国股市金属指数 2009 年年初至 2010 年 11 月走势图

现它们非常相似，步调几乎一致。当你看不清证券市场的走势时，不妨看看大宗商品期货价格的走势。保持国际化视野，把眼光放到国外的股票市场、期货市场或者外汇市场，或许你的思路将会更加清晰。相对只关心国内市场的人来说，你对国内市场的把握自然会略胜一筹。

同时，上海期货交易所黄金指数走势与山东黄金周线走势也表现出高度的相关性。而且上海期货交易所的黄金指数走势先于个股山东黄金出现了一波不小幅度的涨幅，看到期货市场探底后凌厉的攻势，你有何感想？期货市场出现强势的走势，这对股票市场相关的个股来说是一种积极的信号，我们要做的就是在股票市场上积极做多了。

经过研究我们发现，有色金属期货价格拐点的到来明显早于股票市场金属指数拐点的来期，期货市场风向标的作用表露无遗。

期货铜市场走势也是先于股票市场相关个股而提前出现价格拐点，这些提前的信号都是我们平时应该关注的信息。这对我们提前发现战机及规避风险有很好的指导作用。

目前，中国资本市场的改革不断推进，加之全球资本市场的大环境影响日重，投资者保持宽广的视野无疑是非常重要的。

能将国际股票市场状况、外汇市场、大宗商品期货市场结合起来观察，就是具备了国际化视野。将三者结合起来与国内市场进行联动性分析，做出最恰当的判断，以此来挖掘出国内资本市场的机会与风险，这也是构成我的大格局思想的一种思路。

总之，资本全球化中的机会，不仅仅包括股指期货中的机会，也包括股票市场机会。反之，其风险也包括国内股票市场的风险。整体的大格局思路，有助于我们挖掘国内股票市场的机会，甚至国外股票市场、外汇市场、国际期货市场中的投资机会，同时也有助于我们回避其中蕴含的风险。

抓住关键

何谓关键？关键就是事物本质上的东西。俗话说：打蛇打七寸，做事抓关键。无论做什么事情，只要能看清事物的本质，抓住其关键，那么无论多复杂的问题都会迎刃而解。我一直提倡把复杂的问题简单化，其实也是这个道理。那么，回到股票市场，上证指数是由众多形形色色的股票综合组成的，这些股票的波动直接关系到上证综合指数的走势。我们在研判上证指数，面对这么多的股票时，面面俱到不太现实也没有必要。那么我们该怎样快捷而高效地把握上证指数呢？我给大家展示一下我用上证指数把握大格局思想中的一个思路：抓住关键——"擒贼先擒王"。

如何把握好上证指数，其实就是把握好权重板块及那些权重影响较大的上市公司。也就是说，虽然上证指数中上市公司众多，但真正影响市场最终走向的必然是那些权重股。所以，不管市场盘面如何变化，在观察时必须要把握好核心。虽然市场很大，但是我们完全可以把目光聚集在几只权重股身上。很多时候，只要你把几只浓缩出来的权重股代表看穿了，市场基本也就掌握在你的手里了。当然这里指的仅仅是一般情况而已。在这里我们没有必要把市场想得太复杂，但是也不要把市场看得太简单。

实战判断告诉我们，招商银行在上证指数中似乎处于"老大"的地位，这告诉我们银行股在市场上具有重要地位，更告诉我们周线图是直接切入品种、进行研究的第一选择。我们需要秉持"抓住关键"的思路，所谓擒贼先擒王也就是这个道理。需要切记的是，在形成"抓住关键，擒贼先擒王"的思路后，更要懂得如何"擒王"的技巧，这才是我们的最终目的。

从图 3-107、图 3-108 中我们可以看到，有时候貌似"老大"的品种可能不是真正的"老大"。事实上中国石化在当时才是真正的"老大"，至少对于大部分投资者来说其实质性的影响要远大于招商银行。所以，研究上证指数的走势波动，不仅要看招商银行，更要看中国石化。

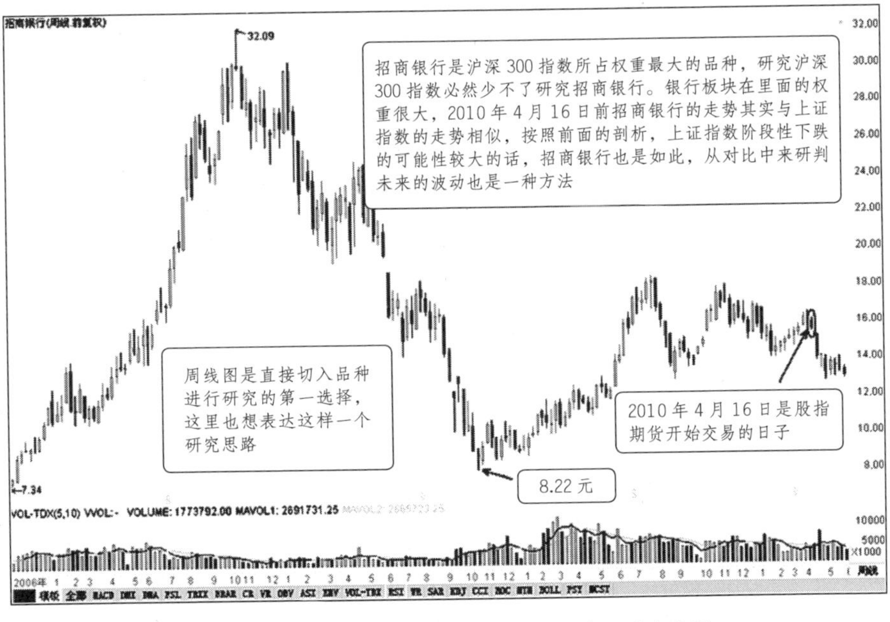

图 3-107　招商银行 2007 年 1 月至 2010 年 5 月走势图

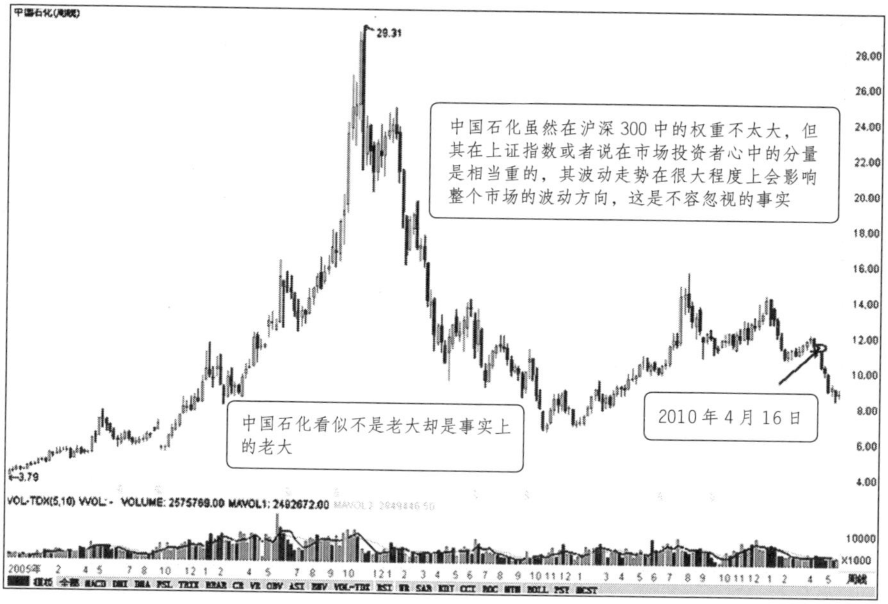

中国石化虽然在沪深 300 中的权重不太大，但其在上证指数或者说在市场投资者心中的分量是相当重的，其波动走势在很大程度上会影响整个市场的波动方向，这是不容忽视的事实

中国石化看似不是老大却是事实上的老大

2010 年 4 月 16 日

图 3-108　中国石化 2006 年 2 月至 2010 年 5 月走势图

从图 3-109 中我们可以清楚地看到，在日线图上，三个重叠在一起的肩顶颈线位置出现破位，阶段性空方被宣泄的概率将很大，中国

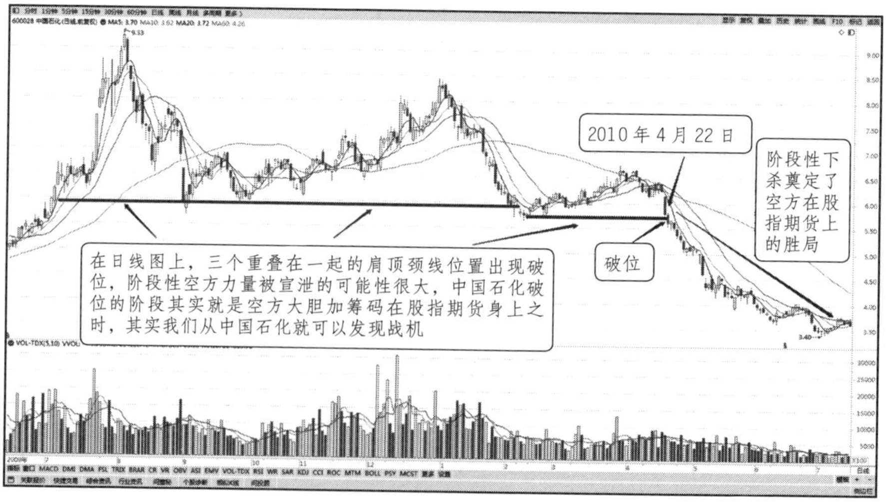

2010 年 4 月 22 日

阶段性下杀奠定了空方在股指期货上的胜局

在日线图上，三个重叠在一起的肩顶颈线位置出现破位，阶段性空方力量被宣泄的可能性很大，中国石化破位的阶段其实就是空方大胆加筹码在股指期货身上之时，其实我们从中国石化就可以发现战机

破位

图 3-109　中国石化 2010 年 4 月走势图

石化破位的阶段其实就是空方大胆加筹码在股指期货身上的阶段。其实，我们在中国石化的走势图中就可以发现战机。

比如，2010 年 4 月 16 日是股指期货上市的首日，为何资金敢于大局阶段性做空股指期货，两桶油中的中国石化其实就是阶段性做空的一大底牌。毕竟"价值接轨"与"价值重估"使中国融入国际，这是站上国际舞台时不得不面临的问题。（关于"价值接轨"与"价值重估"我会在后文中的中国资本市场面临的机会与挑战里做详细介绍，这里暂不阐述。）

具体落实到战机的把握上，则需要落实到形态等具体的技术。这里很明显，三个机会重叠在一起出现破位，按照有关形态的思想来说，出现叠加时量能是比较凶悍的，破位后出现凶悍的行情是大概率事件。事实上，市场也是这样走出来的，这里的最大价值在于，在破位阶段，对于股指的空头而言，是一个非常好的大胆加仓的时机，至少通过中国石化的表现可以预期更大的赢面。

图 3-110 为地产权重股万科 A 的阶段性走势图。众所周知，万科作为地产行业的龙头，对整个地产行业有着风向标的作用。从某种程度上说，研究万科就是研究整个行业。2010 年 4 月，地产刚好处于宏观调控时期，那时候地产价格过于疯狂，虽然国家的调控政策不一定有效，但是只要国家真正下决心调控，那么地产行业将会受到不小的影响。基于国家对地产行业调控的决心，地产行业能不成为空方做空的战场吗？再将形态与政策充分结合来看，想不做空都难，加之另两大权重股的表现——招商银行与中国石化偏空的波段，阶段性的大格

局基本上已经确定。

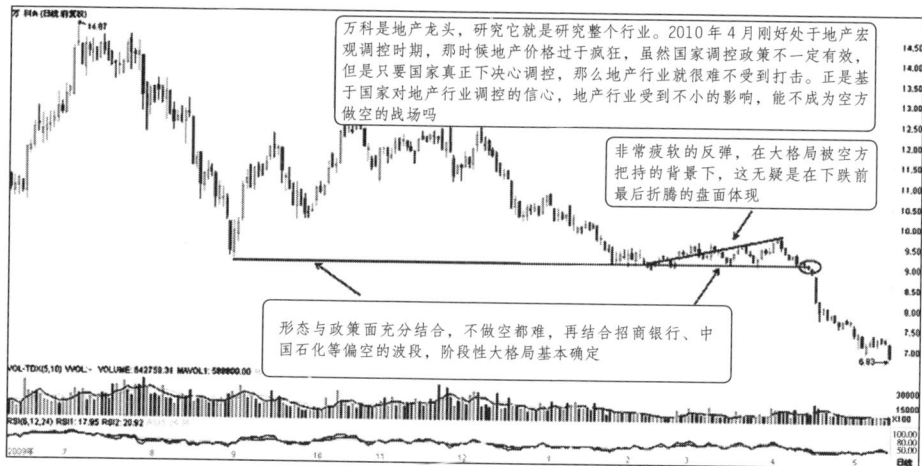

万科是地产龙头，研究它就是研究整个行业。2010 年 4 月刚好处于地产宏观调控时期，那时候地产价格过于疯狂，虽然国家调控政策不一定有效，但是只要国家真正下决心调控，那么地产行业就很难不受到打击。正是基于国家对地产行业调控的信心，地产行业受到不小的影响，能不成为空方做空的战场吗

非常疲软的反弹，在大格局被空方把持的背景下，这无疑是在下跌前最后折腾的盘面体现

形态与政策面充分结合，不做空都难，再结合招商银行、中国石化等偏空的波段，阶段性大格局基本确定

图 3-110　万科 A 阶段性走势图

这里介绍的仅仅是一种研判市场的大致思路，虽不敢说是非常完善的，但至少是一种经验，也是我十多年的实战操盘心得，相信还是很有价值的。按照这个简单的思路去研究，会引出更多复杂的东西，最后再将它们整合在一起，简单而有价值的收获自然就在其中了。很多的时候我们都是从简单开始，再在简单中结束。

由大到小

事实上，这里道琼斯指数的剖析思路，就是运用了由大到小的模式。先月线，后周线，再日线，每个周期都会向我们展现出一些问题。由大到小，会让我们的赢面更大。对道琼斯指数的研究仅仅是这种思想体现的一个例子。在实战过程中，我们面对每个研究标的，都要把握好这样的思路，才能让我们真正拥有不错的视野。

学会微观

股指期货是投机者的天堂，其本身的游戏规则注定会吸引一大帮投机分子。这里的超级短线交易者，其实大部分都属于投机分子。既然如此，那么，我们就要好好地去理解他们，理解的目的不是一定要去做投机分子，而是通过这样的方式更好地把握股指期货，做好套现者等角色。股指期货的"微观"其实关键就是把握好"分时图"与"闪电图"的运用。因此，我也特意用了相当大的篇幅来展示这两种工具。我们不仅要懂得从宏观上去把握问题，同时也要懂得从微观中去感受问题。股指期货提供了一个非常好的微观世界让我们去充分感受它，在感受的过程中，每个人的能力都会有不同程度的提高。因为，微观就是让问题放大，就是让你更清晰地去认识一些问题。

融会贯通

我们需要切记的是，千万别孤立地看待这里的研判体系，而要用整体的眼光去看待，这样才能充分吸收所学技能，在把握具体的市场时，才能真正达到一个较为从容的境界；否则，你很可能还是不得其法，非常迷茫。融会贯通强调的是彻底吸收，只有彻底吸收了，我们才可能提升市场博弈过程中的赢面。下文中我将向大家展示融会贯通的几大思想，以研判未来市场的大格局。

如图 3–111、图 3–112、图 3–113、图 3–114 所示，我们用"由外及内、由大到小、循序渐进"的思维来看看 2011 年市场的大格局。

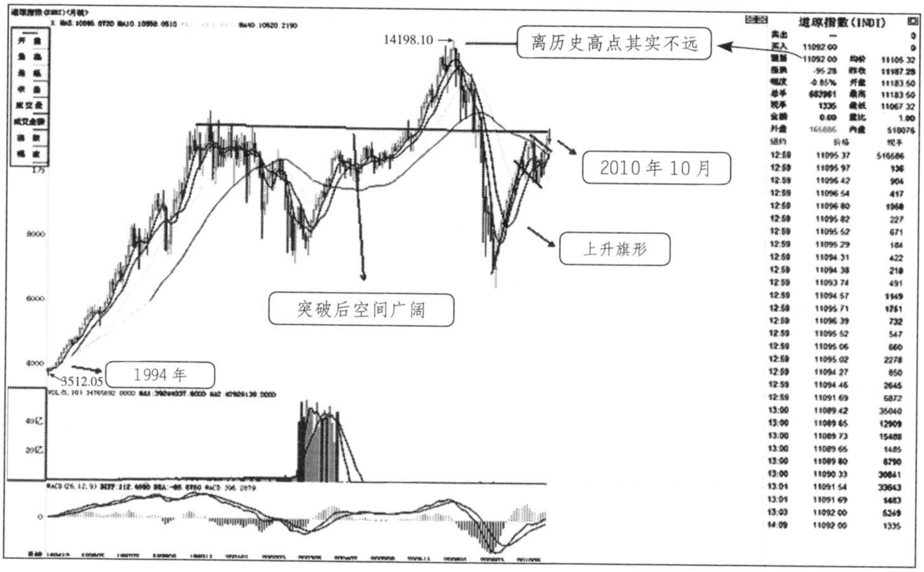

图 3-111　道琼斯指数 1994 年至 2010 年走势图

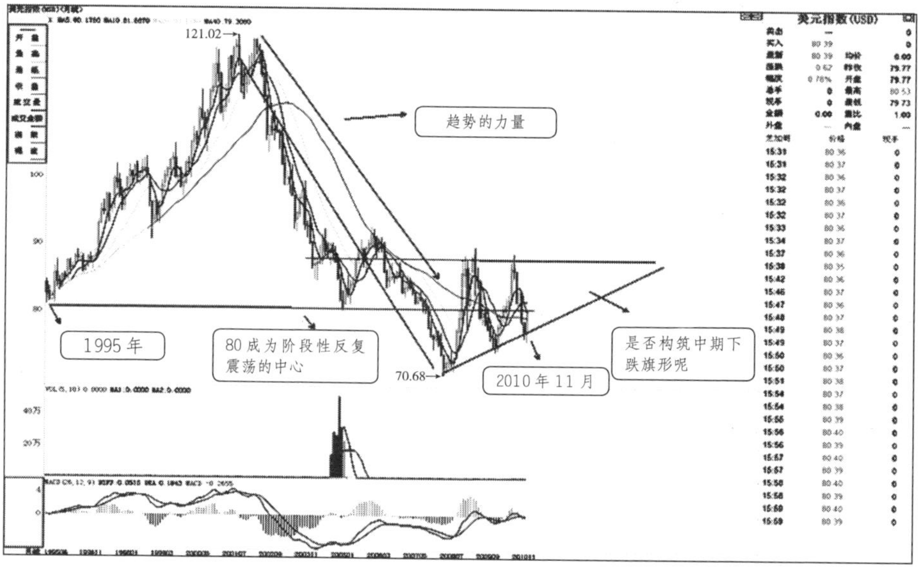

图 3-112　美元指数 1995 年至 2010 年走势图

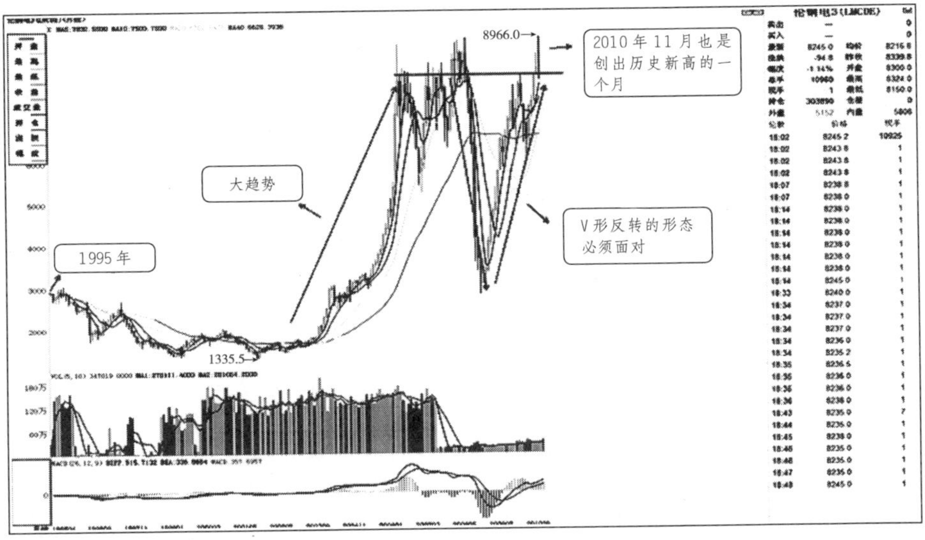

图 3-113　伦铜电 3 1995 年至 2010 年走势图

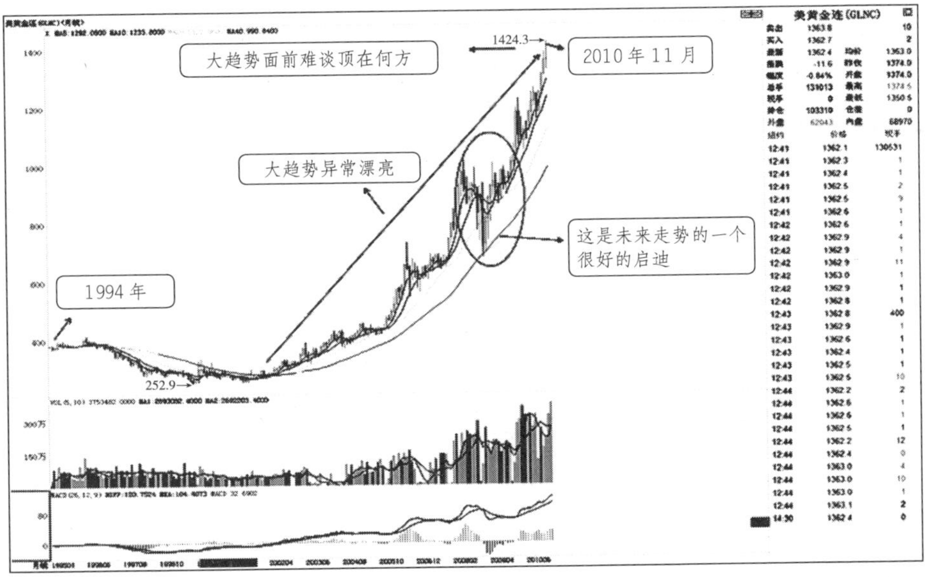

图 3-114　美黄金连走势图

前文中我向大家重点介绍了前瞻性与大格局思想，但我们需要切记的是，这些思路要很好地用到其他实战过程中去，而且更重要的是，你要懂得运用这些思想，很好地进行自我拓展，让自己有更好的收获，这才是学习的最高境界。简而言之，这里强调的是要拓展自己的思维。只有不断地总结学习，将所学思想运用到实战中去，才能形成一套属于自己的盈利系统。

【学习小总结】

建议大家试着用吴氏盈利体系分析一下当前的市场，可以结合吴老师每天的文章来检验一下自己的学习成果，或者通过"吴国平财经"微信公众号联系我们的小助手。

操盘手记

物质财富与精神财富的和谐

当身边的人都在不断进步的时候，当他们的物质财富都在不断增加的时候，自己却仅仅是在积累精神财富。此时，心里难免会产生落差，会感到失落，会有一种渴望改变的心情。

在我看来，能否做到物质财富与精神财富双丰收，是影响一个人的人生是否精彩的两个重要元素。只收获物质财富，精神上可能会无尽的空虚；只收获精神财富，可能会产生对现实的无尽感叹。只有两者都达到一定程度时，我们才可能拥有和谐的生活。

有些人渴望物质财富的丰收，有些人则渴望精神财富的丰收，更有些人渴望两者都丰收。无论如何，这两者都是被很多人渴求的。

我们可以发现的是，有些人获得物质财富的丰收后，接下来往往就是追求精神财富的丰收。反之，有些人获得精神财富的丰收后，接下来就是追求物质财富的丰收了。真正同时达到物质财富与精神财富双丰收的人是极其稀少的。

物质基础在现实生活中具有不可代替的价值。当然，部分精神财富丰收者也可以转化精神财富，从而水到渠成地获得物质财富。毕竟，人的行为是受思想影响的，精神财富丰收者更懂得人的思想，就看具体怎么去运用。所以，精神财富丰收者如果能将思想运用得当，物质的丰收也将是水到渠成的事情。只是，很多人无法很好地将精神能量转化为物质能量，无法让两者达到和谐的状态，这是比较可惜的。从这个角度来看，要达到和谐的状态，精神财富丰收者会更容易些。

收获物质财富与精神财富，这两者有时候看似矛盾，但实则可以统一。只要人们有心，要真正达到和谐统一，其实是很容易的。

现实与梦境其实是一样的

甲：压力挺大的，战役明天就要打响了。

乙：没把握吗？

甲：虽然没有绝对把握，但一想到有可能出现的失败，心中就有股莫名的恐惧。

乙：恐惧是因为你输不起吗？

甲：或许是，不过太渴望胜利倒是真的。

乙：没有做最坏的打算吗？

甲：有。只是，怕输啊。

乙：进入梦境吧。

甲：别开玩笑了。

乙：没有开玩笑，进入梦境，就可以让当下的恐惧化为乌有。

甲：那对当下也没有任何意义呀。

乙：那就植入记忆。

甲：你怎么啦？

乙：我刚看完《盗梦空间》不久，还没脱离出来。

甲：别这样，好不好？帮我思考一下我到底该如何应对这种局面。

乙：很简单，让你的恐惧减弱。

甲：怎么做？

乙：做最坏的打算，假设现在你已经出现最坏的状况了，请问你现在会不会死？

甲：那肯定不会，不过跟死也差不多了，至少心理感受上是一样的。

乙：好，那就让自己痛快死一次吧。

甲：可我还不想死呀。

乙：谁都不想死，但你是否知道，其实死并没你想象的那么可怕。每天都有很多人离开这个世界，你我随时可能被大地震等突发事件带走生命。虽然概率很小，但每个人都不可避免地会面临这样或那样的不测。既然你选择了那条可能让你死亡的道路，其实也没什么；既然选择了，就好好走下去吧，别到了最后死亡的时候才后悔呀。就算最后死亡了，我想你也是成年人了，该知道怎么面对吧。

甲：唉，我真没用。

乙：不，你是最棒的。

甲：对！我是最棒的！我一定要尽全力，不管是否是梦境，既然来到了这个世界上，要干点大事才是。

乙：《盗梦空间》里有句经典台词就是，既然是在做梦那就要做大点。其实梦跟现实都一样，现实也是梦境。既然是现实，要做你就尽情去做吧。

甲：嗯，明白。

乙：那就好！

　　人生，总会在某个时刻面临非常重大的抉择，或者面对非常重大的困境。此时，是梦境还是现实，其实都一样，都必须让自己深刻理解并放下。只有放下了，才会释然，只有释然了，一切也才有可能变得积极。做梦就要做大点，现实中的梦想也同样要大点。尤其是当你已经投入进去做的时候，就更是如此了。我们为即将到来的一切困难祈祷，上天会保佑我们的，只要我们尽力了，没什么好害怕的。

乐章三：吴氏盈利系统升华——主力思维与心理博弈

【学习须知】

　　本堂课讲主力思维和心理博弈。具体来说，我们要理解权重板块、大盘分时等对心理状态的影响，理解逼空、关键位置波动、强势品种、"羊群效应"等给人心和市场的反馈。本堂课内容在牛散大学堂股威宇宙的等级划分为"中学"级别。

　　主力不是资金庞大的大户，而是一个群体。一个能够形成合力的群体才是真正的主力。当然，如果你硬要把主力看成一个单位，就不是资金庞大的大户那么简单了，它在许多时候都代表着资金异常庞大的机构。

　　主力不是万能的，但市场中没有主力是万万不能的。这句话的意思之一就是主力在这个市场中也是会失败的，再大的主力也大不过整个市场，整个市场大的内在波动规律是不以主力的意志为转移的。为何国内外有那么多曾经相当辉煌的机构最后都落得一败涂地的下场？本质上的原因就是这些主力无法抗衡市场本身。

主力的心理博弈决定多空双方背后的能量。这里我们重点探讨一下如何解读多空双方背后的能量及其在盘面上的具体体现。

我们需要透过具体的盘面去理解多方和空方。我们需要很好地感知权重股、非权重股，透过蛛丝马迹来感知整个市场的具体变化。虽然，多空双方每天实际交易的单数必然都是一样的，但我们可以在这"一样"的背后，发现很多不一样的信号。多空双方在盘面上的具体表现主要可以从三个方面来观察：权重板块的走势、除权重板块以外的其他热点产生情况及分时图出现上攻行情时量能的情况。

心理博弈具体在盘面上的几点体现

重点留意权重板块的走势

权重股的表现很大程度上可以反映出当天整个行情的基调。权重股表现弱势，整个大盘将难有大的上涨空间，操作宜保持相对谨慎；权重股表现强势，大盘也将水涨船高。根据权重板块的走势，制定不同的操作策略。综合来看，权重股的表现可以分为三种情况。

五大权重板块集体表现强势，一般是强势市场的表现。这时，可以采取积极大胆做多的策略，重心可以放在领涨的权重板块和中小股身上。

五大权重板块集体走势疲软，一般是弱势市场的表现。此时，可以因行情发展时期的不同采取不同的策略。在五大权重板块走势疲软初期，可以把重心移至中小板块身上，这是因为在行情转弱的初期，一般中小板块还会保持一段时间的余温，从中可以获利；五大权重板块集体走势疲软中期一般为风险爆发的初期，此时投资者要做的是坚决空仓，在风险爆发的初期，积聚已久的风险会由量变向质变迈进，其危害性之大不言而喻，所以此时采取休息的策略不失为上上策。

五大权重板块也可能出现分化，即部分保持强势、部分保持低迷的走势（如图3-115）。出现这种行情时，大盘维持横盘震荡的概率很大，不会大涨也不会出现大跌。当然，如果两者分化得比较厉害，是有可能打破平衡的，这种情况我们另当别论。在天平趋于平衡的情况下，我们此时采取的策略可以是在中小盘个股上积极做多，一般这种情形（即权重股搭台、中小盘股唱戏的情形）出现时，大盘股的稳定也就给小盘股的活跃提供了肥沃的土壤。而出现天平的平衡被打破的情形，即权重股内部出现严重分化的情况时，我们如何面对？面对天平倾向于多方的情形时，我们应采取的策略跟天平平衡时的策略一样，可以在中小盘股身上发现利润增长点；但如果天平倾向于空方，我们就得提高警惕了，多方的力量很有可能屈服于空方的实力，最终形成多杀多的情形，所以我们应采取的策略自然是多看少动。

【学习延伸】

权重股能起到稳定市场的效果，中小创的活跃度会更高。

不过，在结构化市场里，权重股跟中小创的波动会有明显的分化。

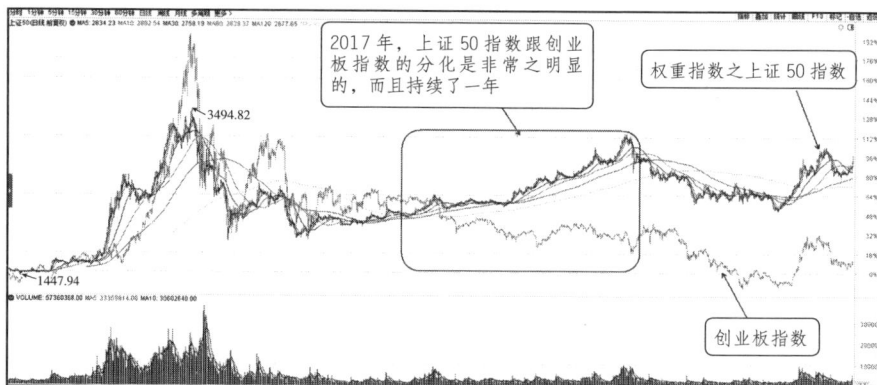

图 3-115　上证 50 指数与创业板指数分化图

关注除权重板块以外的其他热点产生情况

一般情况下，号召力强大的、能够"牵一发而动全身"的个股为板块中的龙头品种。如果不是板块中的龙头个股，就看 5 分钟涨速排名中属于该板块的个股个数，如出现的个股大部分都属于该板块，那么该板块爆发的概率也就相应大很多了。接下来我们要做的就是，把视线从 5 分钟涨速排名转移到相应的板块中，密切留意该板块的动向，同时对出现在 5 分钟涨速排名上的个股的走势重点留意，关注其走势是否具有延续性，上涨的势头是否在该板块中扩散开来，这是决定该热点是否爆发的关键。如果走势强劲的个股的上涨势头蔓延到其他个股身上，基本可以确定该板块有启动的迹象。观察到这一点后，我们需要做的就是关注该热点爆发的力度，即要弄清楚是实质性的爆发还是昙花一现、稍纵即逝，这一点是决定我们是否参与进去的重要依据。如果是实质性的爆发，我们应该积极地行动；如果是闪电式的行情，我们就应该敬而远之了。

以下是我的心得。

①一般来说，如果板块所处的行业在近期内有明显的政策导向，即在近期内受到政策的大力提倡和鼓励，那么在此背景下爆发的热点，一般为实质的热点。

②熊市中，一般交投都比较清淡，市场也几乎无所谓热点可言。当沉寂很长一段时间后，如果突然出现相关板块异动的情形，此时出现的热点一般不会是昙花一现。就像久旱后突降甘霖，你想象一下此时人们的心情是怎样的？股票市场也是一样，压抑已久的多头，好不容易找到一个宣泄的机会，一般不会放过。所以，像这种"久旱逢甘霖"式热点的出现时，可以积极地参与。

③一般具有防御性功能的板块出现异动会产生实质性的热点。一般来说，弱势行情中的资金都有寻求避风港的需求，而哪些板块是好的避风港呢？全年具有良好业绩支撑、周期性不强的行业等防御性板块无疑是很好的避风港。当资金达成共识一致涌向此处，从而产生共振的现象时，这些板块演变成实质性的热点的可能性就很大。所以，面对此类防御性板块的异动，可以采取积极的策略。

分时图出现上攻行情时需注意量能情况

上涨初期不要急于追涨，此处的上涨需要量能的确认过程，应该重点关注上涨过程中量能的变化。如图 3-116 所示，如果出现量价齐升的现象，或量能能够保持平稳运行，不出现萎缩现象，我们基本可以断定上涨行情还会延续。此时，可以采取积极做多的策略，盘中震荡回调时可以积极参与。如图 3-117 所示，如果上涨过程中，量能得不到延续，出现了萎缩的迹象，尤其是在屡次上攻后量能得不到放大的情形下，这波上攻行情很有可能就此夭折，此时采取的策略就是继续观望。如图 3-118 所示，经过一轮下探后，股指在当天处于相对低位，同时量能出现了极度萎缩，接下来如果出现量能放大迹象，可以考虑逐步建仓，量能如果能够得到延续，很有可能就出现惊天逆转行情。

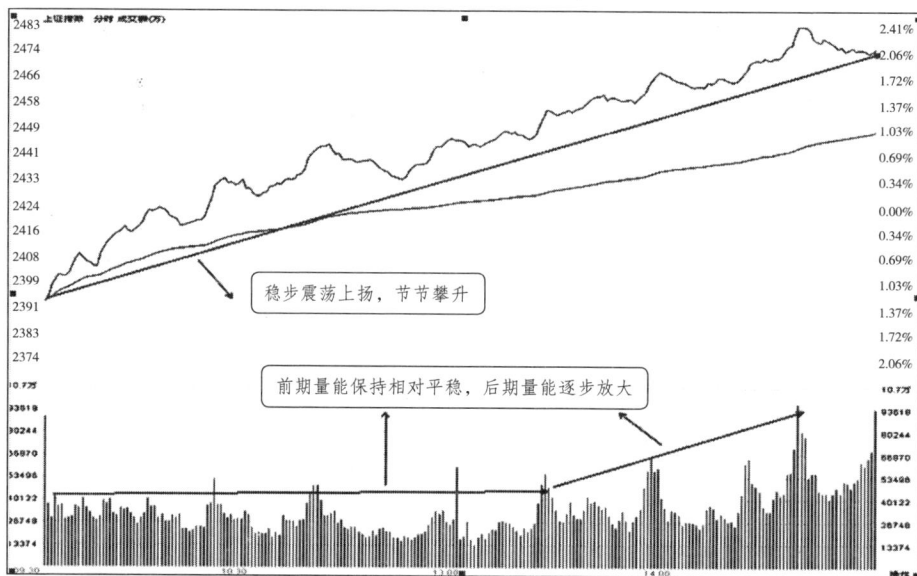

图 3-116 上证指数 2010 年 7 月 19 日分时走势图

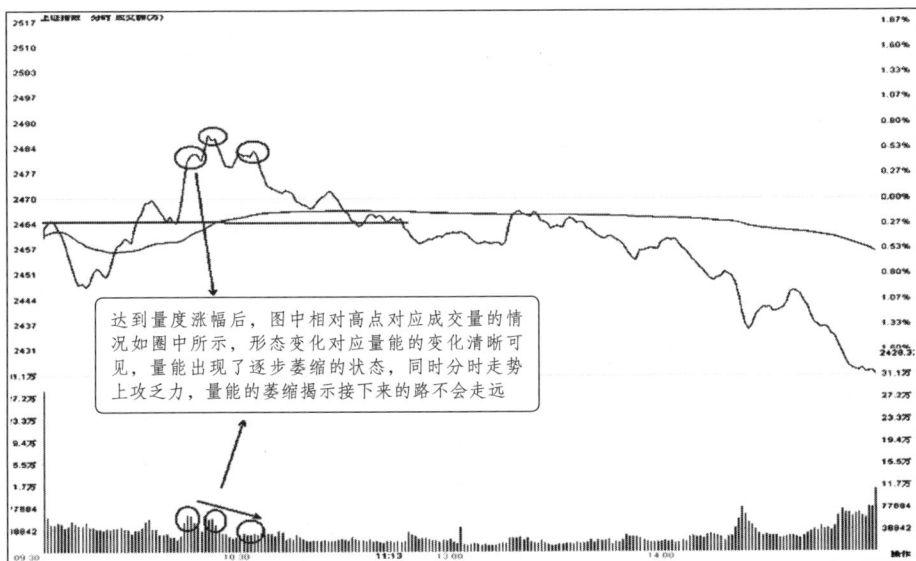

达到量度涨幅后，图中相对高点对应成交量的情况如圈中所示，形态变化对应量能的变化清晰可见，量能出现了逐步萎缩的状态，同时分时走势上攻乏力，量能的萎缩揭示接下来的路不会走远

图 3-117　上证指数量能萎缩分时走势图

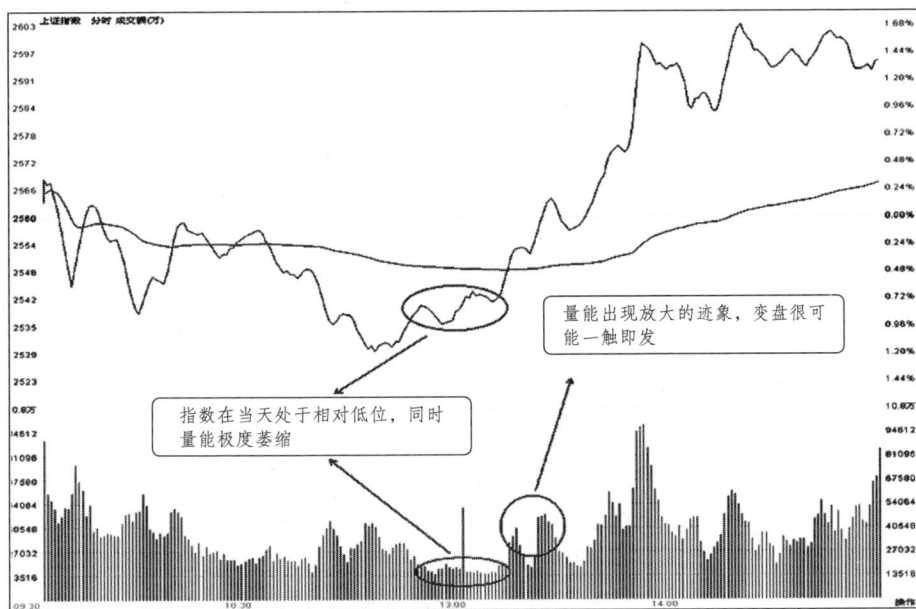

量能出现放大的迹象，变盘很可能一触即发

指数在当天处于相对低位，同时量能极度萎缩

图 3-118　上证指数量能放大分时走势图

【学习温馨小提示】

大盘分时上涨放量，回调缩量是比较健康的。

而且，分时跟均价线的偏离程度，也是很重要的分析角度。

分时上涨放量，回调幅度小，均价线也跟分时贴得很近，当天就很容易走出逼空上涨行情。

逼空过程中具体矛盾心理的体现

图 3-119 为阶段性持续逼空。对大部分短期博弈的资金而言，套现心理是肯定存在的，而这样的心理必然会加剧市场的波动。如果逼空推进无明显调整，那么做空动能往往就是在盘中得到释放了，逼空推进背景下的场外资金，有着怕踏空又怕被套的矛盾心态。

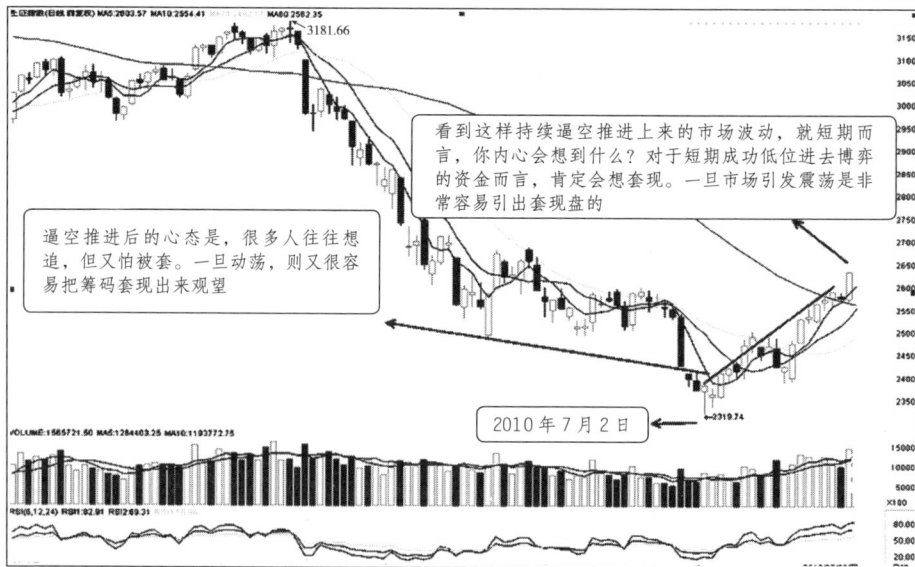

图 3-119　上证指数 2010 年 7 月前后走势图

近看市场带来的效果

远看市场的时候，未必能很好地看清楚逼空推进，但只要真正近看，你就会充分感受到不一样的气息。事实上，大部分投资者都是"近视眼"，"近视眼"的好处就是感受市场会更容易，不过缺点是容易迷失自己（见图3-120）。

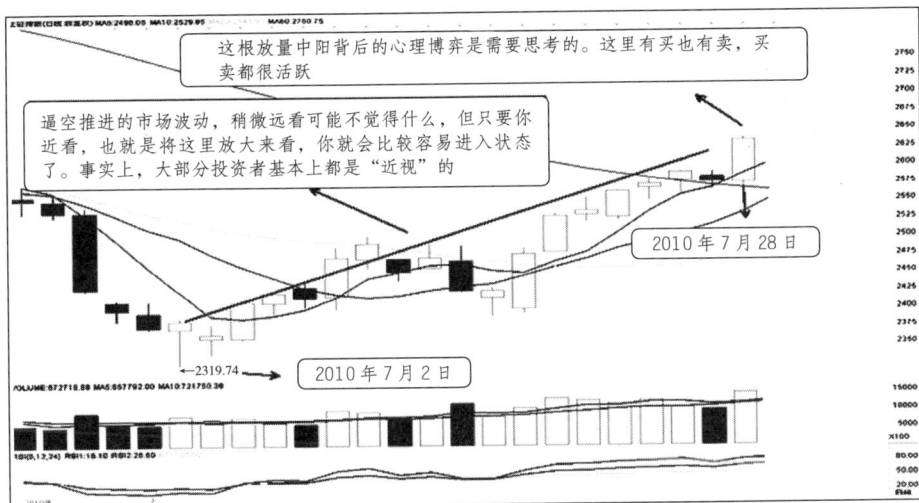

图3-120　上证指数2010年7月2日至2010年7月28日走势图

思考逼空推进表现背后的复杂心理

逼空推进的时候，表面看似精彩。事实上，在逼空的过程中，那些盘中博弈的复杂程度却远非通过表象就能想象出来的，其复杂程度往往超过预期。这也是因为在逼空推进的过程中，人的内心中想涨怕跌等复杂心态会交织在一起。事实上，成交量在逼空推进过程中放大也反映了博弈激烈的一个侧面，此时多方与空方都加大了兵力，各自的心态虽然都很复杂，却对市场起到了极大的支撑作用（见图3-121）。

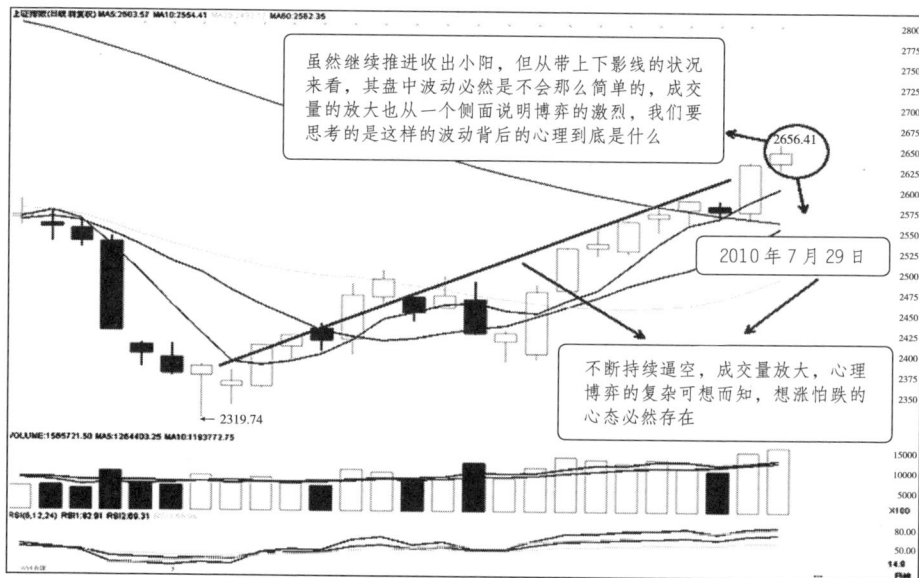

虽然继续推进收出小阳，但从带上下影线的状况来看，其盘中波动必然是不会那么简单的，成交量的放大也从一个侧面说明博弈的激烈，我们要思考的是这样的波动背后的心理到底是什么

2656.41

2010 年 7 月 29 日

不断持续逼空，成交量放大，心理博弈的复杂可想而知，想涨怕跌的心态必然存在

2319.74

图 3-121　上证指数 2010 年 7 月 29 日前后走势图

推进过程中急涨急跌背后的心态

在逼空推进的日线图背后是投资者极为复杂的心理。涨跌都担心的心态投射到单个日线图盘中的波动上，往往会导致剧烈的动荡。一跌就引发恐慌盘，一涨则引发追涨盘，急跌急涨就成了常态。

【学习温馨小提示】

出现逼空状态时，我们应该如何应对？

一般情况下，指数有一定见底迹象时，越早"上车"越好，这样进可攻、退可守——如果接下来上涨较强劲，那就择机加仓；如果上涨很犹豫，也没什么量能和热点做支撑，那择机出局便是。

如果在逼空时仓位轻，还是建议尽快将仓位提上去。如果一直犹豫，到后面实在受不了才加仓，往往就会加在高位。

当然，如果加仓的位置较高，那就要密切留意，一旦指数有动荡迹象，就要把加仓的部分先减出来。

所谓的高手，就是将一切的操作都内化成一套体系，来应对市场中可能出现的各种情况。

大盘整体逼空背景下，一切皆有可能

大盘整体保持逼空态势下，投资者那种怕跌又看涨的矛盾心理，一不小心就可能造就部分品种异常疯狂的走势，大阳也就有可能实现了。在这里，长虹 CWB1（自 2011 年 8 月 23 日起，"长虹 CWB1"认购权证终止上市）大阳之前的强势波动格局，已经足以让部分资金的心理发生微妙变化，量变到质变后，一不小心就成了资金做多集中释放的表演（见图 3-122）。

图 3-122　长虹 CWB1 2010 年 7 月 29 日前走势图

个股与大盘逆反走势带来的思考

注意大盘分时图与具体品种的分时图。在剧烈动荡期间，有时候一些个股反其道而行之，出现疯狂向上的走势，往往会收到奇效。一些主力抓住一般投资者在大盘动荡期间都会考虑抛售的心理，疯狂推动向上。这样做：一是可以加速筹码的收集；二是可以为接下来市场可能出现的反弹后的进一步疯狂打下基础（见图3-123）。

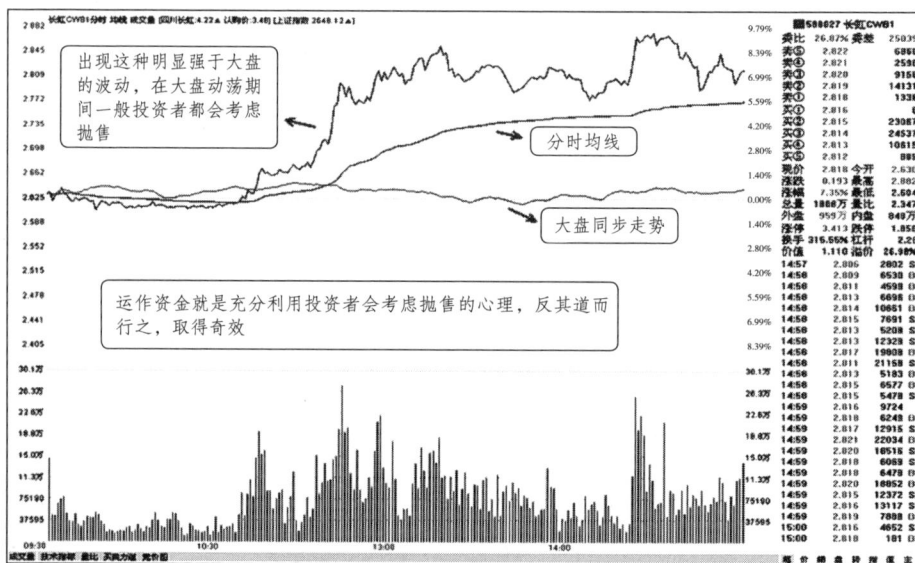

图 3-123　长虹 CWB1 分时走势图

【学习温馨小提示】

个股走势与大盘走势的背离是值得注意的。

当然，一天的背离或许说明不了什么；如果背离了一段时间，就值得高度关注。特别是当大盘持续走弱，而该品种能横住时，一旦市场企稳，这类个股往往会有令人惊喜的表现。

大盘涨跌对强势品种的心理影响衍生出的精彩动作

在市场震荡的过程中，那些超越大盘的强势品种的表现特征往往
是大盘跌就跟跌，但一旦大盘涨则其跟涨幅度会远远超过大盘。从心
理层面来理解，大盘下跌引起的恐慌心理会带来跟跌的动作，不过此
时也是主力做多资金趁机吸纳筹码之时。大盘一涨，怕踏空心理带来
的追涨动作则又会被放大，此时也是主力做多资金大幅拉高空间的最
好时机。总之，在大盘一涨一跌之时，强势品种跟跌与追涨的波动非
常有意思（见图3-124）。

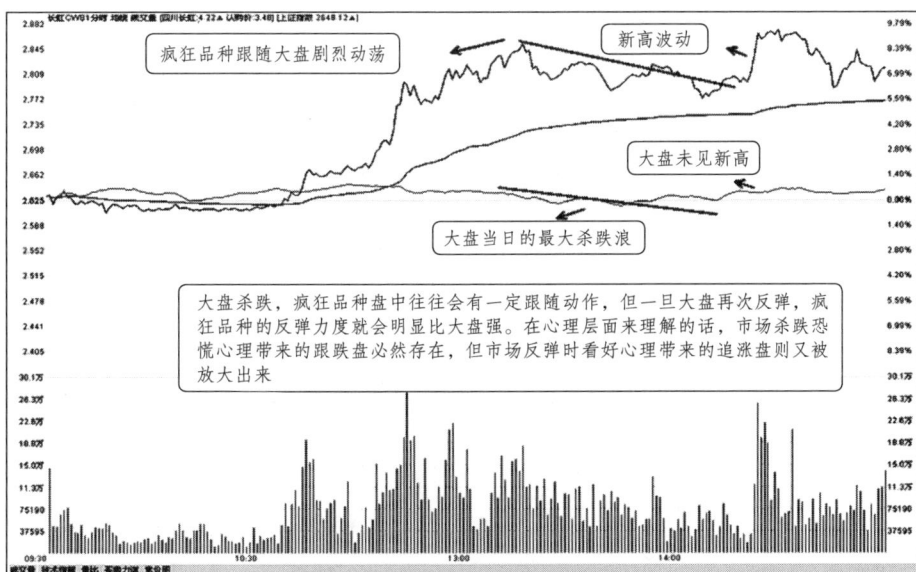

图 3-124　长虹 CWB1 走势图

市场预期的重要作用

预期很重要，本股涨幅小于其认购权证涨幅时，认购权证之所以
敢于疯狂，很大程度上也是抓住了市场的一种预期心理，即预期其本

股必然会在接下来的市场波动中出现积极上涨。所以，我们把握市场机会的时候，必须要弄清楚关于这机会的预期是什么，从而制定相应的策略（见图3-125、图3-126）。

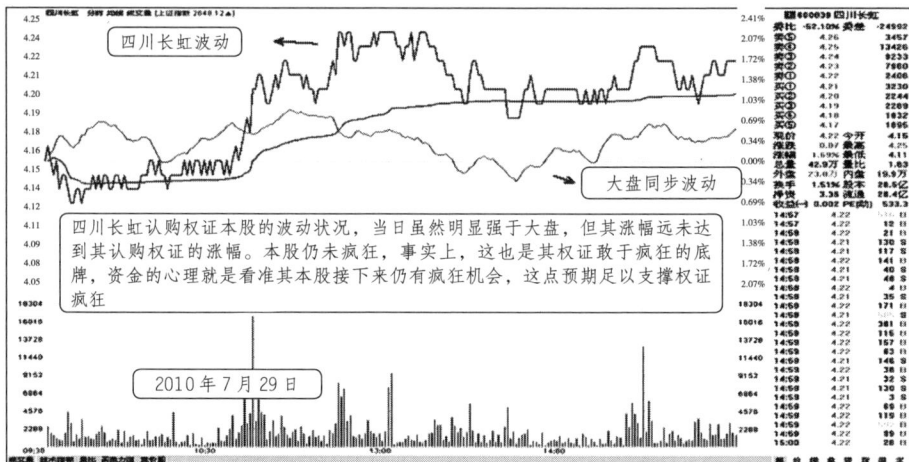

图3-125　四川长虹2010年7月29日分时图

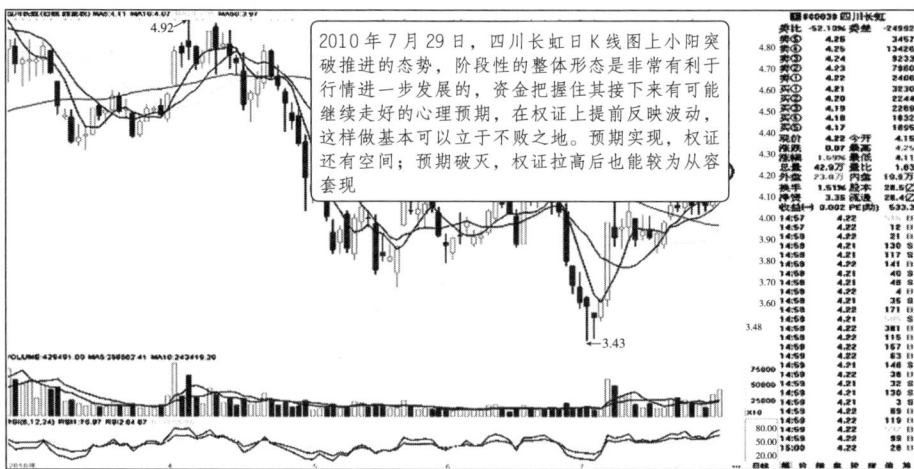

图3-126　四川长虹2010年7月29日前后走势图（一）

学会思考预期实现与破灭带来的结果

结合 K 线形态综合研判心理预期带给市场的影响（见图 3-127），就会较为明了。不论四川长虹个股接下来如何波动，对其权证而言，基本上都是处于不败之地。总之，预期实现与破灭带给市场的影响一定要弄清楚。

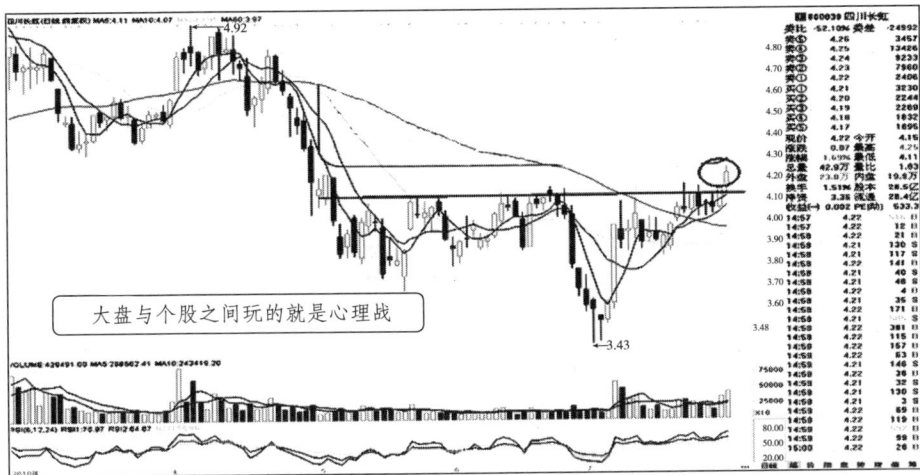

图 3-127　四川长虹 2010 年 7 月 29 日前后走势图（二）

【学习温馨小提示】

炒股，很多时候是炒"预期"。如何理解市场预期以及超预期？不如预期时该如何应对？这对短线操作是很重要的。

为什么利好兑现容易下跌？其原因包括没有预期支撑，以及市场上有大量获利筹码涌出。

为什么利空出尽是利好？因为没有更坏的预期，股价风险又持续释放了，就会有越来越多的资金进来抄底。

个股强于大盘，思路上要清楚"强者恒强"的运作

大盘阶段性强势背景下，如果个股比大盘更强势的话，其运作策略往往就是抓住投资者怕跌的心理，采取逆反思路，不断推进，构筑更好形态，从而为中期套现打下坚实基础。"强者恒强"的运作思路此时最为适用（见图 3-128）。

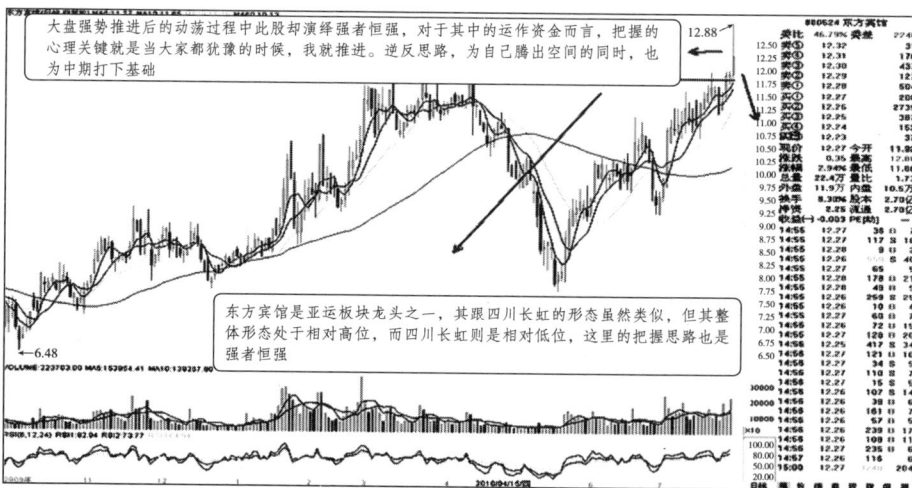

图 3-128 东方宾馆走势图

注：自 2015 年 6 月 11 日起，该公司股票简称由"东方宾馆"变更为"岭南控股"。

强者恒强品种逆市疯狂带来的心理冲击

强者恒强、逆市疯狂给人心理带来的冲击很大：一是会使人越来越认同其强者的姿态，为中期套现做差价打好基础；二是稳定多方持股心态，同时又很容易让空方心理由空翻多（见图 3-129）。

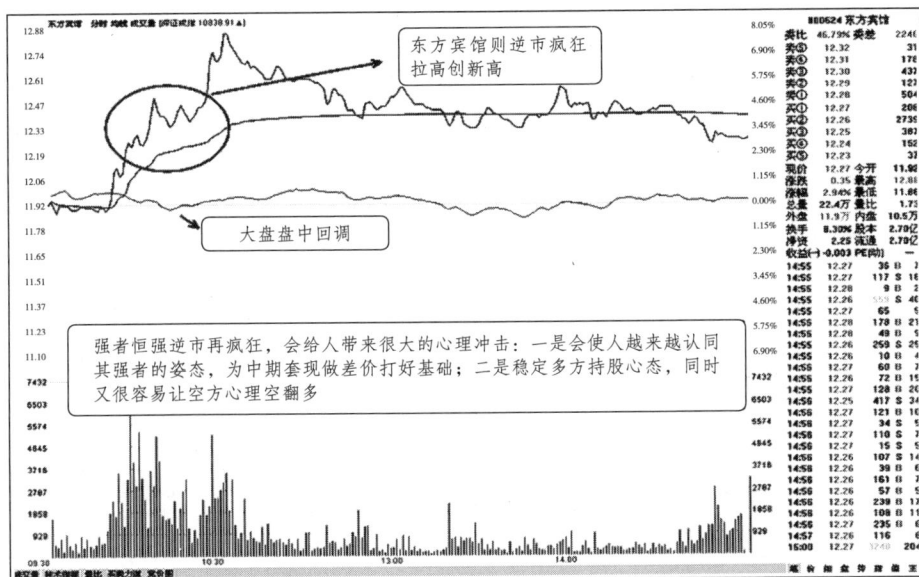

图 3-129　东方宾馆 2010 年 7 月 29 日分时走势图

懂得形态对心理的重要影响

一个大形态较为凶悍的看涨形态的出现，就能解释为何短期市场运作主力敢如此强势。事实上，其很大的底气来源就是大的技术形态。运作主力的心理此时肯定是非常有自信的。而场外资金的心理则是复杂的，想跟进但又怕跌。不过如果继续疯狂的话，场外资金最终跟进的概率很大（见图 3-130）。

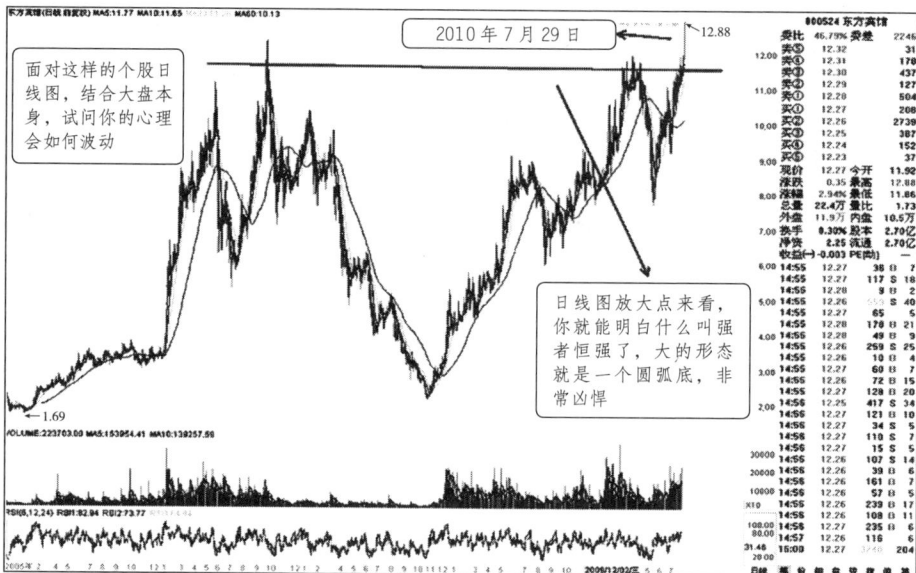

图 3-130　东方宾馆日 K 线走势图

非完全庄股逆势走强时背后的心理状况

大盘震荡，个股却完全独立，逐级抬高。这种逆反波动不常见，它反映主力资金的一种气势，接下来不一定马上就很牛，但至少这样的品种值得中期关注。毕竟拥有强大信心的主力才有可能营造出这样的盘面。当然，前提是其还没到完全庄股的状况（见图 3-131）。

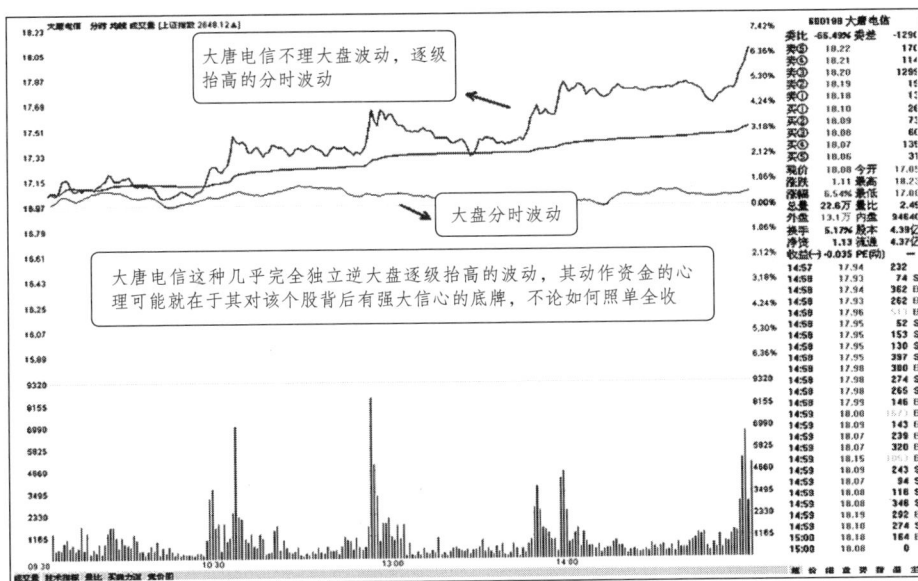

图 3-131　大唐电信分时走势图

面对关键位置市场的心理

将盘中波动结合日 K 线图的技术层面来思考，一切就较为清晰了。为何其能够走出相对独立的盘面？事实上，这里关键技术位置的突破能给市场资金买涨的心理带来极大的信心，是非常重要的因素（见图 3-132）。

逼空推进过程中心理变化的五个要点：

①大涨过程中大部分人的心态是亢奋的，主力要做的更多的是顺势采取一些策略。

②做差价的心理与大胆介入的心态综合起来，就使得市场震荡的同时个股结构分化开来了。

③跌慢涨快往往是短线迫切做差价心理的反应。

④独立大涨往往是坚定信心的反应。

⑤带长上影的 K 线背后隐藏着部分品种不达目的不罢休的心态。

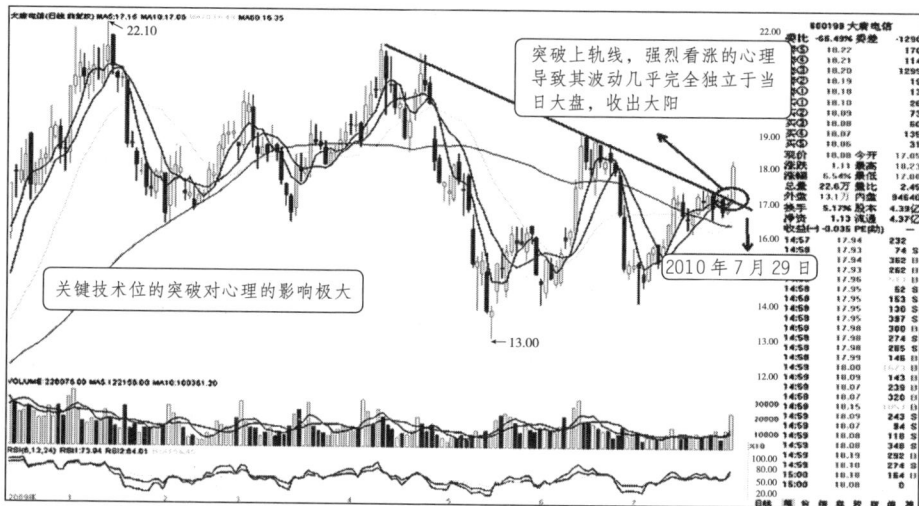

图 3-132　大唐电信走势图

【学习温馨小提示】

关键位置的博弈，对于理解市场心理是有很大帮助的。

关键位置的突破，会吸引更多的资金进场助攻。关键位置的失守，会让场内的多头"叛变"，拖累指数或股价。

此外，关键位置是一举突破，还是犹犹豫豫，也体现着多头的气势是强是弱。

大盘与个股的心理博弈过程演绎

感悟"羊群效应"心理对市场的影响

逼空推进过程中一旦引发调整，往往就犹如雷阵雨，来得快去得也快。这其实不难理解，逼空推进让市场亢奋的同时，也让不少人更警惕市场的短期调整。那种迹象的出现势必会引发一定的"羊群效应"，从而出现近似或者突然大跌的结果。不过，一旦出现幅度较大的下跌，前期市场逼空推进所积累的做多心态必然又会开始蠢蠢欲动，从而让市场出现一定的积极现象，而这种现象事实上也很容易引发"羊群效应"，最终达到大幅反弹的效果（见图3-133）。所以，逼空推进过程中的震荡往往较为激烈。

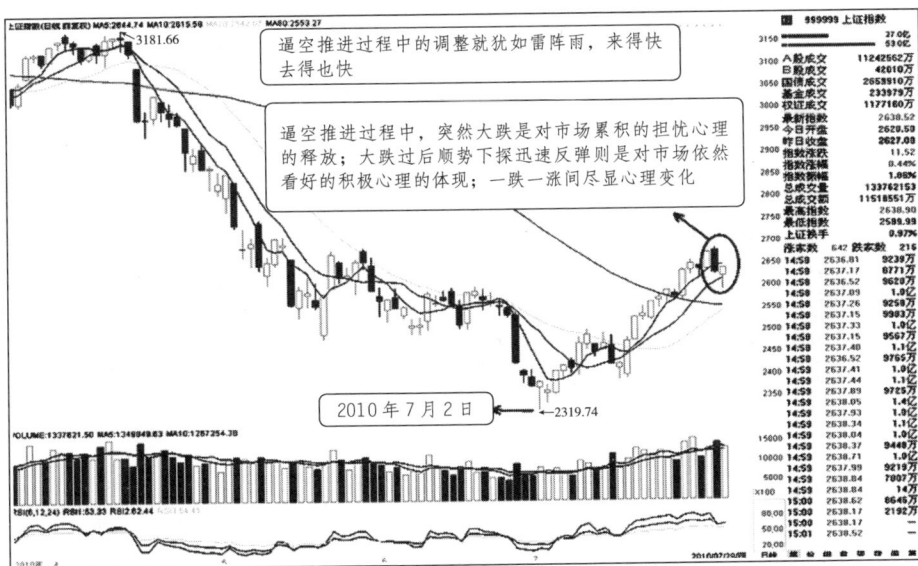

图3-133 上证指数2010年7月2日前后走势图

"羊群效应"带来的助涨助跌的效果

空方急速调整，多方一旦把握住机会，就会引发急速反攻，两者的波动事实上都充分体现了"羊群效应"。看跌之时"羊群效应"是助跌，看涨之时"羊群效应"则是助涨。道理似乎很简单，但在具体运用过程中，很多时候都是市场波动相对较大后所引发的市场波动。总之，面对逼空推进后的急速调整，在"羊群效应"面前，很多时候并不可怕（见图 3-134）。

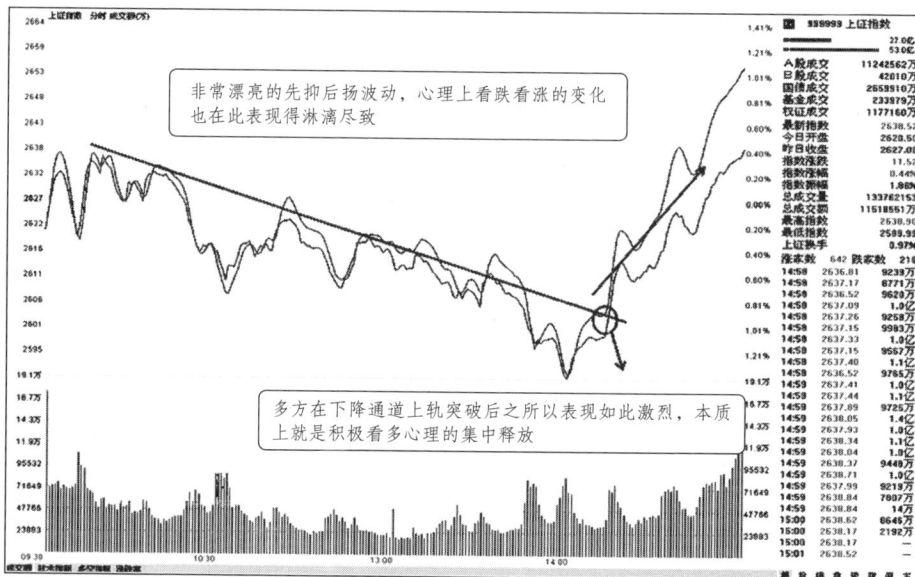

图 3-134　上证指数 2010 年 8 月 4 日分时走势图

亢奋过后再度亢奋需要时间

如果逼空推进后进入震荡期，要再度兴奋就需要点时间。就好像人的心情一样，一下子从亢奋情绪中拉回来，要再度亢奋，则往往必须经历点时间与过程才行（见图 3-135）。

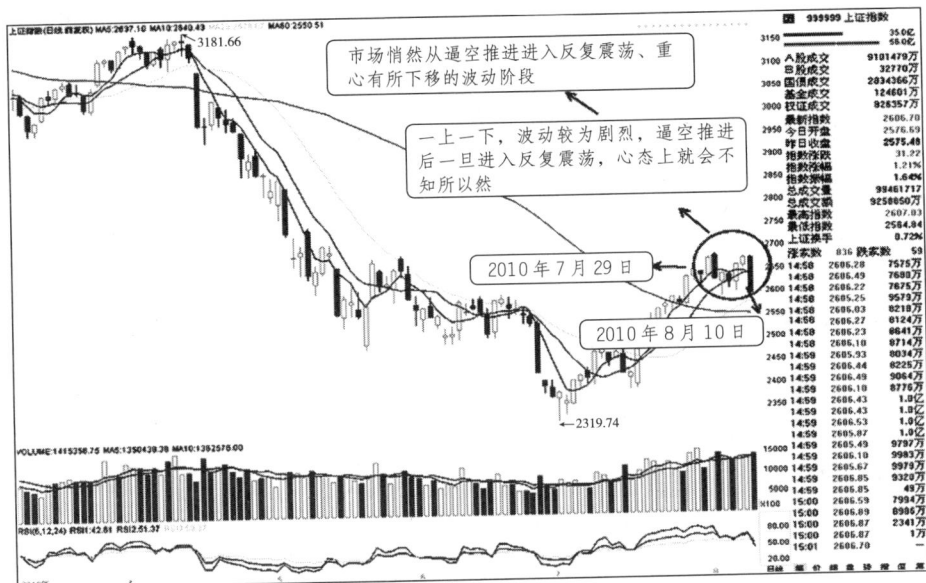

图 3-135　上证指数 2010 年 7 月至 2010 年 8 月走势图

【学习温馨小提示】

　　持续大涨之后，需要动荡来消化获利盘。特别是在反弹阶段，套牢盘解套后会有抛压，低位抄底的获利盘也会涌出，因此走势会相对复杂一些。

　　如果市场是在强劲的主升浪，哪怕知道中途会有震荡，还是要以顺势做多为主。因为你一旦"下车"了，后面就很难再"上车"了。

从逼空推进到反复震荡过程中心理层面的变化及启迪

　　逼空推进反映的是市场的一种高昂情绪，逼空推进后的反复震荡则会带来复杂心态。从赚钱很容易一下子转变到赚钱的不确定性大大

增强，这种变化对心理的影响是复杂的。一旦反复震荡无法演变成
继续向上推进，市场极度失望的情绪也会给市场带来反作用（见图
3-136）。当然，一般情况下，市场最终还是有机会继续向上拓展空间的，
道理很简单，逼空过程中带来的积极心态依然会在一定时间内影响到
投资者心理。

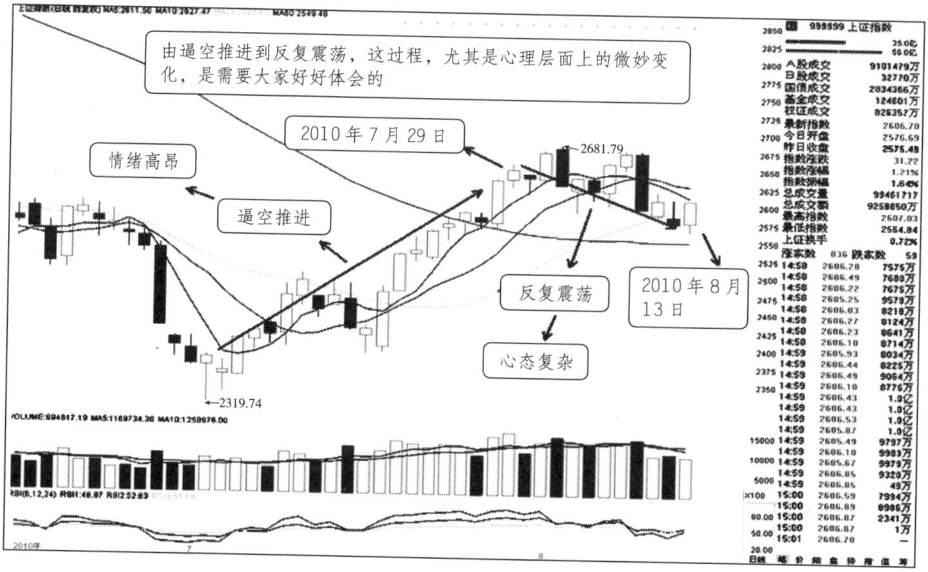

图 3-136　上证指数 2010 年走势图

前期逼空推进对后市心理层面产生的影响

反复震荡重心下移的过程中，要小心市场分时图上的变盘状况，
尤其是累计跌到一定程度时，分时图下跌趋势一旦有所改变，往往就
会出现一波明显的反攻动作。我们可以解读这背后的心理。市场前期
做多坚定的投资者心中有强烈的看涨预期，在发现市场再次出现机会
时，这些人会马上采取行动进一步强化这样的心理预期；同时也在无

形中促使市场产生了反弹波动，这一反弹波动带来的"羊群效应"则可以解读为连锁反应。总之，坚定的看涨预期促使市场反弹，其后连锁反应带来的"羊群效应"则加剧市场反弹（见图 3-137）。

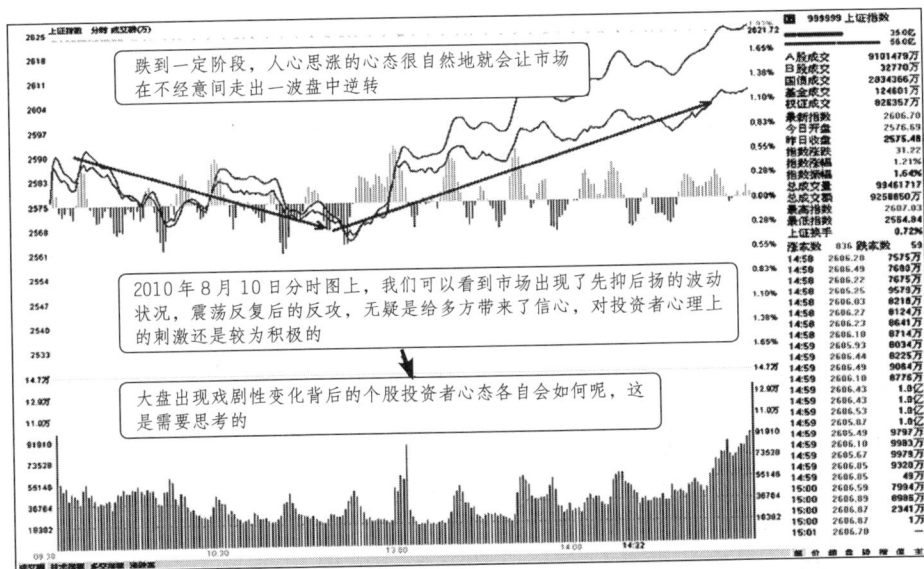

图 3-137　上证指数 2010 年 8 月 10 日分时图

以谨慎的心态注意市场动荡过程对具体品种的影响

前期逼空推进的强势并不代表进入动荡期会依旧强势。有时，由于过于谨慎，部分资金坚决做差价的心理会导致阶段性表现不及大盘（见图 3-138）。

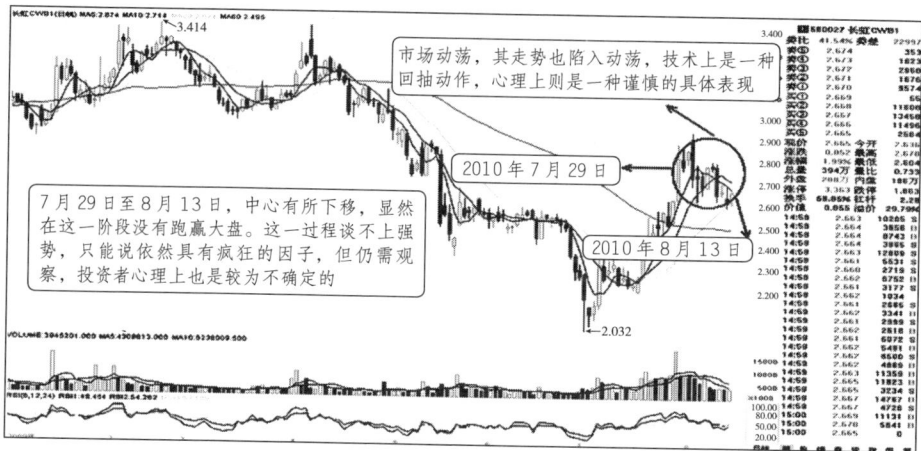

图 3-138　长虹 CWB1 2010 年 7 月至 2010 年 8 月走势图

投资者心理较为稳定的品种往往是那些前期涨幅相对较小的品种

如果说涨得多跌得也往往较多的话，那么同理，涨得少跌得也往往会较少。如图 3-139 所示，四川长虹在前期逼空推进的过程中，相对涨幅不是很大，尤其是对比其认购权证来看，这一点就更明显了。因此，一旦其进入调整状态，投资者心理上往往就不会那么恐慌，反而有一种稳定的心态，最终结果就是反复震荡的过程中其跌幅有限。在这里，我们更要思考的是，一旦其在这相对稳定的波动中能够坚持下来，其相对稳定的心态最终是否能够演变为积极的心态？在市场还有反攻的背景下，这种概率其实还是挺大的。总之，充分认识调整幅度较小的走势背后的心理是重点。

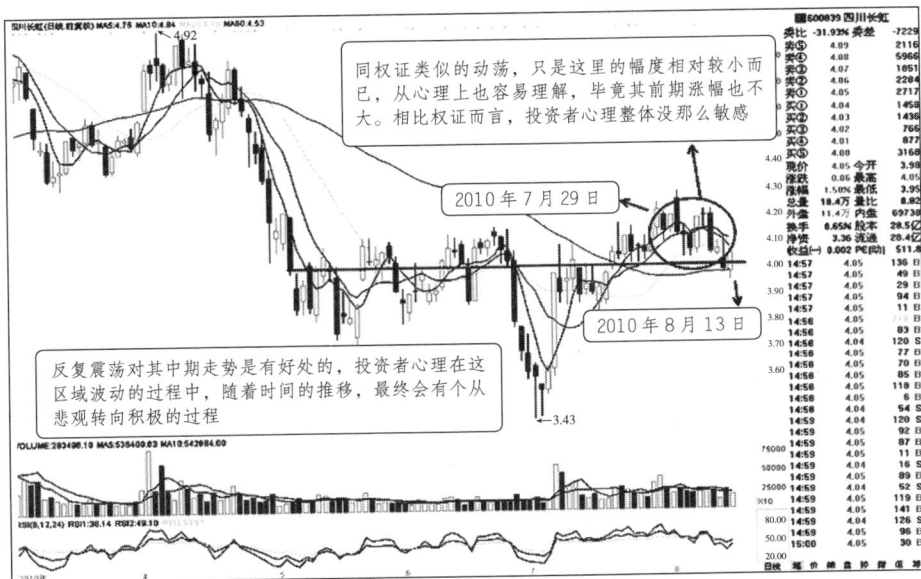

图 3-139 四川长虹 2010 年 7 月至 2010 年 8 月走势图

【学习温馨小提示】

股价的走势较为稳定，并形成向上趋势，这样的个股会让投资者的心理比较稳定。

而那些大涨大跌、跳来跳去的品种，只适合做短线，而且基本只有艺高胆大者才能把握好，一般人还是尽量做趋势稳定的票。

个股具体波动背后的心理要结合整体形态去揣摩

投资者的心理状况与具体品种的整体状况也有很大关联，如图 3-140 所示，事实上，无论对身在其中的投资者来说，还是场外的投资者来说，东方宾馆大的阶段性突破后的强势运行格局对投资者都是一种心态与信心上的支持，这对其股价在市场逼空推进后的动荡中，无疑是有利的。因此，强者恒强，其在这一阶段比大盘要强不少也就可以理解了。简而言之，需要把握的就是具体个股整体形态强势背后的投资者心理因素。

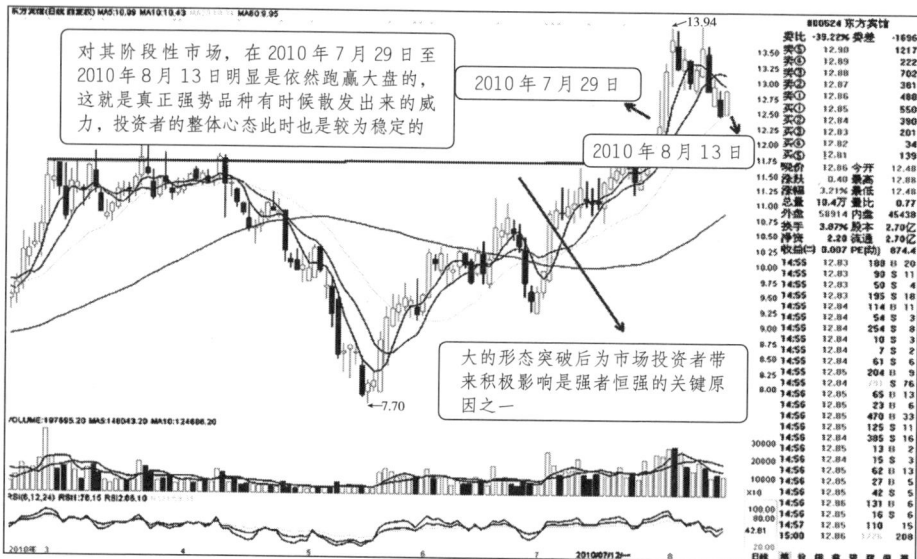

图 3-140　东方宾馆 2010 年 7 月前后走势图

放大细微的波动变化可将心理变化看得更深入些

东方宾馆的走势看似强势的背后，其实还是有点惊险的。如图 3-141，在 2010 年 8 月 13 日，东方宾馆差点儿就跌破前期 2010 年 7 月 29 日形成的收盘价位置。这从一个侧面说明，在东方宾馆相对强势的过程中，有一定的松动筹码出来，部分投资者还是抱着落袋为安的心态的。当然，最终能够保持强势，说明整体还是较为稳定的，只是这细微之处的感受会让你看得更深入而已。

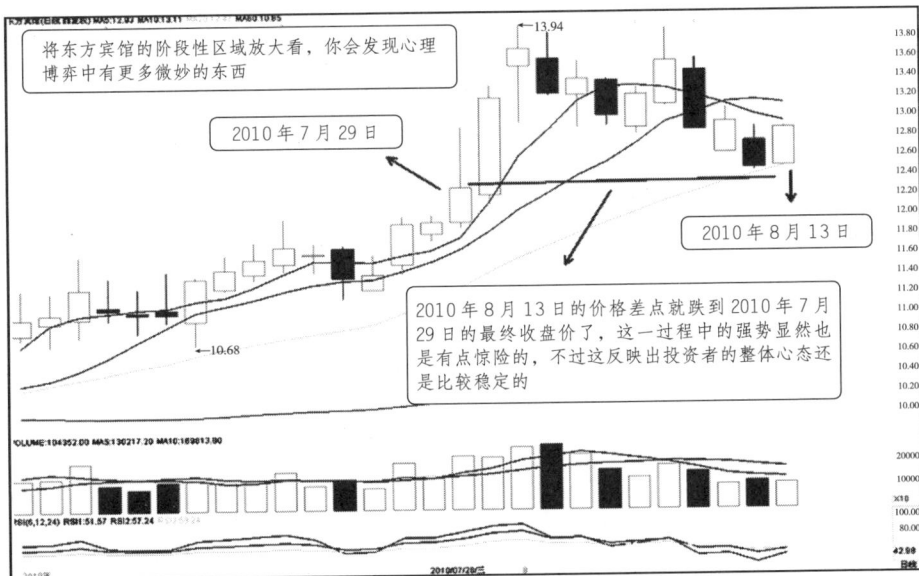

图 3-141 东方宾馆 2010 年 7 月至 2010 年 8 月走势图（一）

【学习延伸】

感受细节，有利于理解市场的心理。

但是，也不要过于沉迷于细节，毕竟市场的参与者那么复杂，不要轻易被一些花招骗了。抓大放小，抓住主要矛盾，才是王道。

学会多看，学会感受

阴阳相间的波动其实反映了投资者心理上下波动的情况，再仔细地去看看东方宾馆，多点体会与感悟是好的（见图 3-142）。总之，面对个股的细微之处需要多看、多思考，有时候许多收获在不经意间就出现了。

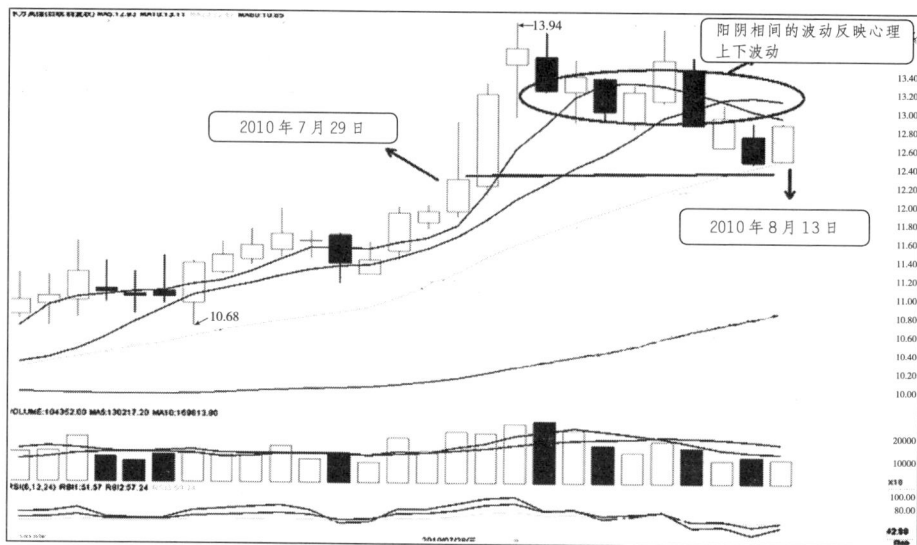

图 3-142　东方宾馆 2010 年 7 月至 2010 年 8 月走势图（二）

强势品种调整到一定阶段时的反弹心理思考

当调整到一定阶段的时候，强势股如果突然出现跳空向上缺口，往往是一种强烈看涨心态的反应，接下来的波动很容易就被资金推动上去，这往往也是机会所在。上攻到一定位置能够保持相对稳定的波动，则充分反映出做多资金的一种相对稳定与坚定的心态。当然，这多少也可以反映出不少资金对继续上攻持有一定的谨慎心态（见图 3-143）。总的来说，对心理层面而言，尤其是在上攻形成之时，稳定的波动能够持久就是好事。总之，我们要充分感受强势品种调整到一定阶段后分时图上表现出的心理波动变化。

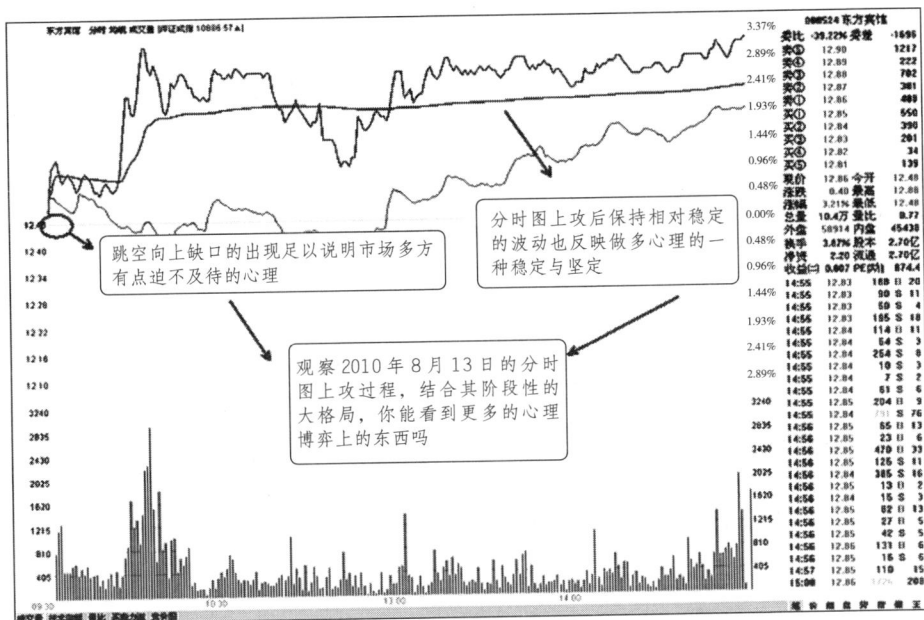

图 3-143 东方宾馆 2010 年 8 月 13 日分时图

感知与思考"知道底牌"的主力在具体个股波动中的表现

市场阶段性调整，却能稳定地上行，说明什么问题呢？这很可能就是其本身知道底牌心态的市场反应。道理很简单，既然其运作主力知道接下来可能会发生什么事情，大概会涨到什么位置，那么，阶段性要做的就是不断买入，稳定波动也就顺理成章了。另外，值得一提的是，该股如果在成交密集区开始突破向上，对于身在其中的投资者心态也会起到一种促进和坚定信心的效果。总之，阶段性受市场影响小、我行我素的品种背后往往就是"知道底牌"心理的反映（见图3-144）。

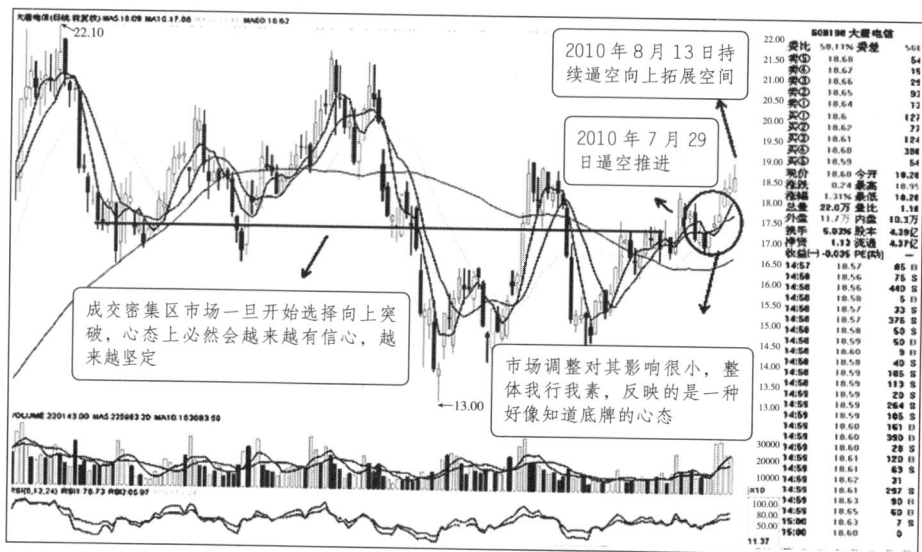

图 3-144　大唐电信 2010 年 7 月至 8 月走势图

学会发现强势背后心理上的不同之处

将大唐电信 K 线图放大来看，你就能很真切地感受到那持续逼空的气息。在市场调整的过程中，它却收放自如，主力资金的那种淡定与执着的心态显露无遗。我们有时候要寻找的个股机会往往就在其中。仔细地观察，你就会发现，如图 3-145，该股 2010 年 8 月 11 日至 2010 年 8 月 13 日这 3 天的交易价格都在前期 2010 年 7 月 29 日之上，而且是持续 3 根阳线站在上面，这说明了什么呢？不言而喻，对比前文中东方宾馆的强势，这里显然是另一种强势的体现。这里的强势就短期而言，无疑比东方宾馆还要更上一层楼，反映的是更为坚定和充满信心的心理。总之，透过细微之处我们能发现走势背后还有更多心理上的不同之处。

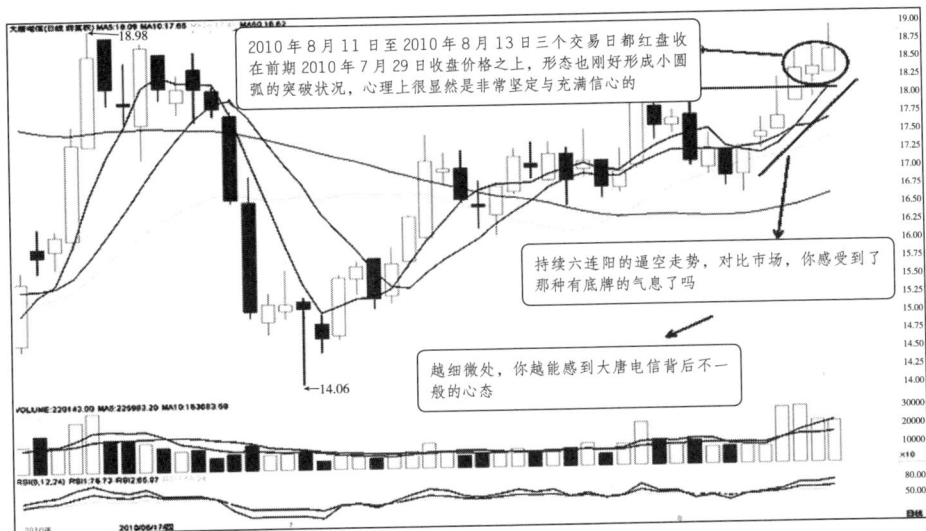

图 3-145　大唐电信 2010 年 7 月至 2010 年 8 月走势图

持续逼空的品种迎来大盘反弹出现与大盘反向波动时的心理变化

当整体强势波动时，尤其是市场本身进入反弹初期的时候，投资者由于担心会出现一定的补跌，反而会让强势品种出现一定程度的跟市场反弹反向的波动，这其实也是对持续逼空本身的一种修正。如图3-146 的大唐电信一样，分时图在下午明显就跟当时市场反弹的状况呈反向波动，这就是心理的一种反应。总之，面对持续逼空的具体个股时，如果市场出现反弹，投资者就要小心其因担心补跌而反带来的盘中震荡或暂时滞涨的波动。

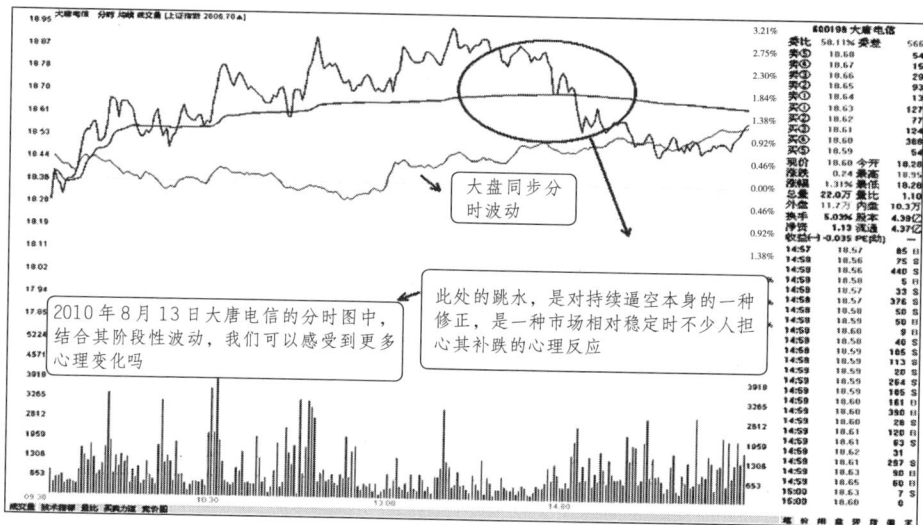

图 3-146　大唐电信 2010 年 8 月 13 日分时走势图

透过国外来把握国内，很多时候全世界的投资者心态都是一致的

国际期货铜的波动，其实很大程度上会影响到国内的铜关联上市公司与其权证。在这里，江西铜业及其权证受其影响非常大（见图 3-147）。我们要学习的就是通过分析外围市场的趋势，来制定出应对国内市场及其相关品种的策略。简而言之，就是要有一定的大局观，把握好国际投资者的心态，这样才能更好地把握国内市场。

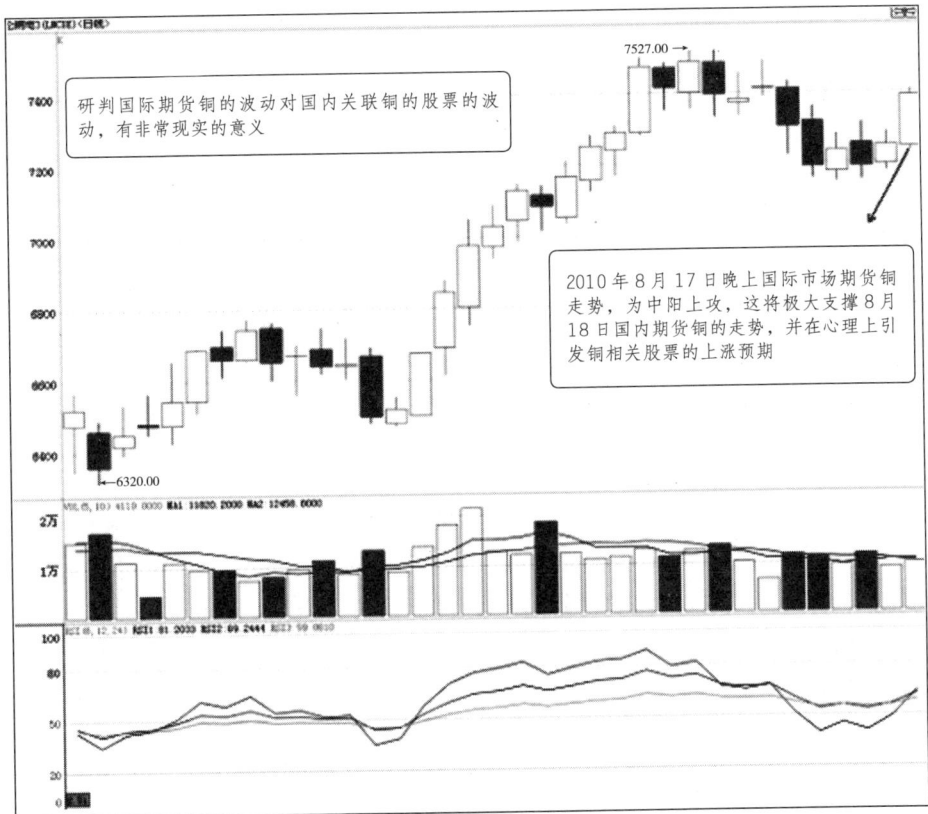

图 3-147 伦铜电 3 2010 年 8 月走势图

【学习温馨小提示】

多方印证会为投资者带来更高的成功率。

特别是那些联动品种，更是要密切关注。

震荡区域中的缺口容易被回补的心理剖析

向上或向下的跳空缺口的产生往往都是有原因的。如图 3-148 所示江西铜业的向上跳空波动，其实就是受国际期货铜隔夜走强的刺激。

不管如何，只要能够产生影响，那就是一种非常良好的心理传导反应。能跳空向上也反映出一种做多的强势心态。要注意的是，毕竟这样的心理具有非常强烈的外在影响。在区间震荡区域，一般情况下，一旦投资者的情绪重新回到理性，缺口回补也就在所难免。为何区间震荡中的缺口容易回补，从心理的角度来说，其实就是大部分人都还没有形成集中于一个方向的心态。那么，如果能量不够大的话，最终市场还是会在较为复杂的心态影响下回补缺口。总之，透过缺口去看心态，一定要结合具体情况。

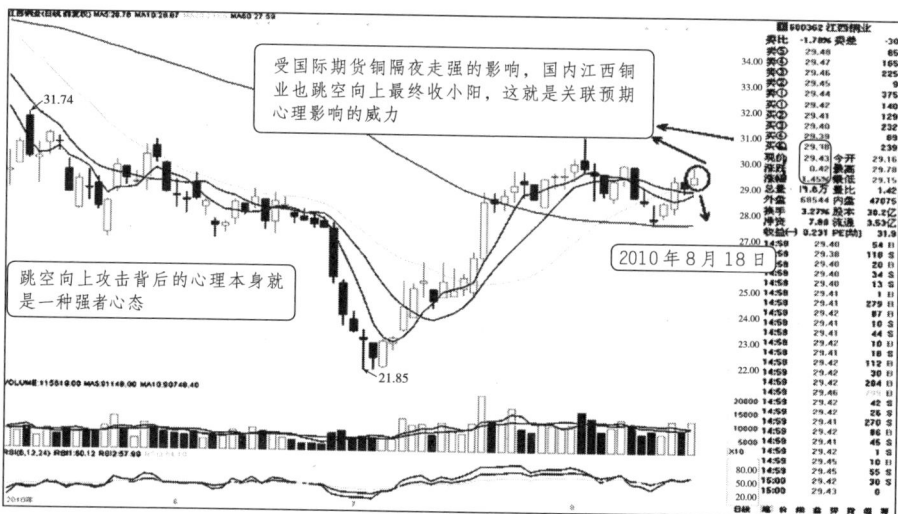

图 3-148　江西铜业 2010 年 8 月 18 日前后走势图

【学习小总结】

理解主力思维和心理博弈。

具体来说，就是要理解权重板块、大盘分时等对心理状态的影响，理解人心和市场对逼空、关键位置波动、强势品种、"羊群效应"等的反馈。

操盘手记

人生的轨迹犹如形态的波动

突然想到，人生的轨迹波动与很多市场形态的波动何尝不是一样呢？

一个人很顺的时候，就犹如市场走强后出现强势波动的时候一样。此时，往往可以打造强者恒强的局面；也就是说，当发现自己比较顺的时候，我们如果能抓住这难得的阶段，坚定信心，好好把握机会，就可以如强势震荡后的再突破一样，达到一个新的无限空间。

上涨的过程总是伴随着突然的急跌。不过，趋势却不容易改变，大格局也不会改变。趋势依然是上涨的，这与人生的轨迹是一样的。在顺境中，总是难免会因骄傲、疏忽或其他因素，突然遇到一些麻烦或挫折；但只要前期的顺境已经奠定了足够坚实的基础，就算受到短期的冲击，只要好好休整，懂得再次蓄势、坚定信心，那么，最终还是会回到跌落前的位置，而且完全有可能走得更高、更远。因为，大格局依然是支持向上的，市场基础依然在。这就好像一个曾经辉煌的明星，在沉寂了一段时间后，只要将其各方面把握好，就完全可能再次回到辉煌并超越过去。

人往往在最疯狂的时候，才能见到自己阶段性的人生巅峰。就犹如一只在资本市场里的个股一样，在疯狂拉抬过后，市场预期还有更疯狂的时候，其实际上是在构筑顶部的行情。主力资金在暗中套现出局，等真正发现主力资金完全出局的时候，股价早已不是疯狂之时的样子了。蓦然回首，原来，过去的价格竟然变得那么高了。一个人如果不能在最疯狂的时候有清醒的头脑，就很可能成为在最高位接盘站岗的散户。当你发现市场已经不行了的时候，后悔可能就没什么意义了。所以，我们的思想最疯狂的时候，往往就是我们应该学会急流勇退的时候。

当然，我们并不否认有那些走势会保持长期向上，且很有拓展空间的个股，但那毕竟只是凤毛麟角。所以，在思想疯狂的时候，不急流勇退，也至少要懂得休息一下。毕竟，没有只涨不跌的市场。那么，同样，也不会有永远一帆风顺的人生。该休息时就休息，让上涨幅度不要那么倾斜，这对别人、对自己其实都是好事。人一下子站得太高了，没控制好的话，就可能会摔得更惨。所以，珍惜自己，就从疯狂过后的休息开始。

谈了上升的人生轨迹，也该谈谈下跌的人生轨迹了。

既然有强者恒强，那相对应地，也就肯定有弱者恒弱。这就犹如形态的波动一样，当其整体形态已经走弱的时候，在强大的趋势力量面前，往往就很可能再下一个台阶。所以，当发现自己的前进方向已经和设想的人生轨迹相背时，则必须要懂得停下脚步，好好地反省。你可以出去游玩、散心、冷静一下。如果继续在原有的地方折腾，事态不见得就会有好转，反而有可能演变成更为恶劣的状况。

当然，我们更要认识到的是，当跌到一定程度的时候，市场往往也就酝酿着一定反转的可能。换成人生轨迹来解释的话，那就是即使你已经"背"到一定程度，也不能够丧失对未来美好的信念。在这里，只要有坚定的信念，挺过最黑暗的时期，真正的光明就有可能随时到来。简而言之，当发现自己背到不能再背的时候，别灰心，相信自己，保持积极的心态，最终所有的乌云都会消散。

其实，在细微之处能够更好地理解形态的变化。这就犹如人生轨迹一样，看似就是在上升与下跌中交替。但事实上，上升也好，下跌也好，每一次都有所不同，每一次的细节都值得自己好好回味，人生就因为细小的伟大而伟大。

创造出属于自己的梦想

很多东西好像都准备好了，但很多东西又好像还没落实到位，很矛盾，有点痛苦。不过，该来的总会来的，我们不需要担心什么，只需要坚定信心。只有自己的信心坚定了，才能更好地努力，一切也就无悔了。

路，是靠自己走出来的。

每每遇到问题的时候，我都会思考很多。思考过后，最终让自己的心情慢慢平复下来。平复下来后，我才能真正去面对一切。

这个世界很大，我们要做的事情很多，该坚定的时候一定要坚定。这个世界上除了一些让人烦恼的事情，还有很多值得我们开心的事情。人生很短暂，充实过，努力过，开心过，才是真的活过。

未来的路还很长，但我相信，只要我们有信心做好一切，是我们的最终还会是属于我们的。

这世界没有什么不可能。只要我们有信心、肯努力，就一定能实现自己的梦想！

说　明

　　吴国平老师为将理论讲解和实战相结合，在本书中运用了大量的实际案例，对读者透过现象看本质、洞悉主力思维、构建属于自己的盈利系统具有积极的指导意义。

　　股票市场千变万化，虽然书中部分的案例信息已经变化或调整，但万变不离其宗。本系列书根植于吴国平老师对股票市场多年的研究，其中的方法与经验永远值得我们学习和参考。